Lotte Schomerus-Gernböck   Die Mahafaly

LOTTE SCHOMERUS-GERNBÖCK

DIE MAHAFALY

Eine ethnische Gruppe im Süd-Westen Madagaskars

DIETRICH REIMER VERLAG BERLIN

Die Autorin dieses Buches:

LOTTE SCHOMERUS-GERNBÖCK studierte Medizin, Völkerkunde und Anthropologie an der Universität Wien und promovierte zum Dr. phil. mit einem ethnomedizinischen Thema über Madagaskar.

Von 1961 – 1972 unternahm sie vier längere Forschungsreisen nach Madagaskar. Von den Ergebnissen ihrer Forschungen und der traditionellen Kultur der Madegassen hat sie in Fachzeitschriften, Lehr- und Bildungsfilmen, im Rundfunk und Fernsehen, und in einem Jugendbuch berichtet.

Ihre Forschungsarbeiten wurden mit drei Staatspreisen zur Förderung von Wissenschaft und Kunst ausgezeichnet.

CIP-Kurztitelaufnahme der Deutschen Bibliothek

Schomerus-Gernböck, Lotte:
Die Mahafaly: e. ethnische Gruppe i. Süd-Westen Madagaskars / Lotte Schomerus-Gernböck. –
Berlin: Reimer, 1981.
 (Beiträge zur Kulturanthropologie)
 ISBN 3–496–00184–4

Gedruckt mit Unterstützung der
Deutschen Forschungsgemeinschaft

© 1981 Dietrich Reimer Verlag
 Inh. Dr. Friedrich Kaufmann
 Unter den Eichen 57 · D-1000 Berlin 45

Alle Rechte vorbehalten.
Nachdruck, auch auszugsweise, verboten.
Printed in Germany

INHALTSVERZEICHNIS

                      Seite

I. Einführung 7
Dauer des Aufenthaltes 10

II.
Die naturräumliche Gliederung Madagaskars 13
Klima und Jahreszeiten 15
Vegetation 17
Tierwelt 18
Die Verwaltung 27
Einige anthropologische Bemerkungen über die Mahafaly 28
Die Sprache der Mahafaly 29

III.
1. Dorfanlagen 32
2. Hausformen 37
3. Hausrat 42
4. Waffen 44
5. Musikinstrumente 46
6. Verkehrsmittel 47

IV.
Kleidung und ihre Herstellung, ... 49
Zubehör wie Taschen, Gürtel, Schuhe und Hüte

V. Schmuck, Haartracht, Tätowierung und Frisur
1. Schmuck 55
2. Tätowierung 57
3. Frisuren 57
4. Körperpflege 59

VI. Wirtschaft
1. Landwirtschaft 61
   Brandrodung, Anbau, Ernte, Kulturpflanzen, Vorratshaltung
   der Feldfrüchte, Obst und Gemüse. Genußmittel, Kalender,
   Jagd und Fischfang, Hatsa, Viehhaltung und Haustiere
2. Marktwesen 98
   Kaufleute, Handelsprodukte, Importwaren,
   Kunsthandwerk, Fremdenindustrie

3. Handwerk 104
   Eisen- und Silberschmiede, Schnitzer,
   Weberinnen, die auch Flechtarbeiten und Teppiche herstellen

VII. Soziale und politische Organisation
Die Familie 119
Genealogie der Familie in Retanso 121
Lineage 125
Verwandtschaftsterminologie 131
Scherzverwandtschaft 135
Blutsbrüderschaft 135
Königtum 136
Geschichte der Mahafaly 140
Soziale Schichtung 145
Gerichtsbarkeit 147

VIII. Lebenslauf
Altersgruppen 149
Schwangerschaft und Geburt 149
Kindererziehung 156
Der erste Haarschnitt 157
Beschneidung 158
Adoption 159
Verstoßung eines Kindes 160
Pubertät 161
Verlobung und Heirat 162
Vielehe 162
Heiratsverbote 165
Verlobung von Kindern 166
Brautwerbung 167
Heiratszeremonien 171
Gründe für Ehescheidung 181
Ehescheidung 183
Tod 184
Bestattung 187
Trauer 193
Erbrecht 195

IX. Religion
Gottesvorstellungen 196
Ahnengeister 196
Opferpriester 197
Opferpfahl 198
Dankopferfeste 201
Fady 201
Der Medizinmann und seine Heilmethoden 204
Orakel 205
Herstellung von Amuletten 214

Lebenslauf einer Mahafaly-Frau 216

Literaturverzeichnis 225

I.

Einführung

Madagaskar ist mit einer Fläche von 590.000 km² die drittgrößte Insel der Erde und wird heute von über acht Millionen Madegassen bewohnt, die eine einheitliche Sprache sprechen. Die madegassische Sprache gehört zur westindonesischen Sprachfamilie.

Die Vorfahren der heutigen Madegassen sind wahrscheinlich im ersten Jahrtausend unserer Zeitrechnung mit Auslegerbooten aus dem indoozeanischen Raum gekommen.

Die ersten Einwanderer waren mit Sicherheit nicht afrikanischer Herkunft und die Vazimba, die lange Zeit als die Ur- oder Erstbevölkerung Madagaskars galten und afrikanischer Abkunft sein sollten, gehören sowohl in sprachlicher als auch kultureller Hinsicht zur gleichen Gruppe von Einwanderern aus dem indonesischen Raum wie die übrigen Madegassen, mit Ausnahme der Hova, die nach ihren Überlieferungen erst im 15. oder 16. Jahrhundert aus Java eingewandert sind.

Das konnte ich während meiner Feldforschungen in Madagaskar 1963/64 herausfinden[21].

Im 8., 11. und 12. Jahrhundert haben Araber an den Küsten des Nordostens und Südostens kolonisiert. Sie brachten Sklaven aus Ostafrika für die Arbeit auf den von ihnen angelegten Kaffee- und Gewürzplantagen mit. Der islamische Einfluß blieb jedoch bis heute auf schmale Küstenstreifen im Nordosten und Osten der Insel beschränkt. Der Anbau von Hirse, die Bezeichnungen von Haustieren aus der Suahelisprache, die Haltung von Zeburindern als Zahlungsmittel, Kapitalsanlage und Opfertiere, die Ziegenzucht, das Vorherrschen von afrikanischen Rassenelementen bei der Bevölkerung des Westens, insbesondere bei den Mahafaly, nach den Untersuchungen von M. C. Chamla[8], wurde als Hinweis auf eine Einwanderung aus Ostafrika angesehen. Diese Meinung vertrat Hermann Baumann, während Robert Heine-Geldern an eine enge kulturelle Beziehung zwischen den Mahafaly und den Bewohnern der kleinen Sunda-Inseln dachte. Es war sowohl der Wunsch von Robert Heine-Geldern als auch von Hermann Baumann, daß ich durch meine Feldforschungen in Madagaskar zur Klärung der kulturgeschichtlichen Beziehungen Madagaskars zu Indonesien und Afrika beitrage. Meine Feldforschungen in Madagaskar wurden von Anfang an sowohl von Heine-Geldern, meinem Lehrer, als auch von Herman Baumann sehr gefördert.

In der vorliegenden Arbeit möchte ich mich nicht mit der Problematik einer wissenschaftlichen Auseinandersetzung über die Herkunft der Mahafaly befassen, sondern möglichst objektiv ohne persönliche Stellungnahme die Aussagen meiner Gewährsleute und meine eigenen Beobachtungen bei den Mahafaly wiedergeben.

Die Bevölkerung Madagaskars wird heute offiziell in achtzehn größere Volksgruppen eingeteilt, die auch als Stämme oder Ethnien bezeichnet werden. Sie sind keine rassischen oder linguistischen Einheiten. Sie haben sich erst zwischen dem 15. und 19. Jahrhundert als größere und kleinere territoriale Einheiten unter der Führung von Herrscherdynastien herausgebildet. Die französische Kolonialverwaltung hat diese damals namentlich bekannten Volksgruppen offiziell als *tribu* (Stämme) bezeichnet. Heute heißen sie *foko*, wobei *foko* dem Namen der Gruppe vorangesetzt wird, wie z.B. Foko-Mahafaly, der Stamm oder die Gruppe der Mahafaly[2].

Zu diesen achtzehn Volksgruppen gehören die Mahafaly im Südwesten der Insel. Bei der Volkszählung 1970 wurden 90.573 Mahafaly erfaßt. Sie bewohnen die sandigen Ebenen und das Kalkplateau zwischen den Flüssen *Menarandra* im Süden und *Onilahy* im Westen, eine Fläche von ungefähr 25.000 km².

Die Mahafaly sind bisher völkerkundlich kaum erforscht worden. Bis zur Eroberung des Südens im Jahr 1905 durch französische Kolonialtruppen war es keinem Europäer möglich, sich im Mahafaly-Land, besonders im damaligen Königreich der *Maroserana-Befira-Dynastie*, länger als einige Tage aufzuhalten. Leutnant Bastard[1] berichtete 1899 über seinen schwierigen und gefährlichen Fußmarsch durch das Mahafaly-Land.

Guillaume Grandidier[23] reiste 1899 in den Süden, um das Mahafaly-Land zu besuchen, nachdem es Alfred Grandidier[22] während seiner Forschungsreisen auf der Insel nicht gelungen war, in den Jahren 1865 bis 1870 das Mahafaly-Land zu betreten. Auch Guillaume Grandidier konnte wegen der vielen kriegerischen Auseinandersetzungen nur den Weg entlang der nördlichen Grenze des Mahafaly-Landes nehmen und mußte sich auf kurze Ausflüge ins Landesinnere beschränken. Speyer[47], nach seinen eigenen Aussagen als Schiffbrüchiger englischer Nationalität an der Küste von *Itampolo* gelandet, gewann als einziger Europäer das Vertrauen des damals mächtigsten Mahafaly-Königs *Tsiampondry*, gegen Ende des 19. Jahrhunderts. Speyer wurde Ratgeber des Königs *Tsiampondry* und spielte eine entscheidende Rolle bei den Verhandlungen zwischen dem Kommandanten der französischen Truppen und dem Mahafaly-König. Mit dem Erfolg, daß französische Militärstationen in *Ampanihy, Ejeda, Itampolo* und *Androka* errichtet werden konnten, um die Stammesfehden in diesem Gebiet zu beenden.

Auch aus der älteren Literatur läßt sich wenig über die Mahafaly in Erfahrung bringen.

Flacourt[20], von 1648–1655 Gouverneur in Fort Dauphin, einem französischen Stützpunkt an der Südostküste, erwähnte 1657 zum ersten Mal die Mahafaly, die er als *Mahafales* auf einer Karte von Madagaskar eingezeichnet hat.

Aus den Schiffstagebüchern und Reiseberichten[22] der englischen und portugiesischen Handelsschiffe, die auf ihrem Seeweg nach Indien im Hafen von St. Augustin an der Westküste südlich von Tulear ankerten, geht hervor, daß die Besatzungen auch noch im 18. Jhdt. Kontakte mit einheimischen Königen hatten. Sie tauschten indische Stoffe, europäische Feuerwaffen und Zinngeschirr gegen Frischfleisch und Früchte ein. Matrosen, die an Skorbut erkrankt waren, konnten sich am Strand in für sie eigens erbauten Hütten erholen. Die Bevölkerung an der Südwestküste, sie wurde damals *Masikoro* genannt, war den Europäern nicht feindlich gesinnt. Schiffbrüchigen wurde geholfen. Sie wurden in den Dörfern aufgenommen, bis das nächste Schiff sie in ihre Heimat mitnehmen konnte. Manche Matrosen zogen es vor, auf der Insel zu bleiben, weil sie sich in der Zwischenzeit eine Existenz geschaffen hatten, die ihnen ein besseres Leben als in der Heimat ermöglichte. Sie durften aber nicht in madegassische Familien einheiraten und in das Landesinnere gehen. Dafür sorgten die Könige und ihre Krieger.

Von allen Europäern, die als Schiffbrüchige an den Küsten Madagaskars gestrandet sind, scheint Robert Drury der einzige gewesen zu sein, der als Sklave eines Antandroy-Königs das Leben eines madegassischen Hirten führen mußte und seine Erinnerungen und Erlebnisse aus dieser Zeit veröffentlichen konnte, als er fünfzehn Jahre später in seine Heimat nach London zurückkehrte[17].

Robert Drury war fünfzehn Jahre alt, als das Schiff, mit dem er von Indien nach England zurückkehren sollte, 1702 vor der Südspitze der Insel Madagaskar strandete. Die Überlebenden dieser Katastrophe sollten auf Wunsch des in dem Gebiet des *Mandrare-* oder *Manambovoflusses* herrschenden Antandroy-Königs in Lande bleiben, um in seine Kriegertruppen eingegliedert zu werden.

Die englischen Matrosen widersetzten sich diesem Ansinnen und erzwangen den Durchmarsch durch das Antandroy-Land in Richtung Fort Dauphin durch die Geiselnahme der drei Söhne des Königs. Als sich die Matrosen im Hoheitsgebiet und Herrschaftsbereich des Königs von Fort Dauphin, am jenseitigen Ufer des *Mandrare,* in Sicherheit glaubten, wurden sie alle nachts als sie schliefen, von den verfolgenden Antandroy-Kriegern niedergemetzelt. Nur drei Jungen, unter ihnen Robert Drury, wurden verschont und als Sklaven (*ndevo*) unter die Söhne des damaligen

Königs verteilt. Fünfzehn Jahre später gelang es Robert Drury nach einigen vergeblichen Fluchtversuchen, auf Schleichwegen und mit Hilfe benachbarter Könige, die sein Schicksal kannten, bis an die Westküste nach Morombe zu gelangen, wo er mit einem englischen Schiff nach London heimkehren konnte.

Sein Erlebnisbericht wurde bisher als Fälschung oder als für die Geschichte des Landes ohne Bedeutung abgetan. Ich bin jedoch anderer Ansicht. Denn er schildert das tägliche Leben bei den Antandroy und Ereignisse aus der damaligen Zeit, wie es mir auch von den Mahafaly berichtet wurde. Danach müßte sich das Leben der Mahafaly erst geändert haben als die Fremden *(Vazaha)* kamen. Das waren für die Mahafaly die Kolonialbeamten, die französischen Kolonialtruppen und die Madegassen vom Hochland. Vor der Eroberung durch das französische Militär hatten die Mahafaly auch keine Kontakte mit den übrigen ethnischen Gruppen.

Die Geschichte der militärischen Eroberung des Mahafaly-Landes wurde von A. und G. Grandidier[25] geschrieben und von Decary[26] ergänzt.

Dauer des Aufenthaltes

In der Zeit von März 1961 bis Juni 1972 war ich viermal in Madagaskar und habe insgesamt fast acht Jahre lang in verschiedenen Gegenden der Insel Feldforschungen durchgeführt.

Im Mahafaly-Land habe ich vorwiegend im Verwaltungsbezirk *Ampanihy* gearbeitet, weil dieser Bezirk von geringen Grenzabweichungen abgesehen, einst das bedeutendste der vier Mahafaly-Königreiche war, das von den *Maroserana-Befira* beherrscht wurde. Nach einer offiziellen Zählung lebten hier noch im Jahre 1970 44.535 Mahafaly neben 26.522 Angehörigen anderer Ethnien, die in das Land der Mahafaly in den letzten Jahrzehnten eingewandert sind.

Meine Freundin *Ansarongana*, eine junge Mahafaly-Frau aus dem Dorf *Retanso*, die ich 1961 kennengelernt habe, begleitete mich auch während meines zweiten Aufenthaltes von 1963 bis 1964 in viele Dörfer. Durch sie fand ich viele Freunde unter den Mahafaly. Im Jahr 1965 lebte ich mit ihr mehr als ein Jahr in *Retanso* als *rauke ansarongana* (ältere Schwester von Ansarongana) in ihrer Großfamilie im Dorf Retanso. Wir bewohnten ein eigenes Haus, das ich für uns von der Familie bauen ließ und schenkte es Ansarongana.

Als ich 1968 wieder in das Land der Mahafaly kam, war Ansarongana schwer krank geworden. Meine Bemühungen, ihr Leben mit Einsatz aller nur erdenklichen Mittel zu retten, blieben erfolglos. Denn ihr älterer Bruder, der glaubte sie sei von Geistern *(kokolampy)* besessen, war überzeugt, daß Ansarongana sterben müsse. Sie starb 1969. Ihr Tod war für mich ein großer Verlust. Doch viele Mahafaly nahmen mich, die ihre *lungo* (Verwandte) unter so tragischen Umständen verloren hatte, in ihre Familie auf.

In fast allen Mahafaly-Döfern kannte man mich und auch in entlegenen Gegenden hatte man von mir gehört. Daher brauchte ich weder Dolmetscher noch Begleiter. Ich war eine *lungo* (Verwandte) geworden.

Als ich während der Hungersnot 1969/70 vielen Mahafaly helfen konnte und mich auch um die Kranken kümmerte, wurde ich, wie es der Sitte der Madegassen entspricht, *ray-amandreny* (wörtlich: Vater und Mutter, im übertragenen Sinne jemand, der wie Vater und Mutter sorgt).

Viele nannten mich auch *neneko* (meine Mutter) oder *nenenay* (unsere Mutter). So war es mir möglich, von Frauen und Männern, auch wenn sie den Jahren nach älter waren als ich, alles zu erfahren, was nach den Sitten des Landes sonst nur die eigene Mutter, Mutterschwester oder Vaterschwester wissen darf.

Meine wichtigsten Informanten waren außer der bereits erwähnten Ansarongana der Silberschmied *Retolany* aus *Andranomamy* und seine Familie, *Sily* aus *Ambalatsiefa* und ihre Familie aus *Androka*, *Andrombake*, seine Frau *Nasane* und der Vetter *Saodane*, alle aus *Ankilimanoy*, *Boniface* und seine Frau aus *Etrobeke*, *Emalala* und seine Familie aus *Firanga*, der älteste Sohn des letzten Mahafaly-Königs, der mich als seine Mutter bezeichnete und sich selbst als mein Kind, obwohl er um viele Jahre älter sein mußte als ich. Weitere Informanten sind: *Egila* und *Emaly* aus *Andranotantely* bei *Betioky*, die Schnitzerfamilie aus *Behavandra* mit dem Vater *Famotangane* und den erwachsenen Söhnen *Famolosane, Fanarane, Efitoa, Famorane* und *Enolonga*. *Cathrin* und ihre Schwester *Ivodange* und *Tsarahange*, eine alte Frau, die 1974 gestorben sein soll. *Sasa* und ihre Tochter *Odette*, aus *Ambalatsiefa*. *Mbuerane* aus *Retanso*, der Medizinmann *Tsifahange* und *Ivonne Elias*.

Bei der Durchführung meiner Feldforschungen in Madagaskar haben mir die madegassischen Behörden ebenso geholfen wie die französischen Wissenschaftler Jean Poirier und Paul Verin von der Universität Tananarive in Madagaskar.

Meine Forschungen in Madagaskar und meine Archivstudien in Paris habe ich mit der finanziellen Unterstützung des Österreichischen Bundesministeriums für Unterricht, dem Kulturamt der Stadt Wien, dem Österreichischen Forschungsrat und dem Internationalen Komitee für Dringende Anthropologische und Ethnologische Forschungen unternommen.

Herr Professor Straube in München ermöglichte mir mit Hilfe der Deutschen Forschungsgemeinschaft die Ausarbeitung meiner Forschungsergebnisse bei den Mahafaly in der vorliegenden Arbeit.

Ich möchte allen, die mir geholfen haben, an dieser Stelle danken.

II.

Die naturräumliche Gliederung Madagaskars

Geographisch gehört Madagaskar mit einer Fläche von 590.000 km² zu Afrika, obwohl die Insel in historischer und kultureller Hinsicht wenig mit diesem Kontinent gemeinsam hat.

Die ältesten Teile der Insel bestehen aus präkambrischen kristallinen Gesteinen mit granitischen Einlagerungen oder jungen Vulkanmassiven. Die hohen Gebirgsstöcke des *Andringitra-Ankaratra-Massivs* und des *Tsaratanana* bis zu 2886 m Höhe sind aus diesem Gestein aufgebaut.

Im Südwesten und Westen haben sich seit der Karbonzeit Sedimente abgelagert. Aus diesem Schichtstufenland erheben sich kleine Tafelberge aus der Kreidezeit. Jungvulkanische Massive gibt es nur im Norden der Insel in den *Montagne d'Ambre* (1475 m Höhe) und auf der Insel *Nosy-Bè*.

Im Südwesten der Insel südlich des *Onilahy*-Flusses liegt zwischen dem niedrigen präkambrischen kristallinen Sockel und dem Meer das Plateau Mahafaly, das aus Sedimentgesteinen besteht. Von der Küste bis zum Plateau Mahafaly befinden sich Dünen.

Das südliche wasserarme *Androy*-Land fällt mit der Südspitze, dem Cap St. Marie, 150 m steil zum Meer ab.

Der kristalline Sockel ist nach den Geologen A. Holmes und H. Besairie[4] ungefähr 2600 Millionen Jahre alt. Die Sedimentdecke ist von variabler Breite. Das Kalkplateau wird durch das Tal des *Linta*-Flusses, die Schlucht von *Itomboina* und das Tal des *Onilahy*-Flusses in drei Teile geteilt. Im zentralen Teil liegt die Senke von *Ankazomanga*. Die höchste Erhebung des Kalkplateaus beträgt 227 m. Die großen Flüsse *Onilahy, Menarandra* und *Linta* enspringen im Norden in der Hügellandschaft von *Kely Horombè*, sie durchfließen das Mahafaly-Land und münden an den südwestlichen Küsten in den Indischen Ozean. Die Uferlandschaften der großen Flüsse sind mit schwarzen humusreichen Böden bedeckt. Diese fruchtbaren Täler und Flüsse *Menarandra, Linta* und *Onilahy* waren auch die Reiche der Mahafaly-Könige. Die Grenzen dieser Reiche waren nicht genau bestimmbar; sie verliefen auf den wasserlosen, damals noch unbewohnten Sandebenen zwischen den Flußtälern. Das Königreich *Mahafaly-Onilahy* umfaßte auch die Nebenflüsse *Sakoa, Sakamena* und das Umland der heutigen Stadt *Betioky*. Das Königreich *Mahafaly-Linta* erstreckte sich auf die beiden Ufer des Lintaflusses, das Königreich *Mahafaly-Menarandra* auf die beiden Ufer des Menarandraflusses. Ein kleineres Königreich gab es noch im Tal des heuti-

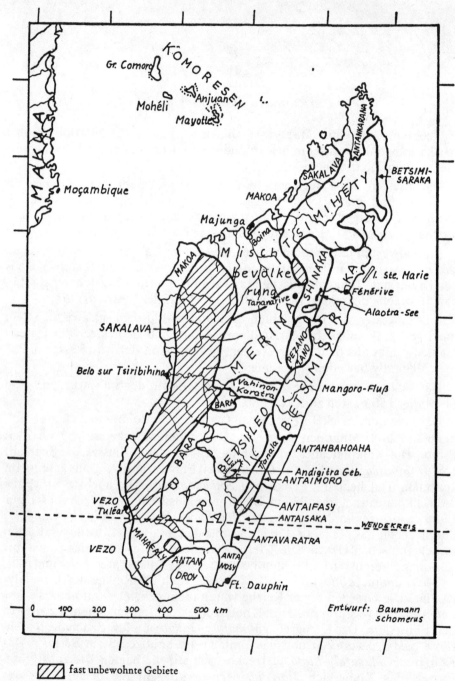

Die Völker Madagaskars

gen *Sakatovoflusses*, (siehe S. 137). Das tertiäre Kalkplateau, nach der Überlieferung die eigentliche Heimat der Mahafaly, ist mit verkarsteten Böden und das Küstengebiet mit entkalktem Dünensand bedeckt. Roterde *(sable roux)* bedeckt etwa 40.000 ha Boden entlang der Täler *Menarandra* und *Linta*. Auf dem eisenhaltigen, nicht ausgewaschenen Sandboden zwischen dem Kalkplateau und den Schwemmlandschaften der Flüsse haben Termiten zahlreiche Hügel errichtet. (Bis zu 1 m Höhe) Im Norden des Mahafaly-Landes dehnen sich weite Flächen steinigen unfruchtbaren Bodens und der felsige Untergrund liegt oft nur 10 cm tief.

Klima und Jahreszeiten

Madagaskar gehört mit Ausnahme des tropischen dauerhumiden Ostens und Nordostens in den südhemisphärischen sommerhumiden Bereich. Der Südwesten hat drei bis vier humide Monate mit den geringsten Niederschlägen von ganz Madagaskar und hat daher semiarides Klima.

Der Monsun bringt während des Australsommers vom Norden unregelmäßige Regenfälle, die Ende September, oft aber auch erst im November, zum ersten Mal einsetzen können oder die, wie es in manchen Jahren geschehen ist, ganz ausbleiben.

Die angebauten Kulturpflanzen brauchen während ihrer Vegetationsperiode mindestens drei ausgiebige Regenfälle, wie z. B. der Mais in den Monaten November, Dezember und Januar.

Im Australwinter hat das Mahafaly-Land eine kurze Regenperiode im Juli durch den Südostpassat mit einem Niederschlag von 16,7 mm im Durchschnitt. Dieser kurze, feine Regen wird von den Mahafaly *erike* oder *Pluie de Mangues* genannt, weil in dieser Zeit die Mangobäume blühen.

Die Niederschlagsmengen im Mahafaly-Land wurden von den meteorologischen Stationen gemessen. Sie ergaben einen Jahresdurchschnitt von 350,7 mm Regenhöhe für den Küstenort *Androka*[3] und für *Ampanihy* im Landesinneren bereits 581 mm.

Auch die Anzahl der Regentage sind von Jahr zu Jahr verschieden. In *Itampolo* hat man 1953 46 Regentage und 1959 nur 13 Regentage registrieren können.

Es ist mehrmals in den vergangenen Jahrzehnten vorgekommen, wie mir von zuverlässigen Bewohnern von *Ampanihy* berichtet wurde, daß der erste Regenfall erst im Februar einsetzte und die Starkregen in wenigen Stunden die Pflanzungen überschwemmten, die fruchtbare Bodendecke mitrissen und auf den hochgehenden Fluten der Flüsse, *Sakatovo, Manakalahy, Manakaravavy, Menarandra* und *Linta* ins Meer transportierten.

So hat z. B. 1938 ein Hochwasser des *Sakatovo*flusses wertvolle Anbauflächen in der Nähe von *Ampanihy* in einer Breite von über 50 m weggerissen. Der fruchtbare Boden, der sich entlang des Flußlaufes auf einige Kilometer erstreckte, war 1970 nur noch 20 bis 25 cm tief. Jedes Jahr werden bei Hochwasser die Anbauflächen verringert. Auf den Sandablagerungen gedeihen nur noch Bataten. Die Temperaturen während des Australsommers von Oktober bis April erreichen im Süden im Januar ihren Höchststand.

Die jährliche Maximaltemperatur betrug, nach unveröffentlichten Aufzeichnungen von Monsieur Elias in Ampanihy, die sich über mehr als ein Jahrzehnt erstreckten, an der Küste 36,6 Grad, in Ampanihy 41,0 Grad. Ich selbst habe an der Küste mehr als 40 Grad und in Ampanihy 42 Grad erlebt.

Die niedrigsten Temperaturen im Australwinter von Mai bis September sind im Juni oder Juli zu beobachten. Die Nächte sind kühl und trocken. Um 5 Uhr morgens kann die Quecksilbersäule des Thermometers auf 5 Grad Celsius fallen (an der Küste auf 8 Grad C). Im Laufe des Tages kann bei Sonnenschein die Temperatur bis 25 Grad ansteigen.

Die starke Abkühlung während der Nacht verursacht Tau- und Nebelbildung *(mika)*, so daß trotz der geringen Wasserreserven des Bodens auch in der Trockenzeit der Anbau von Bataten, Maniok und einigen Blattgemüsen möglich ist. Die im Mahafaly-Land vorherrschenden Winde kommen mit einer Stärke von 14 bis 20 m/sec aus dem Süden. Deshalb werden die Dörfer so angelegt, daß kinderreiche Familien im nördlichen Teil, die älteren und ruhebedürftigen Leute im südlichen Teil wohnen. Auch die Häuser, die in Nord-Südrichtung gebaut sind, haben die Eingangstür im Norden.

An der Küste hat die Windrichtung für die Vezofischer große Bedeutung. Am frühen Morgen weht der Wind vom Norden und Nordwesten entlang der Küste, am späten Nachmittag gegen 4 Uhr weht er dagegen vom Süden. Diese Windrichtungen und Windstärken werden von den Vezo für ihre Fahrten auf das Meer genützt. Sie segeln mit ihren Auslegerbooten morgens gegen Süden und kehren nachmittags mit dem Südwind zwischen 4 Uhr und 5 Uhr zurück. Die Südwinde bringen während des Südsommers große Trockenheit mit sich. Die Verdunstung ist so hoch, daß in wenigen Tagen die Kulturpflanzen, besonders der Mais, auf den Feldern vertrocknen. Das Klima im Mahafaly-Land soll sich von Jahr zu Jahr verschlechtern, das heißt, der Grundwasserspiegel soll sinken und das Land zunehmend versteppen. Viele Mahafaly erzählten mir, daß sie sich daran erinnern können, wie fruchtbar in ihrer Jugend die Felder gewesen seien. Es soll damals auch noch Tümpel und kleine Seen gegeben haben, die ebenso wie die vielen kleinen Flüsse das ganze Jahr über Wasser führten.

Die zahlreichen Wälder, die es noch vor vier Jahrzehnten nach den Aussagen von Gewährsleuten gegeben hat, sind heute, bis auf die Wälder im Tal des Menarandra- und Lintaflusses – hier liegen die Residenzen der Mahafaly-Könige und ihre Begräbnisstätten, Roden ist daher verboten *(fady)* – von Dornbusch und Grassteppen ersetzt worden. Sicher sind auch die Brandrodung *(tavy)* und die zahlreichen Ziegenherden daran schuld. Ob die Menschen allein für das Aussterben der Zwergflußpferde und des Riesenlaufvogels Aepyornis maximus verantwortlich zu machen sind, läßt sich nicht beweisen. Die Fundstellen der subfossilen Reste dieser Fauna liegen in Gegenden wie z.B. Itampolo, Ampotaka, Anavoha und Behavoha, wo einst Sümpfe und Seen waren. Das gleichzeitige Vorkommen von Resten menschlicher Siedlungen, von Tonscherben, Feuerstellen und Tierknochen (Hippopotamus lemerlei) und des vom Menschen eingeführten Zeburindes lassen darauf schließen, daß es diese Fauna in Südmadagaskar noch gegeben haben muß, als der Mensch dort bereits lebte. Die Radiokarbondaten ergeben ein Alter von 600–1000 Jahren für diese Fossilien[50].

Vegetation

Die Pflanzenwelt Madagaskars weist in manchen Gegenden 90 bis 100 % eigenständige Formen auf und die Insel wird daher im Bereich der altweltlichen Tropen nach französischen und deutschen Botanikern wie W. Rauh[35] und H. Straka[46] als eigenes Florengebiet bezeichnet. Von den sechs Floren- und Vegetationsprovinzen, in die Madagaskar eingeteilt wird, hat die Florenprovinz des Südens eine für sie charakteristische Pflanzenformation.

Von den laubabwerfenden Waldbeständen sind nur noch geringe Reste in den Flußtälern vorhanden. Eine der wenigen Baumarten, die die zahlreichen Buschfeuer überstanden hat, ist die Satrapalme (Hyphaene shatan), die das Rohmaterial für Flechtwaren und für den Hausbau liefert. Der Trockenbusch mit den zahlreichen Sukkulenten, deren Parenchym viel Wasser speichert, breitet sich immer weiter aus. Die Stämme der Vontaka (Pachypodium Geayia), die eine Höhe von 2–3 m erreichen, werden ausgehöhlt als Wassergefäße und Bienenkörbe benutzt. Ihr Parenchym liefert nach dem Auspressen einen bitteren Saft, der getrunken wird, wenn die Wasservorräte erschöpft sind. Aus dem Holz der Didieraceen (Allouaudia procera), von den Mahafaly *fantsiholitre* genannt, haben sich früher alle Mahafaly ihre Häuser gebaut. Das getrocknete Holz heißt *rautse*. Der Feuerbohrer aus zwei *fantsiholitre*-Hölzern, ebenfalls *rautse* genannt, wird heute noch von Hirten verwendet. Die in der Steppe zahlreichen Affenbrotbäume *(Zà)* liefern Früchte, die nicht nur gegessen werden, sondern ausgehöhlt den Hirten auf ihrer Wanderung als Wasserflaschen dienen.

Die Mimosen und Akazien, die am Rande der kleinen Flußläufe stehen, werden von den Mahafaly sehr geschätzt, denn ihre duftenden gelben Blüten ziehen die Bienen an und viele Mahafaly, die sich darauf verstehen, hängen in der Nähe ausgehöhlte Baumstümpfe als Bienenkörbe auf. Die Mahafaly nennen diese Bäume deshalb auch Honigbäume.

Viele Tamarindenbäume *(kily)* stehen noch in den Tälern und Niederungen, die im Besitz der königlichen Familie sind. Es gibt viele *kily masy* (heilige Tamarinden), die als Opferplätze und Sitz der Geister *(Kokolampy)* bekannt sind. Früher war es streng verboten, einen Tamarindenbaum zu fällen oder in seiner Nähe Feuer zu legen. Heute umgeht man dieses Verbot, indem man nur Äste abhackt und den Baum erst fällt, wenn er abgestorben ist.

Im Norden des Mahafaly-Landes und in den Karstniederungen des Kalkplateaus wächst in der Prärie die Sakoa (Slerocarya caffra). Hier weiden die zahlreichen Zebuherden aus dem Küstengebiet des Mahafaly-Landes in den Monaten Dezember bis April.

Alle Aloearten, wie Vahomobè und Vahontsoy, Vahotsandry, werden von den Mahafaly auch als Heilmittel verwendet. In manchen Dörfern wachsen sie an der Nordostecke des Hauses, in dem der Familienvorstand *(Dadabè)* wohnt, und Gebete und kleinere Opferungen stattfinden.

Tierwelt

Als sich Madagaskar von Afrika trennte, gab es nur Vertreter von sechs Säugetierordnungen auf der Insel. Viele von ihnen sind erst in historischer Zeit ausgestorben.

Die rezenten Arten sind Überlebende einer Gruppe, die im Tertiär sehr verbreitet war, wie etwa der Paleopropithecus Megaladapis. Im Mahafaly-Land leben von den 22 Lemuren-Arten, die es heute in Madagaskar noch gibt, der große weiße Propithecus verreauxi *(Sifaka)*, der Lemur catta *(Maki)* und der kleine Mausmaki, ein Nachttier, in den Galeriewäldern im Gebiet der Flüsse *Menarandra, Linta* und *Onilahy*, ebenso wie in den Grotten von *Vahombè* und in den *Aven* (tiefe Wasserlöcher) des Kalkplateaus. Die Lemuren leben in kleinen Horden und ernähren sich von Früchten, Blattknospen, Käferlarven und Vogeleiern. Die Mahafaly erzählten mir, daß die Lemuren jungen Vögeln die Köpfe zerquetschen, um ihnen das Gehirn auszusaugen. Der Lemur catta, auch Katzenmaki genannt, läßt sich leicht zähmen und frißt alles, was ihm vorgesetzt wird: Früchte des Lamotybaumes, Guaven, Bananen, Bohnen und gekochten Reis. Sifaka und Mausmaki überleben nur wenige Stunden ihre Gefangenschaft, daher ist es auch bis heute nicht gelungen, sie in zoologischen Gärten zu halten. Für die Mahafaly ist es streng verboten *(fady)*, die Sifakas zu belästigen oder gar zu töten. Im Westen der Insel, in der Gegend des *Manombolo*, werden die Sifakas mit dem Blasrohr gejagt, getötet und am Spieß gebraten als Leckerbissen verzehrt, wie mir ein Sakalava-Vazimba 1963 erzählte.

In Retanso habe ich eine Geschichte gehört, die erklären soll, warum alle Mahafaly die Lemuren, besonders aber die Sifaka respektieren:

„Einst – Taloha – lebte ein Mann mit seiner Frau in einem Dorf. Die Frau kochte das Essen und der Mann arbeitete auf dem Feld. Als er eines Tages vom Feld ins Dorf zurückkehrte, war das Essen noch nicht fertig gekocht. Er war sehr hungrig und schöpfte sich mit dem großen Kochlöffel *(sadro)* etwas aus dem brodelnden Topf, kostete und sagte zornig: „dieses Essen mag ich nicht", er stieß den Topf um und schlug seiner Frau mit dem Kochlöffel ins Gesicht. Die geschlagene Frau verwandelte sich in einen Sifaka und schrie: *„sifàk, sifàk"* und rettete sich in den Wald zu den anderen Sifaka."

Seither sind alle Sifaka *„fady"*.

Für alle Mahafaly und auch für einige andere madegassische Gruppen heißen die Makis wegen ihrer Menschenähnlichkeit *Babakoto*. *Baba* ist das Kosewort für Großvater und *Koto* werden kleine Jungen genannt. Manche glauben auch, daß sie die Vorfahren der Menschen seien.

Die Tierwelt im Mahafaly-Land ist noch nicht systematisch erforscht worden. Ich habe versucht, Tiere, die für die Mahafaly von Bedeutung sind und die ich im Mahafaly-Land kennengelernt habe, mit Hilfe der *Faune malgache* von Raymond Decary[15] zu identifizieren. In ganz Madagaskar ist der *tandrek* (Centetes ecaudatus), der zu den altertümlichen Familien der Tenrecoiden gehört, bekannt und steht unter Naturschutz. Eine kleinere Form lebt im Mahafaly-Land, versteckt in Erdhöhlen und Gängen. Die Mahafaly nennen diese Art ebenfalls *tandrek* und graben mit Stöcken im Boden nach diesem Tier. Entweder wird der *tandrek* noch lebend auf dem Markt verkauft oder geröstet als Leckerbissen angeboten. Wiederholt wurden Hirten und Bauern von der Gendarmerie mit Strafen belegt, weil sie den *Tandrek*, der unter strengem Naturschutz steht, auf dem Markt zum Kauf angeboten haben. Wie man mir erzählte, haben einige Mahafaly um Befreiung von diesem Gesetz gebeten, weil der Fang dieser Tiere eine wichtige, manchmal sogar die einzige Erwerbsquelle für die Mahafaly ist, die keine Rinderherden besitzen. Die Tiere werden weiterhin auf dem Markt angeboten und auch in den Dörfern geröstet verzehrt.

Außer dem *tandrek* fangen die Mahafaly auch noch eine andere Art, die wie der *tandrek* Stacheln, aber kein Haarkleid trägt. Es muß sich dabei um den Ericulus telfairi handeln, den die Mahafaly *soky* nennen. *Ambiko* ist eine kleinere Abart des *tandrek* und soll auch nur im Mahafaly-Land leben.

Von den Mahafaly werden Oryzorictiane, die Spitzmäusen und Maulwürfen ähnlich sehen, ebenso wie die Ratten mit dem Namen *voalavo* bezeichnet. Sie unterscheiden *Voalavorano* (O. tetradactylus), die an den Ufern von Flüssen leben und viel Schaden an den Kulturen anrichten, *Voalavonarabo* (O. talpoides) und die Spitzmausarten Suncus madagascariensis und Suncus murinus, die in der Nähe der menschlichen Siedlungen, in Feldern und Speichern ihre Nahrung suchen und ihre Nester bauen.

Ein Nagetier, das sich in den sandigen Böden im Dornbusch knapp unter der Oberfläche Gänge baut und von den Mahafaly *totosy* genannt wird, könnte der Macrotarsomys Bastardi sein, der ungefähr 12 cm lang und der von Decary im benachbarten Antandroy-Land gesichtet wurde. Die von Decary entdeckte und beschriebene Mus Decaryi nennen die Mahafaly *voalavo renge*. Die kleinen Hausmäuse heißen bei den Mahafaly *badiko*.

Mäuse und Ratten haben kaum natürliche Feinde in Madagaskar und wurden besonders in den letzten Jahrzehnten zu einer großen Landplage. Die Madegassen erzählten mir 1969, daß ein Heer von Ratten im Norden des Mahafaly-Landes ein Dorf überfallen, eine Kuh vollkommen aufgefressen und ein Baby aus den Armen der schlafenden Mutter weggeschleppt hätte. Die Mahafaly behaupteten auch, daß die Ratten nachts in den Häusern schlafenden Kleinkindern Zehen, Ohren und auch die Nase abfressen und daß die Kinder deshalb in den Armen von Vater oder Mutter schlafen müßten. Ähnliche Geschichten habe ich auch während meines Aufenthaltes im Ostküstengebiet, in den Dörfern der Tanala und Betsimisaraka gehört.

Die Katzen sind beliebte Haustiere. Doch sind sie wenig widerstandsfähig gegenüber Krankheiten. Ratten, Hunde und Schlangen sind ein weiterer Grund, warum es selten ein Dorf gibt, in dem man eine Katze sieht.

So bleibt den Mahafaly nur die Möglichkeit Ratten mit vergifteten Mais- und Reiskörnern zu bekämpfen oder in einem Fleischstück eine Frucht mit Widerhaken *(bagakely)* zu befestigen und als Köder auszulegen. Die Widerhaken lösen sich im Magen der Ratten vom Fleischhappen, durchbohren die Magenwände und das Tier stirbt an unstillbaren Blutungen.

Es gibt viele Ortsnamen im Mahafaly-Land, die mit dem Wort *voalavo* zusammengesetzt sind, z. B. *Bevoalavo* d. h. „dort, wo es viele Ratten gibt".

Sehr verbreitet sind die Fledertiere im Mahafaly-Land. Die Flederhunde = *fanihy* (Macrochiropteres) sind in manchen Gebieten so zahlreich, daß ebenfalls Orte nach ihnen benannt werden, zum Beispiel *Ampanihy* = „Dort, wo es viele Flederhunde gibt". Fledermäuse = *langopako* (Microchiropteres) halten sich meist in hohlen Bäumen und Grotten auf.

Sehr gefürchtet im Mahafaly-Land ist eine Schleichkatze = *fosa* (Cryptoprocta ferox). Auch von der *fosa* werden schaurige Geschichten erzählt.

Sie soll sich nachts in die Hütten schleichen, Kleinkinder aus den Armen der Mutter rauben, erwachsene Menschen beißen und ihnen das Blut aussaugen. Es soll schon vorgekommen sein, daß jemandem, der nachts unterwegs war, eine *fosa* ins Genick sprang, ihn biß und der Verletzte sofort tot zu Boden fiel. Als ich mit einheimischen Begleitern durch die Wälder des Ostküstengebietes marschierte und die Nacht hereinbrach, banden sich alle ein dickes Tuch um den Nacken, und auch ich mußte mir mein Handtuch umlegen, damit die *fosa* uns keine tödlichen Verletzungen beibringen konnte. Die Wissenschaftler haben alle diese in Madagaskar kursierenden Berichte in das Reich der Fabel verwiesen.

Die *fosa* gilt als Hühnerdieb und beißt, wenn sie in einen Hühner- oder Entenstall kommt, allen Tieren die Kehle durch, nur Gänse sollen sich mit Schnabelhieben gegen die *fosa* verteidigen können. Ich habe mehrmals erlebt, daß die *fosa* nachts junge Katzen trotz heldenhafter Gegenwehr der Mutterkatze aus dem Nest geholt und das klagende Kätzchen in Eile weggetragen hat. Selten gelingt es, die *fosa* mit dem Speer zu töten.

Es gibt noch andere Schleichkatzen, wie die *telofory*. Bei der es sich um die Viverricula Schlegeli handeln könnte und die *fanaloke*, die möglicherweise mit der Galidia elegans identisch ist. Beide gelten als Hühnerdiebe. Auch die Wildkatzen *(kary)*, die zahlreich in den Wäldern am Unterlauf des Menarandraflusses leben sollen, ernähren sich von Vögeln und Hühnern, die sie aus den Dörfern holen. Die französischen Wissenschaftler Raymond Decary und Jean Poirier haben in persönlichen Gesprächen mit mir bezweifelt, daß es in Madagaskar echte Wildkatzen gibt und nehmen an, daß es sich um verwilderte Hauskatzen *(piso)* handelt, die vom Menschen auf die Insel gebracht worden sind.

Das madegassische Wildschwein = *lambo* (Potamochaerus larvatus) soll dem afrikanischen Wildschwein sehr ähnlich sein. Viele Madegassen erzählen, daß es von ihren Ahnen nach Madagaskar gebracht wurde und sich dort rasch vermehrt hat.

Als die Dynastien der Maroseranana den Süden der Insel unter ihre Herrschaft brachten, sollen sie das Wildschwein für *fady* erklärt haben. Die den Mahafaly im Norden benachbarten Bara haben ebenso wie die Sakalava im Westen und die Betsimisaraka im Osten ihre Jagdreviere, wo sie Wildschweine mit abgerichteten Hunden hetzen und mit Speeren töten. Für alle Mahafaly ist nur der Genuß von Wildschweinfleisch verboten, das Wildschwein wird gejagt und getötet, weil es die Kulturen verwüstet. Wildschweine graben einen Tunnel unter Palisaden- und Dornenhecken um Pflanzungen oder überspringen sie. Ihr schwarzes Borstenkleid und ihre Gestalt ist den heutigen Hausschweinen der Betsileo sehr ähnlich, und ich habe von den Mahafaly mehrmals gehört, daß sie keinen Unterschied sehen zwischen dem *lambo* (Wildschwein) und dem *kisoa* (Hausschwein), das nur *kamo* (faul) geworden ist, weil es von den Menschen gefüttert wird. Raymond Decary[15] glaubt jedoch, daß das Wildschwein mit dem heute ausgestorbenen Flußpferd nach Madagaskar gekommen ist.

Ebenso ungeklärt ist die Herkunft der Wildrinder in Madagaskar. Subfossile Reste des Bos madagascariensis wurden bei archäologischen Grabungen im Mahafaly-Land gefunden. In den vergangenen Jahrhunderten muß es zahlreiche Herden von Wildrindern gegeben haben. Auch Robert Drury[17] erwähnt mehrmals die Jagd auf Wildrinder. Heute soll es noch in den Bongolavabergen Reste von Wildrindern geben. Bei meiner Überquerung der Bongolavaberge 1963 wurde ich von meinen Begleitern auf eine solche Herde aufmerksam gemacht. Da wir aber einen Bogen um diese Herde machen mußten, weil die Kühe sehr aggressiv sein sollen, solange sie Kälber säugen, konnte ich keinen Unterschied zwischen ihnen und den heutigen madegassischen Zebus feststellen.

Die Mahafaly nennen heute noch die Wildrinder *jamoka* oder *tsamoka*. Aber auch das verwilderte Zeburind, das sich von einer Herde abgesondert hat, wird mit dem gleichen Namen bezeichnet. Das Wildrind soll ein fahles Haarkleid, einen kleinen Höcker und nicht sehr große Hörner haben. Die Mahafaly erzählten mir, daß es früher keine Zebus gegeben habe. Sie seien von den *Vazaha* (Fremden) ins Land gebracht worden. Erst durch Kreuzungen mit dem Wildrind sei die heutige madegassische Rinderrasse entstanden. Diese Rinder nennen sie *omby* und unterscheiden die einzelnen Rinderrassen durch einen Zusatz wie z. B. *omby-vazaha* (Rinder der Fremden). Will ein Rind nicht in der Herde bleiben, heißt es *omby haolo* (Wildrind) wie die Rinder, die sich in die Wälder geflüchtet haben und dort als verwilderte Rinder leben. Hat man ein solches Tier gefunden, versucht man es mit dem Lasso einzufangen und zu domestizieren. Ich habe bei den Mahafaly solche Versuche beobachten können.

Von den Vögeln, die es im Mahafaly-Land gegeben hat, muß der Aepyornis erwähnt werden. Es gab drei Arten, Ae. maximus, der größer als 2,50 m gewesen sein muß, weil ein Skelett von 2,68 m Höhe gefunden wurde, Ae. medius und Ae. Hildebrandtii. Noch Flacourt[20] erwähnte 1661 diesen Vogel, der sich wahrscheinlich nicht an die durch fortschreitende Austrocknung veränderte Flora anpassen konnte und daher ausgestorben ist.

In der Erinnerung der Mahafaly heißt der Aepyornis maximus *Vorombè* = großer Vogel. Heute kann man noch Eierschalen finden, seltener jedoch ganze Eier dieses Vogels im Sand. Früher wurden diese Eier als Wasserbehälter verwendet, heute betrachten die Mahafaly einen solchen Fund als Glücksfall, denn sie wissen, daß man dafür mindestens 2000 DM bekommen kann.

Es gibt mehr als 300 Vogelarten im Mahafaly-Land. Viele dieser Vögel sind *fady*, andere gelten als ungenießbar, wie z. B. die Krähe *(koake)* und der Papango. Wachteln *(kibo)*, Rebhühner *(katakata)* und Perlhühner *(akanga)* werden mit der Schleuder oder dem Blasrohr erbeutet, auch in Fallen gefangen und gelten als Leckerbissen.

Der Regenvogel *(toloho)* und der schwarze Papagei *(vasa)* sind allen Mahafaly, auch den Kindern, gut bekannt. Viele Erzählungen handeln von ihnen. Sehr gefürchtet ist ein Reiher *(takatra)*, der beim Einbruch der Dunkelheit an den Ufern der Flüsse entlangfliegt. Er soll den Tod ankündigen. Wer sein Nest, das einen Durchmesser von 1,50 m hat, zerstört, wird innerhalb eines Jahres von der Lepra befallen, sagen die Mahafaly.

Von den Mahafaly wurden mir noch viele andere Vögel gezeigt. So gibt es z. B. den Raubvogel *tsikoloto* und den *tataokafa*, der die Regenzeit ankündigen soll.

Zu Beginn der Regenzeit rufen die Kinder in den Wald „*Tataokafa avy ty orana?*" Tataokafa, kommt der Regen? Wenn der Vogel mit „*Tataokafa*" antwortet, dann ist der erste Regen im Anzug. Die Mahafaly-Bauern sagten mir, daß der *tataokafa* erst spricht *(mivola)*, wenn er brütet, und das geschehe zu Beginn der Regenzeit.

Das Krokodil *(voay)* ist heute nur noch an den Ufern der großen Flüsse *Menarandra* und *Linta* zu finden. Die Trockenzeit überleben die Krokodile in Sumpflöchern am Ufer dieser Flüsse.

Die Landschildkröte *(sokake)* ist für alle Mahafaly *fady*, d. h. nicht nur der Genuß dieser Schildkröte, sondern auch eine indirekte Berührung mit dem Tier ist streng verboten, wie z. B. das Entfernen der Ausscheidungen mit Hilfe von Blättern oder eines Stockes. Schwere Krankheiten und Unglücksfälle können durch Nichtbeachtung dieses Verbots verursacht werden.

Die Meeresschildkröte *(fanonjato)* soll früher das einzige Opfertier gewesen sein, wie heute noch bei den Vazimba. Der Fang einer Meeresschildkröte ist auch bei den Mahafaly und Vezo heute noch mit rituellen Handlungen verbunden. Mir wurde von meinem Informanten berichtet, daß die Vezofischer, wenn es ihnen gelingt eine Schildkröte im Meer schwimmend zu harpunieren, sie an Land ziehen, auf den Dorfplatz schleppen, und dort die noch lebende Schildkröte zerstückeln. Die Fischer danken Gott für den Fang. Das Schildkrötenfleisch wird in Meerwasser gekocht. Vor dem Essen ruft man Gott und die Ahnen an: „Laßt alle Wege in den Norden, Süden, Osten und Westen geheiligt sein und erhaltet dem Land, in dem wir leben, seinen Reichtum". Frauen durften früher nicht an dieser Mahlzeit teilnehmen. Heute ist ihnen der Genuß von Schildkrötenfleisch mit Ausnahme von Leber und Herz gestattet.

Die Wasserschildkröte *(rere)*, die während der Regenzeit in den zahlreichen Tümpeln und Pfützen lebt, ist *fady*. Doch ist eine Berührung nicht so folgenschwer wie bei der Landschildkröte. Die Eidechsen *(sitri)* und das

Chamäleon *(sakoritra)* sind dagegen nicht *fady*. Die Berührung mit diesen Tieren wird vermieden. Der Gecko, der sich an seinem Schwanz aufhängen und häufig die Farbe wechseln kann, ist den Mahafaly unheimlich. Man nennt ihn *tahafisaka* und viele glauben, daß man sterben muß, wenn man diesen Gecko berührt oder einfängt.

Die Schlangen *(bibi-lava)* sind sehr gefürchtet, obwohl keine einzige von den madegassischen Schlangen giftig ist. Die *Do* oder *Batsy* ist besonders gefürchtet und viele Mahafaly flüchten erschreckt aus ihren Häusern, wenn sich im Grasdach innen eine *Do* von oft 4 m Länge eingenistet hat. Im Hühnerstall wird die *Batsy* totgeschlagen, weil sie die Küken frißt.

Eine andere Schlange lebt in Termitenhügeln; sie heißt bei den Mahafaly *renivitike* (Mutter der Ameisen). Die Mahafaly glauben, daß die Termiten die Schlange mästen, um sie dann aufzufressen. Schlangen, die sich auf den Steinen der Gräber sonnen, werden als Geister der Toten *(lolo)* betrachtet. Man vermeidet es, in ihre Nähe zu kommen. Sie werden nicht wie im Betsileoland verehrt. Dort glaubt man, daß sich die Mitglieder der königlichen Familie nach ihrem Tod in eine *(menarana)* verwandeln. Sie soll sich aus einem Wurm entwickeln, der in der Flüssigkeit des verwesenden Leichnams entsteht.

Diese Mythe, die in der Ethnologie als Fanany-Mythe bezeichnet wird, ist den Mahafaly unbekannt.

Die Frösche *(saho)*, von denen es zahlreiche Arten im Mahafaly-Land gibt, kündigen den Mahafaly den Morgen an: *Manena-saho* (die Frösche quaken) ungefähr 3 Uhr morgens. Für alle Mahafaly, die einen längeren Marsch vorhaben, ist es das Zeichen zum Aufbruch.

Von den Süßwasserfischen *(fia)*, die im Mahafaly-Land noch vorkommen, ist nur noch der aus Australien eingeführte Tilapia erwähnenswert. Die vielen Fische, die es früher gegeben haben muß und die mit Hilfe von Fischgiften gefangen wurden, sind verschwunden, weil es kaum noch Flüsse und Tümpel gibt, die das ganze Jahr über Wasser führen.

Die noch in zahlreichen Arten vorkommenden Meeresfische werden von den Vezo-Fischern mit Hilfe von Netzen und Fischspeeren auf dem Meer gefangen und auf dem Markt in Ampanihy eingesalzen und geräuchert verkauft. Aale sind als Speise verboten, sie gelten als Schlangen.

Von den ungefähr 300 Arten von Muscheln und Schnecken müssen die Tritonmuschel *(antsiva)* und die Conusmuscheln erwähnt werden. Die *antsiva* dient zur Herstellung des Muschelhorns (siehe Kapitel Musikinstrumente), die Conusmuschel wird für die *Fela* genannte Stirnscheibe der Krieger verwendet.

Krabben und Langusten *(orana)* waren für die Bewohner an der Küste eine beliebte *laoke* (Beikost) zum Reis.

Die Wanderheuschrecke *(valala)* brütet im Küstengebiet und zieht von dort in großen Schwärmen nach Norden. Für die Mahafaly waren die Heuschrecken Zeichen für ein fruchtbares Jahr, für die Bevölkerung im Norden jedoch eine Katastrophe, weil die Schwärme in ihre Kulturen einfielen und nach Sonnenuntergang in wenigen Stunden große Reisfelder kahl fraßen. Der Süden Madagaskars wird deshalb seit Jahren streng vom Heuschreckendienst überwacht und viele Gebiete vom Flugzeug aus mit Insektenvertilgungsmitteln besprüht. Mit den Heuschrecken sind aber auch viele Bienenvölker, Schmetterlinge und Käfer ausgerottet worden.

Die Mahafaly haben die Heuschrecken, die sie in *sohike, mena elatse* und *tompontane* unterscheiden, als Leckerbissen betrachtet. Sie sollen, in der Pfanne über dem Feuer geröstet, sehr gut schmecken.

Die Grillen *(tapa)* benutzen die Kinder als Musikinstrumente. Mit Zeigefinger und Daumen beider Hände wird die Grille an den Flügeln in die offene Mundhöhle gehalten, die als Resonanzkörper das Zirpen der Grille verstärkt.

Auch Grillen röstet man über dem Feuer in einer Pfanne, sie werden von allen Mahafaly gerne gegessen.

Kakerlaken *(kadadake)* gelten den Mahafaly als widerliches Ungeziefer. Sie leben unter Matten in dunklen Häusern und fressen nicht nur Nahrungsmittelvorräte, sondern auch Kleidungsstücke, Papier und sogar Ausweise in Plastikhüllen. Den Mahafaly ist Hartgeld lieber als Geldscheine, weil auch die Geldscheine von Kakerlaken aufgefressen werden. Für die Mahafaly ist heißes Wasser, das auf den Boden ihrer Häuser in die Ecken gegossen wird, das einzige Mittel, die Kakerlakenplage zu bekämpfen.

Termiten haben im Mahafaly-Land sehr gute Lebensbedingungen. Zu Tausenden bauen sie ihre Hügel *(boaly)* auf den weiten Ebenen des Mahafaly-Landes und befallen die Holzhäuser, die zwei Jahre später ausgehöhlt, beim kleinsten Windstoß umfallen. Die Termitenhügel hat man früher ausgehöhlt und als Erdöfen *(tongake)* zum Braten von Fleisch verwendet. Die Larven der Termiten sammeln heute noch die Mahafaly-Frauen aus den zerschlagenen Termitenhügeln, um sie an junge Hühner zu verfüttern.

Die Bienen (*renitantely* = Mutter des Honigs) leben in alten Baumstrünken. Sie sammeln das ganze Jahr über Honig. Für die Mahafaly gilt aber nur der während der Sommerzeit von September bis Mai gesammelte Honig als genießbar. Der Honig, den die Bienen von Juni bis August produzieren, soll sehr bitter sein und Erbrechen und Bauchschmerzen verursachen.

Deshalb darf Honig nur im Mai von speziellen Honigsammlern geerntet und auf dem Markt verkauft werden.

Eine *sihy* genannte Bienenart (Trigobia madecassa) lebt in den Spalten der Baumäste. Auch ihr Honig wird gesammelt und gegessen. Die Mauerwespen *(fangaraka)* bauen viele Nester an Felsen und im Inneren der Häuser. Die Mahafaly fürchten die Wespenstiche, wagen aber nicht, die Nester zu entfernen, denn es heißt, daß derjenige, der ein Nest zerstört, seine eigene Mutter damit tötet. Sie soll innerhalb einer kurzen Frist an einer Krankheit oder an einem Unfall sterben. Kein Mahafaly konnte mir aber erklären, woher dieses Verbot stammt.

Von den Schmetterlingen, die bei allen Madegassen *lolo* heißen wie die Totengeister, muß der Uranus riphaeus (*andriandolo* = adeliger Geist) erwähnt werden. Für die Mahafaly ist der Schmetterling aber keine Verkörperung eines Totengeistes wie bei den Betsimisaraka im Osten der Insel.

Andere Schmetterlinge, die in ihrem Raupenstadium Seidenfäden produzieren, sind als *landibè* bekannt. Vor zwanzig Jahren soll es im Mahafaly-Land in den Wäldern noch so viele Seidenraupen gegeben haben, daß die Kokons mit vielen Ochsenkarren auf das Hochland transportiert wurden. In Ambositra hat man die graue, reißfeste Seide der *landibè* zu Leichentüchern *(lambamena)* verarbeitet. Die intensive Heuschreckenbekämpfung hat fast alle Schmetterlinge vernichtet, deshalb gibt es im Mahafaly-Land kaum noch Seidenraupen. Die selten gewordene Seide wird heute vom Hochland in den Süden gebracht und dort in geringen Mengen als Rohmaterial zur Herstellung der sehr teuer gewordenen traditionellen Überwürfe *(lamba* oder *mandiavola)* und Lendentücher *(sadia)* verkauft.

Eine Art Laus, Gascardia madagascariensis *(lokombitsike)* ist für die Mahafaly sehr wichtig. Sie lebt auf Baumästen und legt eine Manschette aus Harz um den Ast. Dieses Harz wird heute noch von den Mahafaly zum Abdichten der Kochtöpfe, zum Verkleben der Speerspitzen im Schaft und zur Reparatur von gebrochenen Holzgeräten verwendet. Die Cochenillelaus wurde 1925 von der Insel Reunion eingeführt, um in der Umgebung der Provinzhauptstadt Tulear ein kleineres Gebiet zu roden, das von stacheligen 3 m hohen Kakteenwäldern der Opuntia stricta oder Raiketa bedeckt war. Innerhalb von zwei Jahren hat die Cochenillelaus jedoch alle Raiketapflanzungen im ganzen Süden zerstört. Große Hungersnöte waren die Folge, weil die natürliche Nahrungsreserve für Menschen und Tiere wegfiel. Später wurde eine andere Kakteenart, Opuntia ficus indicus *(raketambazaha)* angepflanzt, die von der Cochenillelaus nicht angegriffen wird.

Die Stechfliegen *(moka)* sind weit verbreitet. Die Anopheles als Überträger der Malaria wurde auf der ganzen Insel durch die Kolonialverwaltung systematisch bekämpft, so daß die Erkrankungen durch Malaria stark zurückgingen. Erst in der letzten Zeit sind infolge der fehlenden

Mittel zur Bekämpfung der Insekten auf dem Lande wieder verstärkt Malariafälle aufgetreten.

Eine kleine Stechfliege *(moka fohy)* verursacht durch ihren Stich schmerzhafte Geschwüre bei Mensch und Tier. Sekundärinfektionen mit tödlichem Ausgang sind häufig die Folge. Wegen dieser Stechfliege, die besonders zu Beginn der Regenzeit im Küstengebiet an den Wasserstellen Menschen und Tiere zu Tausenden überfällt, werden die Zebuherden im Dezember von der Küste ins Landesinnere gebracht, wo die *moka fohy* nicht vorkommt.

Von den Spinnen muß die Nephila madagascariensis *(halabè)* erwähnt werden. Sie produziert einen gelben Seidenfaden, der sehr reißfest ist und 300–400 m lang werden kann. Man hat diesen Seidenfaden auf dem Hochland zu Textilien (Spitzen) um die Jahrhundertwende verarbeitet. Die Mahafaly verwenden heute das Gewebe dieser Spinne nicht mehr wie früher um Brandwunden zu bedecken.

Von den Fabeltieren ist das *tsanganomby* (aufrechtstehendes Rind) das bekannteste. Alle Mahafaly, mit denen ich darüber gesprochen habe, behaupten, daß es existiere. Jeder kennt jemanden, der es mit seinen eigenen Augen gesehen haben will. Auf Honigtöpfen und geschnitzten Brettern wird das *tsanganomby* dargestellt: Kopf mit langen Ohren, große Schnauze und lange Zunge; geht aufrecht auf zwei Beinen wie ein Mensch.

Das *lolovokatse* soll auch ein Tier sein, das wie ein Mensch aussieht. Der Name bedeutet: *lolo* = Tod oder Geist, *vokatse* = reif. Es kündet den Tod eines nahen Verwandten. Wenn man sich diesem Tier nähern will, wird es unsichtbar, sagen die Mahafaly.

Die Verwaltung

Madagaskar ist in 6 Provinzen *(Faritany)* aufgeteilt. Jede Provinz hat eine Präfektur *(Fileovana)* und mehrere Unterpräfekturen *(Vakim-pileovana)*.

Das Mahafaly-Land gehört zur Provinz Tulear mit der Hauptstadt Tulear. Der größte Bevölkerungsanteil der Mahafaly lebt in der Unterpräfektur von Ampanihy, 1972 waren es 57.212 Mahafaly. Die Unterpräfektur von Ampanihy, die ein Gebiet von 13.400 km² umfaßt, wird in 8 Kantone eingeteilt: Ampanihy, Ankiliabo, Androka, Ejeda, Gogogogo, Fotadrevo, Amborompotsy, Itampolo. Nach den Angaben der Verwaltung lebten in der Unterpräfektur 1972 insgesamt 89.109 Menschen. Außer den schon erwähnten 57.212 Mahafaly gehören noch die Vezo, Antanosy, Antandroy, Bara, Betsileo, Merina und einige indische Familien zur Bevölkerung des Mahafaly-Landes.

Das Verwaltungszentrum Ampanihy ist eine Kleinstadt von 2.151 Einwohnern (nach den statistischen Angaben von 1972) und liegt in 217 m Meereshöhe.

Hier gibt es ein staatliches Krankenhaus, eine Entbindungsstation, eine neunklassige staatliche Schule (313 Schüler, 303 Schülerinnen), eine protestantische Privatschule (13 Schüler), eine katholische Privatschule (39 Schüler, 72 Schülerinnen), eine protestantische und eine katholische Kirche.

In Ampanihy sind die Gendarmeriekaserne, das Gefängnis und die Verwaltungsgebäude für die ganze Unterpräfektur untergebracht. In Ejeda gibt es noch ein amerikanisches Missionskrankenhaus, eine staatliche medizinische Ambulanz und eine Entbindungsstation. In Ejeda, Fotadrevo, Androka, Gogogogo und Itampolo sind außer den gut besuchten Volksschulen sogenannte *Poste Medicale* eingerichtet, die von einem Krankenpfleger und einer Hebamme geleitet werden.

In Ampanihy ist auch der Sitz der Cooperative Mohair, eine Genossenschaft mit 1.321 eingeschriebenen Mitgliedern. Im Maison Mohair werden von 10–20 Frauen Teppiche aus Mohairwolle geknüpft, die von ungefähr 500 Frauen in den einzelnen Dörfern gesponnen wird. Die Wolle stammt von den aus Südafrika eingeführten Angoraziegen, die im Gebiet um Ampanihy von Mahafaly gezüchtet und vom staatlichen Service Veterinaire überwacht werden.

Die Bevölkerung der Unterpräfektur von Ampanihy lebt fast ausschließlich von der Landwirtschaft. Im Jahr 1970 haben sich bei einer statistischen Erhebung 38.899 Mahafaly als Bauern und 7.280 als Handwerker bezeichnet. Aber jeder Handwerker im Mahafaly-Land hat Felder, die er mit seiner Familie bewirtschaftet, seine handwerkliche Tätigkeit übt er praktisch nur nebenberuflich aus.

Von der gesamten Bevölkerung gelten 5 % als katholische und evangelische Christen und 0,2 % sind Moslems.

Trotz der allgemeinen Schulpflicht können nur 45 % aller Kinder eine Schule besuchen. Es gibt vielerlei Gründe dafür: Die Schule ist zu weit vom Heimatdorf entfernt, die Kinder werden zum Ziegen- oder Rinderhüten gebraucht oder die Eltern haben nicht die finanziellen Mittel, um für die notwendige Kleidung, Hefte, Schreibzeug und Bücher aufzukommen.

Einige anthropologische Bemerkungen über die Mahafaly

In ganz Madagaskar sind anthropologische Untersuchungen nur sehr schwer durchzuführen. Strafgefangene, Soldaten und manchmal auch alte Leute in Krankenhäusern standen bisher als einzige Untersuchungsobjekte zur Verfügung. Deshalb können die Ergebnisse keinen repräsentativen Querschnitt darstellen.

Der Kolonialarzt David[11] hat 1938 bei 56 Mitgliedern der königlichen Familie der Maroseranana und bei 112 Mahafaly-Bauern Blutgruppenuntersuchungen durchgeführt. Die Angehörigen der Königsfamilie hatten zu
14,28 % Blutgruppe A, 32,14 % Bl.-Gr. B, 10,71 % Bl.-Gr. AB,
42,85 % Bl.-Gr. 0
die „gewöhnlichen" Mahafaly:
17,85 % Blutgrauppe A, 25 % Bl.-Gr. B, 1,87 % Bl.Gr. AB,
55,35 % Bl.Gr. 0

Da dieser Personenkreis dem Anthropologen für Untersuchungen nur sehr kurz zur Verfügung stand, konnte er, wie er berichtet,[11] keine anthropologischen Messungen durchführen.

Da es absolut *fady* ist, einen freien Mann oder gar ein Mitglied der Königsfamilie am Kopf zu berühren und Haare vom Kopf oder Körper für Untersuchungen zu entfernen, ist es verständlich, daß sich David auf Blutgruppenuntersuchungen beschränken mußte. Von den Häftlingen im Gefängnis von Tulear hat David in der Zeit von 1935 bis 1938 792 Mahafaly untersucht und festgestellt, daß 48,2 % braune, 19,8 % grün-braune und 17 % kastanienbraune Augen hatten[11].

Die einzigen anthropometrischen Untersuchungen bei den Mahafaly wurden an einer Gruppe von 168 Personen in einem Krankenhaus durchgeführt. Da diese Personen alt und krank waren, können auch sie nicht als repräsentativ für die damals 60.000 Mahafaly gelten.

Bei den Mahafaly, wie bei allen anderen ethnischen Gruppen Madagaskars, sind nach Ratsimamanga Rakoto[22], einem madegassischen Wissenschaftler, europide, mongolide, negro-ozeanide und in sehr geringem Maße negro-afrikanide Rassenmerkmale vertreten.

Die Sprache der Mahafaly

Die Mahafaly sprechen wie alle Bewohner Madagaskars einen Dialekt der madegassischen Sprache, die zur westindonesischen Sprachfamilie gehört.

Diese Dialekte sind noch nicht alle erforscht, doch lassen sie sich nach Dahl[23] je nach den Landschaftszonen in drei große Gruppen einteilen:
1. in eine westliche Gruppe mit den Dialekten der Sakalava, Vezo, Tanalana, Antandroy und Mahafaly
2. in eine östliche mit den Dialekten der Tanosy, Taimanambondro, Taisaka, Sahafatra, Taifasy, Tambahoaka und Betsimisaraka
3. in die Dialekte des Hochlandes, die von den Betsileo, Bara, Tsimihety und Merina gesprochen werden.

Die heutige Merinasprache nimmt eine Sonderstellung ein, weil sich im 19. Jahrhundert aus dem Dialekt der damals von der in Imerina herrschenden Klasse, den Hova, eine Schriftsprache entwickelt hat, die heute unter dem Namen *Malagasy* zur Amts-, Unterrichts- und Schriftsprache in Madagaskar geworden ist.

Ein Vergleich der madegassischen Dialekte mit 250 indonesischen Sprachen ergab in Grammatik, Syntax und Phonetik eine Ähnlichkeit mit den auf Malaya, Java, Sumatra, Borneo und den kleinen Sunda-Inseln gesprochenen Sprachen[10]. Die größte Übereinstimmung der madegassischen Sprache, besonders des Sakalavadialektes fand Dahl[10] mit der Sprache der Olon Maanjan, einer Gruppe von 30.000 Menschen auf Borneo.

Dahl[10] und Dez[24] nehmen an, daß die ersten Einwanderer nach Madagaskar, die Protomadegassen, eine in ihrer Sprache einheitliche Gruppe waren, denn in der Grammatik sind bei den einzelnen Dialekten keine Unterschiede vorhanden und sie sind nur sehr gering in Wortschatz und Phonetik.

Die als „protomadegassisch" bezeichnete Sprache mit den charakteristischen Merkmalen der indonesischen „Ursprache"[7] (auch als Indonesien Commun oder INC von Dahl[10] und Dez[16] übernommen) hat, unbeeinflußt von der Entwicklung der einzelnen Sprachen Indonesiens im Laufe der Jahrhunderte, in Madagaskar selbst nur geringe Umwandlungen durchgemacht.

Nach Dahl[23] und Dez[24] haben sich die einzelnen Dialekte in Madagaskar erst nach der Einwanderung der Araber im 11. oder 12. Jahrhundert herausgebildet, weil die Lehnwörter aus dem Arabischen dieselben Umwandlungen erfahren haben wie die Wörter aus dem „Indonesien Commun" = INC. So wurde z. B. das Wort für die Zahl fünf

INC = lima[25] zu Sakalava = lime, Merina = dimy, Mahafaly = lime[26]

für die Farbe weiß

INC = putih[7] zu Sakalava = foty, Merina = fotsy, Mahafaly = futi[39] (Im Wortzusammenhang Vorum-puti = weißer Vogel, bleibt jedoch das indonesische P erhalten[39]).

Die Umwandlung des l zu d und des t zu ts haben auch die Lehnwörter aus dem Arabischen mitgemacht, wie z. B. das arabische Wort für Montag el-ithin, das zu *alatsinainy* bei den Merina und zu *alatinainy* bei den Sakalava und Mahafaly wurde. Das arabische Wort für Sonntag el-ahad wurde zu *alahady* bei den Merina und Mahafaly und bei den Sakalava zu *alahaly*.

Das madegassische Wort für Schrift stammt jedoch aus dem Indonesischen und heißt *soratre* oder *soratry* bei den Merina auf dem Hochland. Die Mahafaly sagen *sorate*, gesprochen *surate* für schreiben oder Schrift.

Die Kenntnis arabischer Schriftzeichen soll durch Araber nach Madagaskar gekommen sein. Ein kleiner Kreis von Schriftgelehrten bei den Antaimoro an der Ostküste beherrschte das Schreiben und Lesen der *Sora-Bè* (Große Schrift), in der Gebete, Rezepte für die Herstellung von Arzneien und historische Ereignisse mit arabischen Schriftzeichen in madegassischer Sprache niedergelegt wurden. Am Hofe König Radma I von Imerina, der von 1810 bis 1828 regierte, waren Schreiber vom Stamm der Antaimoro, die den König diese Schriftzeichen lehrten. Als David Jones, der erste Missionar der Londoner Missionsgesellschaft 1820 nach Imerina kam, ließ sich Radama I von ihm in der englischen Sprache unterrichten und lernte so das lateinische Alphabet kennen. Mit David Jones erarbeitete König Radama eine Orthographie der Hova, einer am Königshof gesprochenen Sprache in lateinischer Schrift. Sie wurde durch ein königliches Dekret vom 26. März 1823 zur Staatssprache der Könige von Imerina erklärt. Diese Schriftsprache wurde erst spät bei den Mahafaly bekannt, weil es den Königen von Imerina nicht gelungen war, das Mahafaly-Land unter ihre Kontrolle zu bringen. Die Missionare konnten erst nach 1905 Kirchen und Schulen im Mahafaly-Land errichten. Sie predigten in den Kirchen und unterrichteten in den konfessionellen Privatschulen in der Sprache der *Hova*; auch die Bibel war in das Hova übersetzt worden. Die zweite Amtssprache neben Französisch war ebenfalls Hova und viele Mahafaly sprechen nur noch die offizielle Landessprache. Daher gibt es immer weniger Mahafaly, die ihren eigenen Dialekt vollständig beherrschen. Viele Mahafaly-Wörter sind heute bereits durch Wörter aus dem Hova übersetzt worden.

Als sich der japanische Linguist Hiroshi Kurokawa[28] von der Universität Reitaku in Japan 1969 für wenige Tage in Ampanihy aufhielt, um in Begleitung eines madegassischen Dolmetschers Sprachaufnahmen bei den Mahafaly zu machen, hat er mich von der Notwendigkeit überzeugt, bei meiner Feldforschung auch die Sprache der Mahafaly zu berücksichtigen. Ich habe für Herrn Kurakawa zwei Wortlisten, die er mir übergab, mit Wörtern aus der Mahafaly-Sprache ergänzt[39] und außerdem eine Wortliste des Dialektes der benachbarten Antandroy von Decary[12] mit dem Mahafaly-Dialekt verglichen, übersetzt und ergänzt. Diese Liste umfaßt ungefähr 2000 Wörter. Auch die traditionellen Ansprachen der Mahafaly bei Brautwerbung, Hochzeit, Ehescheidung und bei religiösen Zeremonien habe ich mit dem Tonbandgerät aufgenommen, in der Mahafaly-Sprache niedergeschrieben und zum größten Teil ins Deutsche übersetzt, um sie für sprachwissenschaftliche Untersuchungen zur Verfügung zu stellen.

III.

1. Dorfanlagen

Die Siedlungen im Mahafaly-Land wurden früher nur in der Nähe von fruchtbaren Flußtälern und Talsenken angelegt, wo es genügend Anbauflächen und Wasserplätze gab. Heute siedelt man in der Nähe von verkehrswichtigen Straßen und Marktorten.

Wie mir von allen Informanten im Laufe der Jahre auf meine Fragen berichtet wurde, gab es für die Neugründung von Dörfern vor der Inbesitznahme des Mahafaly-Landes durch die Maroseranana-Könige zwischen dem 16. und 18. Jahrhundert keine besonderen Vorschriften. Gegründet wurde ein Dorf meist von einer Kleinfamilie, die sich aus dem Verband der Großfamilie herausgelöst hatte. War diese Familie wiederum zu groß geworden, meist in der dritten Generation, errichteten die Enkel ein neues Dorf. Die Maroserana-Familien haben das Land, als dessen Eigentümer sie sich fühlten, in *fotorane* (politische Einheiten) aufgeteilt. Niemand von der Bevölkerung durfte sich ohne Erlaubnis des Königs aus seinem Dorf entfernen oder gar ein eigenes Dorf gründen, wurde mir von den Mahafaly erzählt. Um der ständigen Beaufsichtigung durch Kundschafter des Königs zu entgehen, sollen sich einige Mahafaly-Familien in die damals noch undurchdringlichen Wälder des Kalkplateaus zurückgezogen haben. Ihre Wohnungen seien Höhlen oder Grashütten *(salisoro)* gewesen, denn keine Siedlung sollte auf ihre Existenz hinweisen. Noch Robert Drury berichtet von diesen *ondati anala* (Waldmenschen), die er auf seiner Flucht getroffen hat[17]. Heute noch soll es auf dem Kalkplateau kleine Dörfer geben, die nicht einmal der Verwaltung bekannt sind. Hierher haben sich auch nach der Kolonisierung des Südens durch die französische Verwaltung Menschen zurückgezogen, die entweder der Überwachung der Behörden entgehen wollten oder aus dem Familienverband ausgestoßen worden sind.

Nach 1905, als der letzte regierende Mahafaly-König entmachtet worden war, begannen die Mahafaly aus ihren *tanindrazana* (Heimatdörfern) auszuwandern. Viele gründeten neue Dörfer in Gegenden, die verkehrsgünstiger lagen, an neugebauten Straßen und in der Nähe von Verwaltungszentren oder sie zogen von der Küste ins Landesinnere. Mit Erlaubnis des Dorfchefs siedelten sich ganze Familien oder alleinstehende Personen in einem schon bestehenden Dorf an, auch wenn die Neuankömmlinge nicht mit der alteingesessenen Dorffamilie verwandt waren.

Die Neusiedler bildeten mit den übrigen Bewohnern einen Verband, der heute *fokon-olona* (Dorfgemeinschaft) heißt. Als Beispiel möchte ich die Dörfer Ambalatsiefa, Andranomamy bei Ampanihy und Reakaly anführen.

Von den Behörden wurden die einzelnen Mahafaly-Siedlungen, die oft nur ein bis zwei Kilometer voneinander entfernt liegen und nur aus einer Gruppe von Häusern bestehen, zu *Villages* zusammengefaßt, die den Namen des wichtigsten Dorfes in der Gruppe bekamen und zur Unterscheidung dann noch den Zusatz wie z.B. *ambany* (Unter), *ambony* (Ober) erhielten: *Retanso ambany* und *Retanso ambuny*.

Die Mahafaly kennen wie alle übrigen Madegassen in ihrer Sprache keinen Unterschied zwischen Dorf und Stadt. *tanana* = Dorf, Siedlung, *antanana* = im Dorf; *an-tanana-arivo* = dort, wo tausend *(arivo)* Dörfer oder Siedlungen sind. Aus *Antananarivo* wurde der Name der heutigen Hauptstadt Tananarive, die seit Dezember 1975 wieder Antananarivo heißt. Im Gegensatz zu *tanana* steht nur der Ausdruck *rova*, der die Siedlung eines Königs bezeichnet und im übertragenen Sinne für den Königspalast in der Hauptstadt Tananarive verwendet wird. Viele Mahafaly benennen z. B. mit der Vokabel *rova* den Ort Ampanihy, weil dort im Stadtteil von Ambalatsiefa die ehemalige Residenz des letzten Mahafaly-Königs *Tsiampondry* war und heute die Verwaltungsgebäude stehen, die von der französischen Kolonialverwaltung errichtet, nun in den Besitz der madegassischen Regierung übergegangen sind.

Die meisten Mahafaly, die Kontakt mit den Bewohnern des Hochlandes haben, sprechen aber von *andaivilly*, wenn sie die Stadt im Gegensatz zum Land *(ambanivohitsy)* oder zum Dorf *(tanana)* meinen. Für alle Mahafaly, aber auch für alle anderen Madegassen, kann eine Siedlung aus drei bis einhundert Häusern bestehen. Ein alleinstehendes Haus heißt jedoch niemals *tanana*, sondern *trano* (Haus) und zwei Häuser *tranoroe*. Eine Siedlung in der Nähe von Ampanihy, die bei ihrer Gründung aus nur zwei Häusern bestand, heißt heute noch immer *Tranoroe* (zwei Häuser), obwohl sie sich in der Zwischenzeit zu einem größeren Marktort entwickelt hat.

Während meines mehr als einjährigen Aufenthaltes in Retanso in den Jahren 1965/66 habe ich von diesem Dorf einen Lageplan gezeichnet (siehe S. 35). Das Dorf Retanso ist, wie viele Dörfer im Mahafalyland, die nur von einer Großfamilie bewohnt werden, nach einem ganz bestimmten Plan errichtet:

Zentrum der Siedlung ist der Platz unter den Schattenbäumen, meistens Tamarinden, wo sich untertags und in warmen Vollmondnächten das Dorfleben abspielt. Hier stehen auch die *lea* (Mörser), in denen der Mais oder Reis gestampft wird.

Unter den *kily* (Tamarindenbäumen) finden alle *kabare* (Beratungen) der Dorfältesten statt.

Im südlichen Teil der Siedlung stehen die Häuser des Dorfältesten und seiner Frauen und die Häuser der älteren Mitglieder der Großfamilie (Großmutter, Großonkel und Großtanten), damit sie durch den vorherrschenden Wind von Süden nicht vom Rauch der Herdfeuer und dem Lärm der spielenden Kinder belästigt werden. Aus dem gleichen Grund liegen die Häuser kinderreicher Familien und die der halberwachsenen Jungen und Mädchen im nördlichen Teil des Dorfes. (Siehe auch Genealogie der Familie in Retanso ambuny S. 123).

Der deutsche Geograph Wolf-Dieter Sick hat im Juni 1968, als ich ihn nach Retanso begleitete, einen Plan von diesem Dorf und seiner Umgebung angefertigt und Retanso ambuny als Beispiel eines Familienweilers der Mahafaly bezeichnet[45].

Die Häuser auf dem Lande stehen 10 bis 15 Meter voneinander entfernt, so daß man sich noch durch Rufen verständigen kann. Die Mahafaly bewohnen sie nur nachts und bei schlechtem Wetter. Dann kocht man auch im Haus, sonst nur im Freien. Im Haus steht in der Nordostecke auf drei Steinen der Kochtopf. Das Herdfeuer wird auf dem festgestampften Lehmboden des Hauses mit Hilfe von Streichhölzern, trockenem Brennholz und etwas Petroleum angefacht. Trockener Kuhdung wird nicht verwendet. Der Feuerbohrer wird nur noch selten gebraucht.

Eigene Küchenhäuser gibt es kaum. Oft benutzt man alte Wohnhäuser, die, von Termiten befallen, kurz vor dem Einsturz stehen, als Küchenhäuser. Vorratshäuser sind ebenfalls selten. Sie stehen zum Schutz gegen Ratten, Hunde und Wildschweine auf 1 Meter hohen Holzpfosten. Nur für Hennen mit Küken gibt es kleine Hühnerställe, die nachts verschlossen werden. Alle übrigen Hühner schlafen im Dorf auf Bäumen.

Ist genügend Platz vorhanden, liegen die *valanomby* (Rinderkraale) im Dorf. Sie sind mit Sisal- oder Kaktushecken zum Schutz gegen Ochsenräuber umgeben. In vielen Gegenden gibt es keine durch Sisal- oder Kaktushecken geschützten Rinderkraale, deshalb muß die Herde nachts im Dorf bleiben, bewacht von einigen Hirten mit dressierten Hunden. Denn Ochsenraub ist eine beliebte Sportart und Mutprobe junger Männer. Sie riskieren dabei ihr Leben, weil jeder Ochsenräuber sofort mit dem Speer getötet werden darf.

Alle Mahafaly-Dörfer waren deshalb früher von Kaktus- oder Sisalhecken umgeben. Die Eingänge waren so versteckt angelegt, daß nur Eingeweihte den Weg durch das Dickicht fanden. Ich selbst kenne noch einige alte Dörfer mit Sisal- und Kaktushecken, deren Eingang nur schwer zu finden ist.

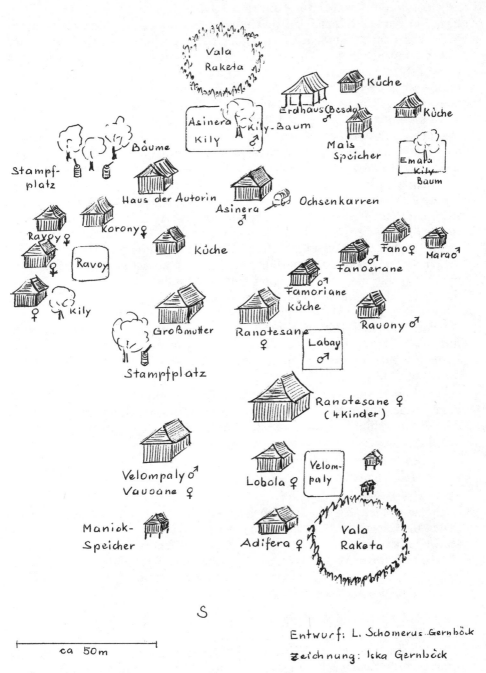

Lageplan von Retanso

Nach der Zerstörung der alten Kaktuspflanzen *(raketa)* durch die Cochenillelaus Ende der zwanziger Jahre sind viele Dörfer ohne Hecken geblieben. Hecken aus Sisalagaven sind nicht sehr beliebt. Sie hindern zwar das Vieh vor dem Ausbrechen, sind aber Schlupfwinkel und Nistplätze für Ratten und Schlangen. Die meisten Mahafaly-Dörfer werden daher heute nicht mehr eingezäunt. In größeren Orten, in denen man sehr dicht gedrängt wohnen muß, haben weder Rinderherden noch Sisal- und Kaktushecken platz. Um jedes Wohnhaus ist ein kleiner Zaun aus dicht in den Boden gerammten ca. 2 m hohen Holzstangen *(Goulette)* von 1—2 cm Durchmesser, die miteinander durch Lianen verbunden sind. Auch Stangenbäume *(Fantsiholitre* oder *Allouaudia procera)* von rund 2 m Länge, eng gesetzt, dienen als Hecke. Wenn sie alle anwurzeln, bilden sie mit ihren Stacheln und grünen Blättchen eine dichte Hecke und einen guten Sichtschutz. Innerhalb dieser Hecke sind in den größeren Städten wie Ampanihy, Ejeda und Betioky der Duschplatz und der Abort der Familie untergebracht. Die Duschplätze sind kleine, mit Stöcken oder Binsen dicht eingezäunte Plätze von ungefähr 1 m im Durchmesser und mit einem ungefähr 40 cm tiefen Loch, das zur Hälfte mit Steinen ausgefüllt ist. Darüber liegt ein Brett, auf das man sich beim Duschen hinhockt und sich mit Wasser übergießt, das man mit einer Kalebasse aus einem Eimer schöpft. Die Aborte sind einige Meter von den Wohnhäusern entfernt angelegt. Sie bestehen aus kleinen Hütten. Ein Loch im Boden, ungefähr 1,70 m hoch und mit einer Fläche von 1 m², das mit einem Brett bedeckt ist, nimmt die Exkremente auf. Sie müssen immer mit Erde, die neben dem Loch liegt, bedeckt werden.

Die Aborte sind nur für Kranke und Körperbehinderte vorgesehen. Auf dem Lande gibt es solche Plätze nicht, weil auch ein Blinder seinen Weg in den Busch findet, wo er seine Bedürfnisse verrichten kann. Dort müssen alle Exkremente in ein kleines Loch vergraben werden.

In den von den französischen Behörden errichteten Verwaltungszentren haben sich Kleinstädte entwickelt, wie zum Beispiel Ampanihy mit 2500 Einwohnern.

Die einzelnen Viertel sind ebenso wie die breiten Straßen und weite Plätze für Märkte und Versammlungen großzügig angelegt worden. Um den Markt haben sich im Halbkreis die indischen Kaufleute angesiedelt. Hier wohnen auch die Madegassen vom Hochland, die ein Handwerk ausüben: Schneider, Schuster, Friseur und Bäcker. In Ampanihy hat ein Mechaniker in der Nähe des Marktes seine Werkstatt eingerichtet.

Die Inder leben in Ziegelhäusern oder in Betonziegelbauten. Die Madegassen vom Hochland wohnen nur dann in Häusern aus gebrannten oder luftgetrockneten Lehmziegeln, wenn sie höhere Beamte sind. Das Baumaterial (gebrannte Ziegel oder Zement) muß vom Hochland herbeigeschafft werden und ist entsprechend teuer. Ein einfaches Haus im Stil des Landes mit einer Grundfläche von 21 m², bestehend aus zwei Räumen kostete 1970 ohne Dach 120.000 FMG allein für die Zementziegel, das waren nach dem damaligen Kurs ungefähr 1.800 DM. Diese Summe ist auch für einen madegassischen Beamten fast unerschwinglich.

Die nach Ampanihy eingewanderten Antanosy (von der Ostküste), die Antandroy aus dem Nachbarland und die Vezo von der Küste, die in Ampanihy arbeiten, wohnen in Antanambao, einem Stadtviertel von Ampanihy. *Antanambao* heißt „Neudorf" oder „Neustadt". In jedem größeren Ort gibt es einen Stadtteil, der Antanambao heißt.

2. Hausformen

Alle Häuser in Madagaskar sind in Rechteckform gebaut. Auch die Mahafaly haben ihre Häuser wie alle Bewohner Madegaskars in Nord-Südrichtung errichtet, aber nicht auf Pfählen wie im Ostküstengebiet.

Das Baumaterial muß vor wenigen Jahrhunderten, als es noch zahlreiche Wälder auf der Insel gab, ausschließlich Holz gewesen sein. Die Holzplankenhäuser waren auf der ganzen Insel zu finden und stellten ursprünglich die einzige Hausform dar.

Als durch die zahlreichen Brandrodungen die Wälder zerstört worden waren und Holz als Baumaterial knapp und teuer wurde, verwendete man Material aus der Umgebung für den Hausbau. Dafür gibt es keine bestimmten Vorschriften. Ein madegassisches Sprichwort sagt: „Der Vogel baut sein Nest aus Moos, die Bienen und Termiten aus Erde, der Mensch aber baut sein Haus mit dem Material, das er in seiner Umgebung findet."

Heute verwendet man im Ostküstengebiet, wo es keine Urwälder mehr gibt, sondern nur noch Bambus und Ravenalapalmen als Sekundärvegetation existieren, das Rohr der Riesenbambusgräser für die Konstruktion von Boden, Wänden und Dachstuhl. Mit den Blättern der Ravenalapalmen deckt man das Dach.

Auf dem Hochland konnten sich zu Beginn des 19. Jahrhunderts nur noch wohlhabende Familien Holzplankenhäuser bauen lassen. Sklaven schleppten in wochenlanger Fron die dafür benötigten Baumstämme aus den damals noch vorhandenen Wäldern im Gebiet des heutigen Perinet (eine Station an der jetzigen Bahnlinie Tananarive-Tamatave) auf das Hochland von Imerina. Für die Häuser der Bevölkerung, die sich diesen Luxus nicht leisten konnte, wurden luftgetrocknete Lehmziegel verwendet oder ein Holzgerüst aus dünnen, quergelegten Holzstangen, das mit Lehm und Erde ausgefüllt und innen und außen mit Lehm verschmiert wurde.

Von Jean Laborde, dem französischen Baumeister der Königin Ranavalona I, die von 1828–1861 regierte, lernten die Madegassen Etagenhäuser aus gebrannten Ziegeln mit einer Veranda aus Holz zu bauen. Außer diesen Ziegelhäusern gibt es auf dem Hochland heute noch viele Dörfer mit Häusern aus luftgetrockneten Lehmziegeln. Eine Treppe führt außen in die obere Etage. Bei den Mahafaly kann man heute verschiedene Haustypen finden: *tranotompokhazo* (Holzplankenhaus), *tranobozaka* (Grashaus), *tranohetay* (Holzstangenhaus) und *tranofotake* (Lehmhaus). Das Holzplankenhaus ist wahrscheinlich der älteste Haustyp bei den Mahafaly. Jedes dafür verwendete Brett *(fafana)* wird mit dem Beil *(antsy)* aus einem Stamm zubehauen. Im Mahafaly-Land findet man heute nur noch bei den wohlhabenden Familien im Tal der Maroserana-Könige des Menarandra- und Lintaflusses solche Häuser.

Für die Bretter nimmt man das weiche Holz des Fantsiholitre-Baumes (Allouaudia procera), für die Stützpfeiler und Pfosten das harte Holz des Katrafaybaumes (Cedrelopsis Grevei). Das Dach kann auch mit Schilfgras gedeckt werden, wenn nicht genügend Holz vorhanden ist.

Das *tranobozaka* (Grashaus) oder *tranohetay* (Holzstangenhaus) ist im ganzen Mahafaly-Land am häufigsten anzutreffen.

Die Wände bestehen aus zwei Reihen quergelegter Holzstangen, die mit Lianen oder dem Bast der Katrafayrinde mit den in den Boden gerammten Holzpfosten verbunden werden. In die Zwischenräume stopft man Gras *(bozaka)* oder Kuhdung *(tainomby)* mit Lehm vermischt. Ein solches Haus kann aber innerhalb von zwei Jahren von Termiten befallen, ausgehöhlt und durch einen Windstoß umgeworfen werden, deshalb muß man ein solches Haus fast jedes Jahr erneuern. Das Dach eines Gras- oder Holzstangenhauses wird mit *bozaka* (Hartgras) oder *vondro* (Riedgras) gedeckt und an jeder Seite mit Hilfe von 5–6 Stengeln einer Sisalagavenblüte und Lianen oder dem Bast einer Katrafay-Baumrinde festgebunden.

Als ich im Jahr 1965/66 fünfzehn Monate im Dorf Retanso lebte, habe ich für meine „jüngere Schwester" Ansarongana und mich ein solches Haus bauen lassen. Weil die nachts im Dorf weidenden Rinder das Gras vom Dach und aus den Wänden herausfraßen und der im November einsetzende Regen uns vollkommen durchnäßte, baute die Dorffamilie mir ein neues Dach aus Riedgras und füllte die Wände statt mit Gras mit Kuhdung und Lehm aus. Allerdings wurden die Fliegen, die während der Regenzeit sehr lästig sind, durch den frischen Kuhdung noch mehr angezogen.

Da ich für dieses Haus die gleichen Kosten hatte wie eine Mahafaly-Frau, deren Familienmitglieder beim Hausbau helfen, will ich die Aufstellung wiedergeben:

Erlaubnisschein für den Bau des Hauses „Permit Trano"	300 FMG
3 Bündel Holzstangen „Goulette" genannt	300 FMG

9 Stück große Holzpfosten *(hazo-bè)* à 120 FMG	1.080 FMG
Hartgras *(bozaka)*	110 FMG
Türschloß beim Inder in Ampanihy gekauft	100 FMG
Holz für die Tür	900 FMG
Schilf *(vondro)* zum Dachdecken	500 FMG

Für die Matten zum Bedecken des gestampften Lehmbodens bezahlte ich 400 FMG, die Sisalstangen bekam ich geschenkt. Für Kuhdung und Erde bezahlte ich ebenfalls nichts, weil es genügend davon im Dorf gab. Für die Einweihung des Hauses *(soro-trano)* mußte ich eine Ziege kaufen (mit dem Blut der geopferten Ziege wurde das Haus an den Ecken und über der Schwelle besprengt), Rum für die Opferung, Kautabak *(paraky)* für die Erwachsenen und Bonbons für die Kinder. Hätte nicht die ganze Familie geholfen, hätte ich für den Hausbau 15.000–30.000 FMG bezahlen müssen. Das entsprach dem Preis von drei Ochsen.

Viele Mahafaly möchten sich ein Lehmhaus *(tranofotaka)* bauen, weil es kühl im Sommer und warm im Winter ist. Ein solches Lehmhaus mit Zementboden zieht auch nicht die Fliegen an wie ein Haus, bei dem Kuhdung verwendet wird. Die Lehmhäuser sind aus dem gleichen Holzgerüst aufgebaut wie die Grashäuser oder Holzstangenhäuser. Die Zwischenräume werden aber mit *fotaka* (Lehm) ausgefüllt und innen und außen mit Kaolinerde verputzt. Auf dem Hochland besteht der Lehm (*tany-manga* = blaue Erde) aus einem Gemisch von Silikaten, Eisen, Aluminiumhydroxyd und Sand. Dieses Gemisch muß mit den Füßen getreten werden. Dadurch entsteht eine molekulare Strukturveränderung, die den Laterit so dauerhaft macht, daß die daraus gebauten Häuser und die auf dem Hochland üblichen Umfassungsmauern Generationen überdauern können. In einem Seminar an der Faculte Sciences Humaines der Universität Tananarive im Jahr 1969, das Professor Jean Poirier hielt, erfuhr ich, daß beim Bau der königlichen Residenz Ambohimanga in der Nähe der heutigen Hauptstadt Tananarive eine Million Hühnereier mit Laterit vermischt und dieses Gemisch von Sklaven ein ganzes Jahr lang mit Füßen bearbeitet worden ist. Diese Mauern, die aus dem zubereiteten Laterit errichtet wurden, stehen heute noch.

Im Mahafaly-Land werden Lehm und Tonerde ebenfalls mit den Füßen bearbeitet, manchmal noch mit Kuhdung vermischt und in die Zwischenräume eines Holzgerüstes gefüllt.

Ist das Dach statt mit Schilfgras mit Wellblech gedeckt, so erhöht sich die Lebensdauer eines Lehmhauses auf 10 Jahre. Provisorische kleine Hütten aus Gras werden nur für Gäste errichtet, die an der Bestattung eines Toten oder an einer größeren Familienfeier teilnehmen. Nur sehr arme Leute ohne Angehörige leben für längere Zeit in einem solchen *tranotsutse* (Firstdachhütte). Eine Art Firstzelt *(salisoro)* errichten sich die Hirten für eine Nacht im Freien, denn es ist für die Mahafaly *fady*, unter freiem Himmel zu übernachten, weil Sterne und Mond den Schlafenden nicht bescheinen dürfen, denn er könnte vom Mondschein und dem Sternengeflimmer oder auch dem nächtlichen Tau, der auf ihn fällt, krank werden.

Die alten Holzplankenhäuser hatten nur zwei *lalana* (Eingänge) und keine Fenster. Fenster, die mit einem Holzladen nachts verschlossen werden, stammen wie das Lehmhaus vom Hochland. Fenster heißen bei den Mahafaly nun *lalanamboho* (oberer Teil einer Tür). Die kleinen Mahafaly-Häuser auf dem Lande mit einer Grundfläche von 2 m mal 2 m haben nur eine Tür im Nordwesten.

Die Häuser der Mitglieder der königlichen Familie haben drei Türen: eine im Nordosten; sie durfte nur vom Besitzer des Hauses benutzt werden und durch diese Tür wurde er auch nach seinem Tode hinausgetragen. Durch die Tür im Nordwesten durften Ehefrau und Kinder eintreten, und die Tür im Südwesten war für die Sklaven bestimmt.

Die Türen der Mahafaly-Häuser haben heute im Gegensatz zu früher Schlösser, die mit einem einfachen Schlüssel abgeschlossen werden können. Viele Türen der Häuser auf dem Lande werden nur mit einem davor gelehnten Stock verschlossen, damit herumstreunende Hunde oder Hühner nicht in das Haus hinein können. Arme Leute stellen vor den Eingang einen Holzrahmen, der mit Binsen ausgefüllt ist. Viele Dörfer sind untertags verlassen, selten bleibt jemand zu Hause, um das Dorf zu bewachen. Es ist deshalb verboten, ein Haus zu betreten und etwas herauszuholen, es sei denn man ist ein *mpischiva* (Scherzverwandter).

Jede Mahafaly-Frau, auch in einer polygamen Ehe, hat das Recht auf ein eigenes Haus, das sie mit ihren kleinen Kindern bewohnt. Ein eigenes Haus bedeutet für das junge Mädchen eine Erleichterung für die Tage der Menstruation, denn sie muß nicht, wie es nach den Aussagen der Mahafaly bei den benachbarten Antandroy noch üblich sein soll, in dieser Zeit in einer provisorischen Hütte im Wald leben. Junge unverheiratete Männer auf dem Lande bauen sich ebenfalls ein eigenes Haus, das sie aber nur als Unterkunft für die Nacht benutzen. Sie essen und wohnen untertags bei Mutter und Tante im Dorf.

Verheiratete Männer haben kein eigenes Haus. Sie wohnen bei ihren Ehefrauen: Der Ehemann verläßt am Morgen das Haus der Ehefrau, mit der er die Nacht verbracht hat, bearbeitet das Feld der zweiten Ehefrau, wird von ihr verköstigt und schläft in der kommenden Nacht im Haus dieser Ehefrau. Witwer und geschiedene Ehemänner bauen sich ein eigenes Haus nach dem Tod der Ehefrau oder nach der Scheidung.

Früher hatten alle *Olo-be* (wichtigen Persönlichkeiten) um ihr Haus eine Einzäunung aus ungefähr 2 m langen Holzstangen, um sich damit von der Umwelt zu distanzieren. Heute haben nur Mitglieder der Königsfamilie eine solche Einzäunung.

Jedes Haus muß während der Trockenzeit gebaut und renoviert werden. Vor dem Einzug muß der Besitzer an einem vom Medizinmann *(Hombiasa)* oder vom Opferpriester bestimmten Tag mindestens eine Ziege opfern. Mit Zweigen des Tamarindenbaumes, in das Blut der geopferten Ziege getaucht, werden alle Ecken des Hauses besprengt. Dann werden die Büschel über den Türbalken in die Wand gesteckt.

Stirbt der Besitzer eines Hauses, so wird das Haus nach der Bestattung des Toten zerstört *(rutsahe)*.

Gehörte das Haus einer verwitweten oder unverheirateten Frau, so wird das Haus in Brand gesteckt. War die Verstorbene verheiratet, so wird das Haus vom Witwer abgerissen. Er baut sich an einem anderen Platz ein neues Haus.

War der Verstorbene ein alleinstehender Mann, so wird sein Haus ebenfalls abgerissen. Stirbt ein Dorfchef (Chef de Village), so wird sein Wohnhaus ebenfalls zerstört und das ganze Dorf einige hundert Meter weit entfernt neu aufgebaut. Stirbt ein Opferpriester, so wird nicht nur sein Haus, sondern auch der Opferpfahl zerstört.

Von den benachbarten Antandroy erzählt man — und auch bei den Mahafaly soll das vorgekommen sein, daß ein Sterbender aus seinem noch gut erhaltenen Wohnhaus in eine bereits zerfallene Hütte gebracht wird, damit er dort stirbt und sein eigenes Haus nicht zerstört werden muß. Von den Mahafaly wird ein solches Verhalten als *Fomba-n-daty raty* (Benehmen von schlechten Leuten) allgemein verurteilt.

Als Ansarongana, meine *Say* (jüngere Schwester) 1968 im Dorf Retanso in unserem gemeinsamen Haus starb, wurde dieses Haus nach der Bestattung der Toten verbrannt.

Die Familie hatte vieles von dem, was ich Ansarongana wenige Monate vor ihrem Tod geschenkt hatte, aus der Hütte der Schwerkranken getragen und unter den übrigen Familienmitgliedern verteilt. Alle, die davon wußten, waren empört darüber, daß unmittelbar nach dem Tode von Ansarongana und noch vor Bestattung ihrer Leiche, die Verwandten in diesen Kleidern gesehen wurden. Man verlangte, daß über die Verwaltung alles an mich zurückgegeben und auf freiem Feld verbrannt werde. Nur eine Armbanduhr durfte ich weitergeben an Ansarongana's beste Freundin. Dies hing mit einem Traum zusammen, den ich einige Wochen zuvor hatte und der von einem Medizinmann gedeutet wurde.

In den größeren Orten, in denen Lehmhäuser von einer ganzen Familie bewohnt werden, bleiben die Häuser nach dem Tode des Familienvaters stehen. Sehr häufig jedoch werden sie zu Ruinen, weil nach der Auflösung der Familie niemand das Haus kaufen will.

3. Hausrat

Der Hausrat, den die Mahafaly jahrhundertelang nach ihren eigenen Aussagen nach den *fomban-drazana* (Sitten der Ahnen) herstellten, wurde erst in den letzten Jahrzehnten durch Importware ersetzt. In vielen Häusern stehen heute *farafarana* (Betten) mit Gras oder Kapok gefüllte *kidoro* (Matratzen) und mit bunten Blumen bestickte Bettdecken aus einheimischer Baumwolle. Die *onda* (Kopfkissen) sind ebenfalls mit Kapok gefüllt. Die *latabatre* (Tische) sind mit gestickten Decken oder Plastikfolien bedeckt.

Zum traditionellen Hausrat, der heute noch von allen Mahafaly verwendet wird, gehören *tihy* (Schlaf- und Essensmatten) aus den Blättern der Satrapalme oder den Gräsern des Cyperus Latifolius *(vinda)*, *tsikelo* (Worfelschalen) und *haro* (Körbe), in denen Kleidung, Essensvorräte und Saatgut aufbewahrt werden. Körbe zum Aufbewahren von Tüchern — *rareko* — sind heute meist durch Holz- oder Aluminiumkoffer ersetzt worden. Mit einem solchen Korb trug ein junges Mädchen ihre Kleidung in das Dorf ihres zukünftigen Ehemannes, begleitet von ihrer Familie.

Sehr selten sind heute alle Holzgefäße *(vata)* oder Kisten *(sanduke)* zu finden, die aus einem Baumstamm geschnitzt und mit Brandmalerei verziert sind und die ebenso in jeden Haushalt gehörten wie die großen Schöpflöffel *(sadro)* und die kleinen Eßlöffel *(sotro)* aus Holz. Der Quirl *(fihotse)* zum Umrühren der kochenden Kürbissuppe aus einem Schilfrohr von ungefähr 50 cm Länge ist heute ebenso nicht mehr in Verwendung wie der Feuerbohrer *(fandeo)*. Nur den Mörser *(leo)* und den Stampfer *(anakedeo)* gibt es noch in jedem Haushalt.

Die Fettlampe *(dsiro* oder *jiro)* stammt vom Hochland und ist auch heute noch selten bei den Mahafaly zu sehen. In vielen Dörfern ist noch das glimmende Holzfeuer die einzige Beleuchtung. Petroleumlampen, die man im Inderladen kauft, werden nachts nur angezündet, wenn Kranke betreut werden müssen oder überraschend Besuch eintrifft.

Die alten irdenen Kochtöpfe *(voalange tane)*, für die es im Inneren des Mahafaly-Landes kein Rohmaterial gibt und die aus den Vezo-Dörfern an der Küste stammen, sind im ganzen Lande durch die gußeisernen Kochtöpfe *(vylange)* ersetzt worden.

Die wenigen irdenen Kochtöpfe wurden früher nur zum Brei- und Milchkochen verwendet. Fleisch wurde entweder wie Fisch am Spieß über dem Feuer geröstet oder in Erdöfen *(tongake* oder *tonak)* gebraten: Ein Loch wird ausgehoben, der Grund der Grube mit Steinen bedeckt, darauf wird Holz gelegt und angezündet. In die verglühende Asche, die zwischen die erhitzten Steine gefallen ist, legt man das in Blätter gewickelte Fleisch. Darüber deckt man Blätter und schüttet Erde darauf. Nach zehn Stunden ist das Fleisch gar.

Auch die Termitenhügel wurden als Backofen verwendet. Diese Art der Essenzubereitung ist heute nicht mehr üblich.

Es gibt nur Koffer für die Aufbewahrung von Kleidung und Hausrat. Auf den Zementböden liegen ebenso wie auf den festgestampften Lehmböden Matten aus Satrapalmblättern. Die Mahafaly benutzen keine Teppiche aus Ziegenhaaren wie die Beamten, die vom Hochland stammen. Für die Mahafaly sei es verboten, Ziegenhaare mit den Füßen zu berühren, gab man mir zur Erklärung, obwohl Männer und Frauen sich mit der Ziegenzucht und der Verarbeitung der Mohairwolle beschäftigen und daher in ständiger Berührung mit Ziegenwolle sind. Das Verbot, Tierhaare oder Tierfelle am Körper zu tragen, muß bei den Mahafaly sehr alt sein, das Tragen von Kleidung aus Tierhaaren oder Tierfellen war absolut verboten *(fady)*.

Im Dorf Ambalatsiefa in der Nähe von Ampanihy, das von zwei miteinander verwandten Großfamilien bewohnt wird, gab es 1968: 3 Ochsenkarren mit je einem Ochsengespann, 15 Kohlebügeleisen, 12 Handnähmaschinen, 4 Fahrräder, 33 Gewehre (Vorderlader), 1 Ziehharmonika, 14 Transistorradios und 6 Webstühle für Angorateppiche. Auf den Nähmaschinen wurde die Kleidung für die Familie genäht und gegen Entlohnung auch für Fremde.

Auf den Webstühlen knüpften einige Frauen Teppiche für das Maison Mohair.

Das Akkordeon gehört einem jungen Mann, der gegen Bezahlung bei Festen aufspielte. Die Eigentümer der Gewehre konnten sich bei Totenfesten oder Beschneidungszeremonien eine Menge Geld verdienen, denn jeder Schuß *(basy)* brachte 100 FMG, die der Auftraggeber zu bezahlen hatte. Fahrräder wurden innerhalb der Familie kostenlos verliehen, von einem Fremden verlangte man 100 FMG pro Tag. Die Leihgebühr für einen Ochsenkarren mit Gespann betrug 1970 je nach Vereinbarung pro Tag oder pro Fuhre 100–500 FMG, für eine Nähmaschine 100 FMG.

Die Mahafaly gelten allgemein als schlechte Geschäftsleute. Es ist *fomba ratsy* (schlechte Sitte), von Familienangehörigen oder Freunden Geld zu verlangen; Hausrat, Arbeitsgeräte, Kleidung, Geld und Schmuck müssen kostenlos an Verwandte und Freunde verliehen werden. Nur wenige können durch Vermietung Geld verdienen. Itrabitrabike, ein Mahafaly, der vor wenigen Jahren aus Androka an der Küste zu seinen Verwandten nach Ambalatsiefa gezogen war, gilt als Ausnahme. In kurzer Zeit konnte er sich ein Lehmhaus mit zementiertem Fußboden im Wert von 40.000 FMG bauen. Er besaß einen Ochsenkarren mit Ochsengespann im Wert von 40.000 FMG, 1 Fahrrad 10.000 FMG, 1 Gewehr, 1 Transistorradio, 1 Webstuhl für die Herstellung von Mohairteppichen im Wert von 20.000 FMG und drei kleinere Webstühle zum Weben der traditionellen Lendentücher *(sadia)*. Seine große Rinderherde ließ er von einem jüngeren Neffen hüten. Er selbst bearbeitete seine Felder, auf denen er Erdnüsse zum Verkauf und Maniok und Mais für die eigene Ernährung mit Hilfe eines anderen Neffen anpflanzte.

(In den Jahren 1968 bis 1972 betrug der Monatslohn eines Feldarbeiters höchstens 1500 FMG, wenn er überhaupt Bargeld bekam. Der gesetzliche Mindestlohn war bereits 1965 von der Regierung auf 2500 FMG monatlich festgesetzt worden. Haus- und Kindermädchen bekamen bei freier Kost und Wohnung meist nur 500 FMG monatlich. Die freie Wohnung bestand aus einem Schlafplatz in der Küche neben dem offenen Herd.) Für die Mahafaly sind Frauen und Männer, die so zu einem Vermögen kommen, bewundernswert. Viele bringen es aber nicht über sich, ähnlich zu handeln: „Weiß ich denn, ob es mir immer so gut gehen wird? Wenn ich geizig *(matitike)* und geldgierig bin, wird mich Gott *(Andrianaharay)* strafen: ich werde ohne Familie sein und wenn ich in Not bin, ärmer als ein Bettler" war die Meinung, die ich immer wieder hören konnte.

4. Waffen

Von alters her hatten alle Mahafaly, die keine Sklaven waren, das Recht einen *lefo* (Speer) zu tragen. Speer und Steinschleuder *(pilatse)* waren bis zum Bauernaufstand 1971 die einzigen Waffen. Nach diesem Aufstand wurden alle Speere und Schleudern von der Gendarmerie beschlagnahmt, weil die Mahafaly mit diesen Waffen in der Nacht vom 1. auf den 2. April die Gefängnisse und Verwaltungsgebäude gestürmt hatten.

Die alten Steinschloßgewehre und Vorderlader, die von den Europäern seit Jahrhunderten an die einheimischen Könige in den Küstenstädten verkauft wurden, waren bereits zu Beginn der französischen Kolonisation durch die Administration beschlagnahmt worden. Nur wenigen hochgestellten Persönlichkeiten *(ondaty-be)* hat man das Tragen eines Zeremonial-Speeres *(belèla)* erlaubt. Außer ihnen durften nur noch die *tsimandoa* (Briefträger), die *partisans* (Feldgendarmen) und die *mpiarake* (Hirten), die für eine Herde von mindestens 25 Stück verantwortlich waren, einen Hirtenspeer tragen. Sie hatten dafür einen Erlaubnisschein, ein sehr begehrtes Papier. Der Entzug eines solchen Erlaubnisscheines durch die Verwaltung war eine härtere Strafe als Gefängnis. Natürlich hielt sich niemand an dieses, von der französischen Kolonialverwaltung erlassene Verbot, Waffen zu tragen: Kein erwachsener Mahafaly-Mann verließ sein Dorf ohne einen Speer in seiner Hand, doch zog er die Speerspitze vom Schaft, wenn ein Feldgendarm in Sicht war. Wenn er auf den Markt ging, schulterte er den Speerschaft wie einen Stock.

Die Speere haben verschiedene Längen und die Speerspitzen je nach Größe und Form verschiedene Bezeichnungen.

Der gewöhnliche Hirtenspeer *(lefo)* hat eine Spitze von 7—10 cm Länge, der Schaft ist ohne Verzierung. Dieser Speer wird aus einem Anlauf von vier bis fünf Schritten mit der erhobenen rechten Hand geschleudert und kann eine Weite von 30 m erreichen. Mit dem flach geschmiedeten Speerschuh gräbt man im Boden nach Wurzeln und Knollenfrüchten.

Die Häuptlingsspeere sind mit Gravierungen, Kupfer- und Silbereinlagen am eisernen Schaft geschmückt. Die Spitzen haben eine Länge von mindestens 30 cm und der Schaft mißt mindestens 15 cm. Der Speerschuh *(kitro)* ist 35 cm lang. Man unterscheidet die Speere je nach Größe und Ausführung. Die bekanntesten unter den Zeremonialspeeren sind die *belèla* (große Zunge) und *bèra* (viel Blut). Die *siho* (Wurfspeere von 60 bis 80 cm Länge), die die Mahafaly-Krieger bei einem Angriff in die Reihen der heranrückenden Gegner schleuderten und von denen jeder Krieger mindestens 10 Stück hatte, gibt es heute nicht mehr.

Für die Steinschloßgewehre und Vorderlader benutzten die Mahafaly-Krieger noch den Speer von 40 bis 60 cm Länge, den sie *Fitoto* nannten. Der *fitoto* war ursprünglich auch eine Waffe, wurde dann aber als Stütze für die linke Hand benutzt, die den schweren Lauf zu halten hatte, wenn der Krieger im Knien Steinschloßgewehr oder Vorderlader abfeuern wollte.

Die wenigen alten Holzfiguren, die Mahafaly-Krieger darstellen, zeigen sehr realistisch diese Gewehre und den *fitoto*. Dieser Speer wird heute nur noch bei Tänzen (Kriegstänzen) verwendet, die Berufstänzer aus dem Bara- oder Androy-Land aufführen. Anlaß ist entweder der Jahrmarkt, der Besuch eines Ministers im Mahafaly-Land oder die Bestattung eines Toten aus einer wohlhabenden und einflußreichen Familie.

Die alten Steinschloßgewehre, die von den europäischen Handelsschiffen im 16. und 17. Jahrhundert nach Madagaskar gebracht und mit hohem Preisaufschlag an die Könige im Inneren des Landes weiterverkauft wurden, dienten als Muster für die von den Mahafaly-Schmieden hergestellten Gewehre, die bis ins 20. Jahrhundert hinein verwendet wurden. Heute haben sie Seltenheitswert. Die *basy* sind einfache Schrotflinten und werden nur bei Bestattungszeremonien und bei Beschneidungsfeiern benutzt, um Salven in die Luft abzufeuern.

Tambasotse, das Blasrohr, hat heute jede Bedeutung für die Jagd verloren. Es gibt zwar noch Männer, die mit Blasrohren auf Vögel schießen, aber man bevorzugt die *pilatse* (Steinschleuder), weil sie besser zu transportieren und zu handhaben ist.

Das Blasrohr besteht aus einem ausgehöhlten Rohr, das auf den fruchtbaren Schwemmböden in der Gegend von Reakaly, Etrobeke und Retanso wächst, und einem nadelförmig zugespitzten Pfeil *(porotse)*, der mit den

Früchten einer Liane *(lombiri)* vergiftet ist. Die Steinschleuder *(pilatse)* ist ein breiter Streifen aus ungegerbter Rinderhaut von ungefähr 70 cm Länge. An einem Ende ist eine Schlinge aus geflochtenen Sisalfasern befestigt, durch die ein Finger gesteckt wird. In der Mitte des Lederstreifens sind drei Einschnitte. Die Steine zum Schleudern müssen rund sein und die Größe einer Walnuß haben. Jeder Hirtenjunge hat einen Vorrat solcher Steine in seinem zusammengerollten Lendentuch stecken, die er bei Bedarf herausholt, in die Schleuderschlinge legt, wo die drei Einschnitte angebracht sind, und mit Schwung auf das Ziel schleudert. Eine andere Schleuder *(lafrondy)* besteht aus einer Astgabel und einem Gummistreifen, der aus einem Fahrradschlauch geschnitten ist.

Die einzige Waffe, die einem Mahafaly heute zur Verfügung steht, ist das Beil *(famaky)*. Ursprünglich ausschließlich als Arbeitsgerät in Verwendung, wurde es zu einem Mittel der Verteidigung ebenso wie das große Messer *(meschu)*, das jede Frau in ihrem Korb mit sich trägt, um sich notfalls damit zu verteidigen.

5. Musikinstrumente

Das *antsiva* (Muschelhorn) scheint das älteste Musikinstrument bei den Mahafaly gewesen zu sein.

Es wurde aus den großen Meeresmuscheln Triton, Fasciolaria und Cassis hergestellt und hatte ein Blasloch am Ende der Spirale. Die Ankunft eines Königs, eine Verlautbarung oder ein ähnliches, wichtiges Ereignis wurde durch langgezogene Töne angekündigt. Schnelle, kurz aufeinanderfolgende Töne waren das Zeichen für einen kriegerischen Überfall. Eine bestimmte Folge von langen und kurzen Tönen, die auch auf große Entfernungen zu hören waren, forderte die Bevölkerung auf, sich an einem Platz zu versammeln. Nachrichten wurden in früherer Zeit mit dem Muschelhorn von Dorf zu Dorf weitergegeben.

Heute wird die *antsiva*, die nur von Männern geblasen werden darf, noch bei religiösen Zeremonien und bei der Totenklage verwendet. Die Flöte *(sodina)* aus einem Stück Bambusrohr von ungefähr 30–40 cm Länge und 6–8 Löchern kam erst mit der Hochlandbevölkerung in das Mahafaly-Land. In den Dörfern der Mahafaly gibt es kaum Flötenspieler.

Auch die Valihazither *(valiha)*, in ganz Madagaskar verbreitet, ist den Mahafaly durch fahrende Spielleute bekannt geworden. Sie benutzen sie aber nicht. Der Musikbogen *(tsetsilava* oder *jejolava)* ist das einzige Saiteninstrument, das sie seit langem verwenden. Er besteht aus einem langen, flachen Holzbogen von mehr als 1 m Länge, dessen Enden mit einer einzigen Saite verbunden sind. Die Saite besteht entweder aus einem gezwirnten Raphiafaden oder aus einem dünnen Draht. An einem Ende des Holzbogens ist die Hälfte einer Kalebasse angebunden. Beim Spielen wird die Kalebasse mit der Öffnung auf die nackte Haut der Magengegend gepreßt. Durch willkürliche Bewegungen des Zwerchfells kann der Klang und die Resonanz beeinflußt werden.

Die Saite wird in verschiedenen Höhen und wechselndem Rhythmus mit einem über den Zeige- oder Mittelfinger gestülpten Ring aus Metall angeschlagen. Die Mahafaly haben mir erzählt, daß der Musikbogen durch die Makoa, die von afrikanischen Sklaven abstammen sollen, in das Land gebracht worden ist.

Die „madegassische Geige" *(lokanga)* ist einer europäischen Geige nachgemacht. Der Klangkörper ist aus Holz (Fantsiholitre-Stangenbaum) und die Saiten aus Sisalfasern, die mit Holzwirbeln oder Nägeln befestigt sind. Die Saiten werden mit der Hand gezupft oder mit einem Bogen aus Holz gestrichen.

Eine Art Harfe (ebenfalls *lokanga* genannt), deren Klangkörper aus weichem Holz besteht und deren Saiten aus dem Bast der Raphia oder aus dünnen Drähten hergestellt sind, hat ebenfalls im Mahafaly-Land Eingang gefunden. Auch dieses Instrument wird nur von einigen wenigen Mahafaly-Hirten gespielt.

Die Trommeln waren früher aus ausgehöhlten Baumstämmen gearbeitet, die mit Fell an beiden Enden überzogen wurden. Die Felle nähte man mit dünnen Fellstreifen aneinander. Das Fell wurde feucht aufgezogen und spannte sich nach dem Trocknen. Die Bespannung wurde nie erneuert. Heute überzieht man Petroleumkanister und Blecheimer mit Rinderhäuten. Nur die große Trommel (*hazo-lahy* = männliches Holz) muß auch heute noch aus Holz hergestellt sein. Sie wird bei religiösen Zeremonien von Männern mit zwei Holzschlegeln geschlagen. Sie hat einen dumpfen Ton im Gegensatz zur kleinen Trommel *(amponga)*, die von den Frauen mit dem Handballen geschlagen wird und Begleitinstrument zum Tanzen ist. Eine etwas größere Trommel *(langoro)* war ursprünglich ebenfalls aus Holz. Sie wird von Männern und Frauen im Sitzen mit der Hand oder mit Holzstäben geschlagen. Als Begleitinstrument zum Tanzen verwenden die Mädchen auch Rasseln. Sie waren früher aus Kalebassen und sind heute aus Milchbüchsen angefertigt, die mit getrockneten Samenkörnern gefüllt werden.

6. *Verkehrsmittel*

Boote sind heute bei den Mahafaly selten geworden. Zum Übersetzen über große Flüsse während der Regenzeit hatte man den Einbaum oder ein Floß, das aus zwei oder mehr Einbäumen bestand. Die Einbäume werden mit dem Beil ausgehöhlt und mit glühendem Eisen geschwärzt. Für die Fahrten auf das offene Meer wird nur das Auslegerboot *(lakana)* verwendet.

Der zweirädrige Ochsenkarren ist heute ein sehr wichtiges Verkehrs- und Transportmittel. Er wurde erst in diesem Jahrhundert ins Mahafaly-Land eingeführt. Die Mahafaly kannten wie alle Madegassen kein Rad, sondern nur Walzen oder Holzschlitten für den Transport von Baumstämmen oder Grabsteinen.

IV.

Kleidung und ihre Herstellung.
Zubehör wie Taschen, Gürtel, Schuhe und Hüte

Die traditionelle Kleidung der Mahafaly besteht wie bei allen Madegassen aus einer *lamba* (Überwurf), die von Männern und Frauen getragen wird. Die *lamba* ist ein großes Tuch von mindestens zwei Meter Länge und eineinhalb Meter Breite. Sie schützt gegen Kälte und Regen. Nachts wickelt sich der Schläfer darin ein. Männer bekleiden sich nur mit dem *salaka* oder *sadia* (Lendentuch), Frauen mit der *siky* (eine Art Wickelrock).

Viele ältere Mahafaly konnten sich daran erinnern, daß ihre Großeltern von den Zeiten berichtet haben, als ihre Kleidung nur aus der Rinde des *vorihazo* (Vori-Baum), *hafotszà* (Affenbrotbaum) und aus *vinda* (eine Grasart) und den Blättern der *satra* (Palme) bestand.

Hasy (Baumwolle) und *landibè* (Seide) soll es erst gegeben haben, als die Maroseranana (Dynastie der Mahafaly-Könige) in das Land kamen. Die Baumwolle wurde in den fruchtbaren Schwemmlandschaften kultiviert, die Seidenraupe in den damals noch zahlreichen Wäldern des Mahafaly-Landes. Die Baumwolle war sehr teuer. Für einen *satrobory* (Hut ohne Krempe) voll Baumwollkapseln mußte man ein *ondry vositse* (kastriertes Schaf), für einen Korb voll, einen Sklaven geben. Daher konnten nur die wohlhabenden Mitglieder der königlichen Familien sich mit Tüchern aus Baumwolle und Wildseide bekleiden.

Die übrigen Mahafaly verarbeiteten die *lambafanto* (Rindenstoffe) zu Lendentüchern für Männer und röhrenförmigen Röcken für Frauen. Noch während des zweiten Weltkrieges 1939/40 soll es viele Männer gegeben haben, die es verstanden, die Rinde von den Bäumen zu lösen, sie weichzuklopfen und zu Kleidung zu verarbeiten. Heute gibt es nur einen einzigen Mann namens Tonake im Dorf Emahane, der noch Rindenstoffe herstellt und daraus Hüte arbeitet.

Da Rindenstoffkleidung zwar angenehm zu tragen, aber nicht sehr haltbar war, bevorzugten die Mahafaly-Frauen Kleidung aus *vinda*, einer Grasart, die zu Matten geflochten als Rock getragen wurde. Die Mattenkleidung aus den Blättern der Satrapalme ist unbeliebt, weil sie hart und spröde ist. Von einigen Mahafaly hörte ich, daß sie die gleiche Kleidung getragen haben wie die Betsimisaraka und Tanala, die heute noch auf einfachen Webgeräten den Bast der Raphiapalme in schmalen und breiten Stoffbahnen weben. Die schmalen, langen Bahnen aus Baststoff verwenden die Männer als *salaka* (Durchziehschurz), die breiten Bahnen zu einer Art Hemd, das bis zu den Knien reicht, die Frauen tragen einen weiten Rock, der bis unter die Achseln gezogen wird. Bei meinem Aufenthalt 1961 habe ich noch viele Tanala in ihren Dörfern in dieser Kleidung gesehen.

Für alle Madegassen ist es *fady* ihren Körper, den sie *vata* nennen, mit Tierhaaren oder Tierfellen in Verbindung zu bringen. Nur einige Mahafaly-Familien, die sich vor ungefähr ein- bis zweihundert Jahren ins Kalkplateau zurückgezogen haben, um den Häschern der Könige zu entgehen, mußten sich zum Schutz vor der Kälte mit den ungegerbten Häuten von Schafen und Ziegen bekleiden, denn auf dem Kalkplateau wuchsen weder vory-Bäume noch Baumwolle.

In den ersten Jahrzehnten dieses Jahrhunderts, als auch im Mahafaly-Land Märkte eingerichtet wurden, brachten Händler importierte Baumwollstoffe in den Süden, die billiger waren als die Stoffe aus einheimischer Baumwolle und Seide. So soll ein handgewebtes Tuch aus handgesponnener einheimischer Baumwolle mindestens zwei Ochsen gekostet haben. Nur wenige Baumwollsträucher konnten in den Gärten nach dem ersten großen Regen kultiviert werden. Seit Baumwolle auf den großen Plantagen im Südwesten bei Tulear und Morondava angebaut wird, pflanzen die Mahafaly selbst keine Baumwollsträucher mehr an. Die vereinzelt noch wild wachsenden Baumwollsträucher werden jährlich abgeerntet und die Baumwollkapseln enthülst auf dem Markt an die Frauen verkauft, die noch die traditionellen Tücher herstellen.

Vor der intensiven Heuschreckenbekämpfung gab es zahlreiche Seidenraupen in den Wäldern des Südens. Die einheimische Wildseide war zwar auch sehr teuer, sie deckte aber nicht nur den eigenen Bedarf der Mahafaly, sondern wurde auch an Händler verkauft, die sie auf das Hochland nach Ambositra, dem Zentrum der Produktion von *lamba-mena* (Totentüchern) brachten.

Die Mahafaly haben wie ihre Nachbarn, die Antandroy, die großen Tücher aus einheimischer Wildseide oder Baumwolle in erwärmtes Rinderfett getaucht, um sie zum Schutz vor Kälte und Regen wind- und wasserdicht zu machen. Diese Tücher wurden nicht gewaschen im Gegensatz zu den *sadia* der Männer und den *siky* der Frauen, die direkt auf der Haut getragen wurden.

Die französische Kolonialverwaltung hat noch vor dem zweiten Weltkrieg Angoraziegen eingeführt. Die Wolle dieser Ziegen sollte für die Herstellung von Kleidern und Decken verwendet werden. Es gab auch Decken, Umhänge und sogar Wandbehänge aus diesem Material. Einige Jahre später verwendeten sie dieses Material nicht mehr für Kleidung, weil es auf der

Haut zu sehr kratzte und Kleiderläuse anlockte. Sie sagen auch, daß es für sie *fady* sei, solche Kleidung zu tragen, weil sie ja aus Tierhaaren bestünde. Heute wird von den Mahafaly die Wolle der Angoraziege zu Teppichen verarbeitet.

Unmittelbar nach dem Weltkrieg 1939/45 wurde auch auf den Märkten des Südens alte abgetragene Kleidung aus Übersee, sogenannte Friperie verkauft. Sie war zwar desinfiziert, oft jedoch ungewaschen und zerrissen und wurde getragen bis sie buchstäblich vom Körper fiel. Heute wird diese Art von Kleidung noch immer auf den Märkten verkauft. Viele Mahafaly lehnen sie jedoch ab, weil in ihren Augen nur *mpangatake* (Bettler) so *rutsake* (zerrissen) gekleidet sind, um Mitleid zu erregen.

Seit einigen Jahren verarbeitet eine Fabrik in Antsirabe auf dem Hochland und in Majunga, einer Hafenstadt an der Nordostküste, die auf den Plantagen des Westens angebaute Baumwolle zu Stoffen verschiedener Qualitäten. Sie ist dem Geschmack der Madegassen entsprechend eingefärbt und mit verschiedenen Mustern bedruckt. Die Mahafaly bevorzugen Flanellstoffe. Sie kaufen sie in den Läden der Inder, die es in allen größeren Marktorten gibt. Eine Stoffbahn von 4 m Länge kostete 1970 650 FMG, ungefähr 10 DM. Sie wurde für 50 FMG von den vor dem Laden sitzenden Frauen auf der Handnähmaschine zu einer *lamba* von 2 m Länge zusammengenäht. Frauen trugen damals Kleider aus diesem Stoff mit langen oder kurzen Ärmeln, die ebenfalls noch auf dem Markt ohne Schnittmuster zugeschnitten und für 100 FMG zusammengenäht wurden. Darüber wurde selbst bei größter Hitze eine *lamba* aus Flanellstoff wie ein Wickelrock um den Körper gelegt und über der Brust verknotet. Männer bevorzugten damals noch den traditionellen handgewebten *sadia* oder *salaka* aus Baumwolle oder Wildseide. Manchmal zogen sie darüber eine kurze oder lange Hose, wenn sie in größere Städte gingen oder mit Behörden zu tun hatten. Für Schüler, Lehrer und Beamte war damals Kleidung nach europäischem Zuschnitt obligatorisch.

Die traditionelle Kleidung der Mahafaly aus Wildseide und Baumwolle ist nur noch sehr selten zu sehen. Wohlhabende Mahafaly tragen sie bei festlichen Anlässen.

Die Umschlagtücher, die heute allgemein als *lamba* bezeichnet werden, hatten verschiedene Muster und Namen:

Die *siky* ist ein Stück Stoff von mindestens 1 m Breite und 2 m Länge aus selbstgesponnener Baumwolle, die ungefärbt auf den einheimischen Webstühlen verarbeitet wurde.

Die *Antsingira* oder *Tsingira* besteht aus verschiedenfarbigen Streifen: rotbraun, weiß und schwarz. Die Streifen werden einzeln gewebt und dann mit einem Dorn als Nähhilfe zusammengenäht. Auch die *Saimbo* genannten

Tücher aus Wildseide waren in verschiedenfarbigen Streifen gewebt. Die *Saimbo*-Tücher hatten je nach Musterung folgende Namen:

Tsimaro atimo (es gibt nicht viele im Süden); dieses Tuch war aus Seidenstreifen und Baumwollstreifen zusammengenäht. Es soll vor einigen Jahrzehnten mindestens zehn Ochsen *(omby vosite)* gekostet haben.

Tsimaro atimo aloha; dieses Tuch hatte zusätzlich an beiden Enden eine Bordüre aus eingeflochtenen Eisenperlen *(firatse)*.

Telomena (*telo* = drei, *mena* = rot) ist aus gefärbter Wildseide, kann aber auch mit gefärbter Baumwolle verarbeitet sein.

Lamba mendo ist ein Baumwolltuch, das in einer Lösung von Holzfarbstoff *(hiro)* gekocht wurde, was eine blauschwarze Färbung ergibt.

Mandiavola ist ein sehr kostbares Tuch, das heute noch im Gebiet des Manakaravavyflusses im Dorf Bekako hergestellt wird. Es sind die Frauen aus dem Clan Faloanombe, die sich heute noch mit dem Weben traditioneller Kleidung beschäftigen. Die Mandiavola ist aus einheimischer Baumwolle *(hasy gasy)* und Seide *(landibè)* in Streifen schwarz, braun und weiß gewebt und mit Eisenperlen verziert.

Lamba mena; auf der ganzen Insel werden die *Lamba mena* als Totentücher zum Einwickeln der Leichen verwendet. Die *Lamba mena*-Tücher sind ausschließlich aus dicker Wildseide gewebt und mit einem tanninhaltigen rotbraunen Farbstoff gefärbt. Je nach dem Vermögen der Familie wird ein Leichnam in ein bis sieben Stück solcher *Lamba mena* eingewickelt. Die Mahafaly haben nur die Mitglieder der königlichen Familie nach ihrem Tode in *Lamba mena*-Tüchern bestattet. Ärmere Mahafaly hatten nur Matten aus Vindragräsern als „Leichentücher" zur Verfügung.

Heute werden die *Lamba mena*-Tücher ausschließlich in Ambositra auf dem Hochland hergestellt und auf den Märkten des Südens verkauft. Mancher reiche Mahafaly oder Antandroy trägt ein solches *Lamba mena*-Tuch schon zu seinen Lebzeiten bei feierlichen Anlässen statt einer Mandiavola. Das löst jedoch bei den Betsileo und Merina, die im Süden wohnen, Entsetzen aus.

Von den Lendentüchern, die bei den Mahafaly sowohl die alte Bezeichnung *sadia*, wie auch den aus der Merinasprache kommenden Namen *salaka* tragen, gibt es heute nur noch zwei Arten; die *Sadia hasy* (Baumwoll-Lendentuch) sind an den Enden mit einer Bordüre verziert, die beim Weben aus verschiedenartigen Garnen eingeflochten wird. Heute verwendet man zum Färben nicht mehr einheimische Holzfarbstoffe, sondern kauft die farbigen Garne beim indischen Händler.

Die bevorzugten Farben sind gelb, rot und schwarz. Das Material besteht heute auch aus der auf den Plantagen angebauten Baumwolle, die in der

Fabrik zu speziellem Webgarn verarbeitet wird. Dieses Garn heißt *hazy vazaha*.

Sadia piratse heißt das Lendentuch, in das Eisenperlen *(firatse)* eingeflochten werden. In diese Tücher aus schwarzgefärbter Baumwolle sind Streifen aus rotbraungefärbter Wildseide eingewebt.

Bei festlichen Anlässen wird das *Sadia piratse*-Tuch über den weißen Baumwollsadia-Tüchern getragen. Die einfarbig braunen Sadiatücher namens *Songotry* gibt es heute nicht mehr. Sie waren sehr teuer, weil sie ganz aus einheimischer Wildseide gearbeitet waren. Die Mahafaly erzählten mir, daß das weiße Sadia-Tuch erst mit den *Vazaha*, den Fremden, ins Land gekommen sei. Sie können sich jedoch nicht mehr erinnern, wer diese Fremden gewesen sind.

Sabake (Hüte) sind aus Vindagräsern (Cyperus lati-folius) der Satrapalmblättern geflochten. Der *satrobory* (runder Hut) ohne Rand wird ins Gesicht gezogen, bis zu den Augenbrauen ist der Hut, den die Witwe während ihrer Trauerzeit *(mandala)* tragen muß. Geflochtene Hüte in verschiedenen Formen und Material, die vom Hochland kommen, nennt man *satroke*.

Ein Mann darf niemals zwei übereinandergestülpte Hüte tragen, sonst stirbt seine Frau.

Gürtel und Taschen sind aus ungegerbtem Leder oder luftgetrockneter Rinderhaut hergestellt. Männer tragen ihre Tasche mit Geld, Steuerkarte und Personalausweis an einem Riemen über der linken Schulter und pressen sie in der Achselhöhle mit dem Oberarm an den Körper. Frauen und Mädchen tragen immer einen Korb.

Die Mahafaly gehen meist barfuß, es sei denn sie wohnen in Gegenden, die mit Bagakely bewachsen sind, Pflanzen mit vielen stachligen Widerhaken, die eitrige Wunden verursachen. Sandalen tragen Männer und Frauen erst seit wenigen Jahrzehnten. Man verwendet dazu Rinderhaut.

Sandalen aus Autoreifen, wie sie nach dem Kriege verkauft wurden, verwenden die Mahafaly heute nur noch selten, weil sie die „Fußsohlen aufquellen lassen", wie sie sagen.

Die Mahafaly konnten mir nicht sagen, warum sie einerseits ihren Körper nicht mit Tierhäuten in Berührung bringen dürfen, andererseits aber Sandalen und Taschen aus Rinderhaut und manchmal auch Hüte aus dem Höcker der Rinder tragen.

Nach alter Mahafaly-Sitte darf während der Trauerzeit nur eine Kleidung getragen werden, die schmutzig aussieht. Vor wenigen Jahrzehnten, als es noch schwarzen Schlamm in den kleinen Flüssen um Ampanihy gab, tauchte man ein weißes Baumwolltuch für einige Stunden in diesen

Schlamm. Nach dem Spülen in klarem Wasser war das Tuch schwarzblau gefärbt. Heute kauft man beim Inder weiße Baumwolltücher und wälzt sie in rotschlammiger Erde. Das gelbbraune Tuch wird während der Trauerzeit nicht gewaschen.

V. Schmuck, Haartracht, Tätowierung und Frisur

1. Schmuck

Als ältester Schmuck bei den Mahafaly gilt die *Loba* oder *Lambiroso*, eine Perlenkette aus polierten, verschiedenfarbigen Steinen, von den Männern über die rechte Schulter quer über die Brust gelegt als doppelreihige oder einfache Kette von ungefähr 90 cm Länge. Außer bunten Halbedelsteinen wurden auch Perlen aus Glas, Karneol oder Fayence verwendet. Sie hießen: *Bidse* (klein wie der Bidsevogel), *Hange* (rot, rund oder länglich), *Voronose* (länglich, schwarz-weiß gefleckt) und *Harana* (rötlich oder polierter Karneol).

Voronose und *Harana* wurden noch vor Jahrzehnten sehr teuer bezahlt. *Voasihy* (Früchte des Sihybaumes), *Masotsiriry* (Auge einer Ente), *Samisamy* (rund und gelbrot), *Voavangitse* (schwarz mit einer dicken, gelben spiralförmigen Musterung) werden heute noch von den Medizinmännern für die Herstellung von *aoly* (Amuletten) verwendet. Für die Kette der Männer *(Lambiroso)* nehmen die Mahafaly auch kleine Hölzer, die durchbohrt und mit den Perlen aufgefädelt werden, jedoch keine Krokodilzähne, wie bei den Sakalava im Westen. Eine *Lambiroso* besteht aus: 39 blauen, 2 roten, 2 blauen, 16 länglich roten, 16 länglich gelben Perlen, drei kleinen Hölzern, 2 blauen, 2 roten und 43 blauen Perlen. Die Mahafaly-Männer dürfen ihre Perlenkette nur tragen, wenn sie mit dem *sadia* bekleidet sind.

Metallschmuck soll erst mit den Königen der Maroserananafamilie, wahrscheinlich im 17. Jahrhundert, ins Mahafaly-Land gekommen sein. Gold durfte nur vom König oder den Mitgliedern der königlichen Familie berührt werden. Ein Goldstück an einem Wegrand, von einem König dort abgelegt, soll bedeutet haben, daß dieses Land für einen *vohitse* (Mahafaly-Bauern) *fady* (verboten) war.

Ob die Mahafaly-Könige Goldschmuck getragen haben, konnte ich nicht erfahren.

Frauen, die der königlichen Familie angehören, tragen heute indischen Goldschmuck, der auch heute noch für viele Mahafaly *fady* ist.

Das Schürfrecht für Gold war ein Privileg der königlichen Familie. Auch die Silberschmiede der Mahafaly dürfen Gold nicht verarbeiten. Silberschmuck wurde von den Schmieden der Mahafaly aus alten Maria-Theresienthalern und Fünf-Franc-Stücken mit hohem Silbergehalt hergestellt. (In den letzten Jahrzehnten hat man auch das Kupfer von den Telegrafendrähten und Aluminium von Löffeln, Waschschüsseln und Tellern eingeschmolzen und daraus Schmuck gemacht.) Der Silberschmuck ist starken modischen Strömungen unterworfen. Fast jedes Jahr entstehen Neuschöpfungen, die sich entweder bis in den Norden der Insel verbreiten oder im Jahr darauf bereits wieder verschwunden sind.

So sieht man die Lambirosoperle, die noch um 1900 sehr weit verbreitet war, heute nicht mehr, auch keine Anhänger um den Hals oder im Haar.

Die Armreifen aus dem Mahafaly-Land sind jedoch in ganz Madagaskar Mode geworden und werden von den indischen Goldschmieden in den Städten in Form und Musterung nachgearbeitet. Selbst hohe Regierungsbeamte tragen den *vango-vango* (runder, offener Armreifen) mit verdickten, ziselierten Enden.

Frauen bevorzugen *tsitera* (Reifen), die sie paarweise an beiden Handgelenken tragen. Sie sollen schon sehr lange bei den Mahafaly in Gebrauch sein. Wahrscheinlich haben sie die Antanosy zwischen 1920 und 1930 in das Mahafaly-Land gebracht. Diese Reifen sind flach geschmiedet und haben eine Breite von 1–2 cm, mit Rillen und Einschnitten. Je nach Anzahl der Einschnitte haben die Reifen folgende Namen, die ursprünglich nach Ärmelstreifen, heute nach den Achselklappen der französischen Militärs benannt: *Capotene, Comanda, Coranel*. Am beliebtesten ist der *Capotene*. Außer mit durchbrochenen Rillen sind die Armreifen auch mit *sokitse* (Zieselierungen) geschmückt.

Männer tragen meist nur einen dicken Armreifen. Kleine Mädchen und Jungen tragen Armreifen aus Kupfer oder Messing ohne jede Verzierung. Sie heißen *Tsiandetse* oder *Bonpolo*.

Früher trugen alle Mahafaly-Krieger eine weiße runde Muschelscheibe auf der Stirne, *Fela* genannt. Sie war an zwei Stellen durchbohrt, damit ein Band hindurchgezogen und die Scheibe, die mitten auf der Stirn liegen muß, am Hinterkopf befestigt werden konnte.

Heute haben nur Tänzer der Bara, eines Nachbarstammes der Mahafaly im Norden eine solche *Fela* auf der Stirne. Manche Frauen tragen die *Fela* am Hinterkopf im Haar befestigt. Die *Fela* wird heute aus Silber geschmiedet. Sie heißt *Felambolafoty* (Fela aus Silber) im Gegensatz zur *Felampaolaka* (Fela aus Knochen). Die *Felasaba* (Fela aus Kupfer) ist sehr selten.

Ohrringe *(kirivo)* aus Silber oder Kupfer werden heute von allen Männern, Frauen und Kindern getragen. Auch kleinen Mädchen werden die Ohrläppchen durchbohrt und durch das Loch ein Hölzchen oder eine Stecknadel gesteckt, damit sie später Ohrringe aus Silber tragen können.

Früher gab es *lela lefo* (Speerspitzen), lange Ohrringe. Heute sind Ohrringe rund und aus dünnem Silberdraht. Manche Frauen tragen goldene Ohrringe, *pelatse* (die Funkelnden) genannt.

Auch *kiroho* (Fußknöchelketten) oder *rutsu* (Kettenarmbänder) sollen von den Mahafaly einige Zeit als Modeschmuck getragen worden sein, hat man mir erzählt. Wahrscheinlich kam dieser Schmuck von den benachbarten Inseln der Comoren oder aus Indien. Heute ist er nicht mehr zu sehen. Fingerringe sind noch weit verbreitet. Sie dürfen an allen Fingern mit Ausnahme des Daumens getragen werden. An der Innenseite sind diese Ringe offen. Eheringe sind nicht üblich.

Junge Hirten, die beim Ringkampf erfolgreich waren, tragen *keli-bokitse* oder *tsivorike* (Fellstreifen mit lang herunterhängendem Fellhaar) um ihre Waden, Fußknöchel und Oberarme. Auch ein Halsband aus einem Lederstreifen mit kleinen Metallstücken aus Silber und Aluminium ist bei den jungen Männern sehr beliebt.

2. Tätowierung

Die Tätowierung *(tombokalana* oder *tsivaroka)* wurde mit einem langen Dorn, der in das Blut von Rinderzecken *(Kongo)* getaucht war, durchgeführt. Später nahm man statt Zeckenblut Ruß von Kochtöpfen, weil Zeckenblut langwierige Entzündungen verursachte. Muster für Tätowierungen waren: *Tohihiheky* (ein gerader Strich, ein leichter Bogen oder ein nach oben offenes Dreieck über der Nasenwurzel), *Tokotelo* (drei Punkte in Form eines Dreieckes auf den Backenknochen), *Liamboro* (Vogelspur auf der Stirn), *Lianolitse* (Spur eines Wurmes auf Schultern, Armen und Rücken).

Der Ruß von Kochtöpfen wird heute noch verwendet, um sich Zeichen auf Stirn und Wangen zu malen und die Augenbrauen nachzuziehen. Auch Kleinkindern werden die Augenbrauen mit Ruß gefärbt, damit die Brauen dicht und glänzend werden.

Außer Ruß zum Aufmalen von Punkten und Figuren auf Stirn und Wangen wird auch Rouge und Lippenstift verwendet, jedoch nur zu festlichen Anlässen.

3. Frisuren

Noch vor wenigen Jahrzehnten konnte man die Herkunft der einzelnen Madegassen auf Grund ihrer Haartracht bestimmen, denn jede Bevölkerungsgruppe hatte eine für sie charakteristische Haartracht. Männer, Frauen und Kinder trugen ihr Haar in kleine Zöpfchen geflochten, zu Kugeln oder größeren Zöpfen zusammengedreht. Haareschneiden war ein Zeichen der Trauer. Bei einem Todesfall in der Familie wurde allen Familienangehörigen das Kopfhaar mit einem Messer geschoren.

Als König Radama I (1810 bis 1822) nach englischem Vorbild sein Heer organisierte, wollte er auch den europäischen Haarschnitt einführen. Man erzählt, daß sich mehr als 5000 Frauen in der Nähe der heutigen Hauptstadt Tananarive versammelt haben, um gegen die Einführung dieser europäischen Sitte zu protestieren. Noch bei Ausbruch des 1. Weltkrieges, als auf der ganzen Insel Soldaten für die französische Armee rekrutiert wurden, gab es wegen des zwangsweisen Haarschnittes zahlreiche Desertationen.

Heute tragen nur noch ganz alte Männer in entlegenen Dörfern und Berufstänzer die alte traditionelle Zöpfchenfrisur. Mit dem Kurzhaarschnitt kam auch die Mode des Hütetragens auf.

Das Kopfhaar eines Kindes wurde zum ersten Mal bis auf einen Schopf mit einem dafür bestimmten Messer *(kelilahy)* abgeschnitten, wenn das Kind vier Jahre alt war *(Fanalambolozaza)*. Der stehengebliebene Haarschopf schützte die noch offene Fontanelle auf dem Scheitel *(hevy)* vor dem Einwirken der Sonnenstrahlen. Bis zum 12. Lebensjahr wurde der Haarschnitt mehrmals wiederholt.

Heute werden Jungen und Mädchen noch vor vollendetem ersten Lebensjahr alle Kopfhaare abgeschnitten, um die Kopfläuse zu bekämpfen, die sich stark ausgebreitet haben. Kleinkinder müssen deshalb immer einen Hut oder eine Wollmütze zum Schutz gegen die Sonne tragen.

Junge Hirten stecken sich in ihren dichten Haarschopf Haarpfeile aus Silber und Horn, einen Holzkamm oder einen bunten Plastikkamm.

Die Frauen tragen heute in den entlegenen Dörfern des Mahafaly-Landes schlichte Zöpfchen, die sie sich gegenseitig flechten. Die traditionellen Frisuren trägt man nur bei großen Festlichkeiten.

Die Mahafaly unterscheiden beim Kopfhaar *(volondoha)*: feines, glattes Haar *(volo malina)*, dickes, glattes Haar *(volo tsotra)*, gekräuseltes Haar *(volongisa* oder *volongita)*, feines, seidiges Haar *(volonrano)* und gelocktes Haar *(volonoly)*.

Frauen mit dünnem, glatten Haar flechten sich schwarz gefärbte, in Zöpfchen geflochtene, Maisbärte ins Haar.

Zur Herstellung einer Frisur brauchte man früher eine Kalebasse voll Rinderfett (ungefähr 1 kg). Das Fett wurde mit einer Hühnerfeder in flüssigem Zustand auf das Haar gestrichen und zu Zöpfchen geflochten und zu Kugeln gedreht. Nach dem Erkalten erstarrte die Frisur zu weißen Kugeln. Bei Hitze floß das Fett aus den Frisuren über die Schulter. Die Frauen sollen damals stolz darauf gewesen sein. Viele Mahafaly-Frauen erzählten mir, daß ihre Ahnen kein Rinderfett gehabt hätten, um sich die Haare damit einzufetten. Heute ölt man sich das Haar nach dem Waschen mit Kokosöl oder Brillantine.

Ältere Frauen, deren Haare *morohy* (grau) oder *foty* (weiß) sind, färben sich die Haare schwarz. Erst wenn eine Frau ihr Haar nicht mehr färbt, sondern weiß läßt, gibt sie der Umwelt kund, daß sie sich als alte Frau fühlt und auch als solche behandelt werden möchte, denn eine alte weißhaarige Frau ist eine Greisin *(antitse)*. Sie hat Anspruch darauf, von jeder Arbeit befreit und gut betreut zu werden.

Es gibt strenge *fady* (Verbote) im Zusammenhang mit dem Kopfhaar: Nachts darf man sich nicht frisieren. Ausgekämmte Haare müssen vergraben werden und dürfen keinem anderen in die Hände fallen, sonst gibt es Unglück. Keine Frau darf einem Mann in das Haar fassen oder ihm die Haare schneiden. Auch einem Kranken dürfen keine Haare geschnitten werden, denn er könnte sonst sterben.

4. Körperpflege

Für alle Mahafaly ist Körperpflege außerordentlich wichtig. Schon das Kleinkind wird dazu erzogen, sich das Gesicht und die Füße zu waschen. Es gilt als Schande für eine Mutter, wenn ihr Kind schmutzig und unfrisiert herumläuft. Arme Leute, Kranke, Körperbehinderte und Alte legen großen Wert auf tägliche Körperpflege. Es gilt als selbstverständlich, daß kranke oder alte Frauen von weiblichen Verwandten gewaschen und gebadet werden, kranke und alte Männer von Söhnen oder Brüdern. Früher, als man in den Läden der Inder noch keine Körperpflegemittel kaufen konnte, hatte jeder Mahafaly Katrafayrinde, Rame (ein duftendes Harz) und wohlriechende Kräuter für die Körperpflege in seinem Haus.

Gibt es in der Nähe eines Dorfes eine Wasserstelle oder einen kleinen Fluß, der Wasser führt, so baden sich Männer, Frauen und Kinder mehrmals am Tag. Gibt es nur wenig Wasser, übergießt man sich täglich mit einer halben Kalebassenschale voll Wasser. Bevor man ein fremdes Haus betritt oder sein eigenes Haus zu einem Besuch verläßt, spült man Füße und Waden mit einer Schale Wasser ab. Am frühen Morgen und nach jeder Mahlzeit wird der Mund mit Wasser gespült. Die Zähne reinigen die Mahafaly mit einer Liane *(taimboro)*, die stark schwefelhaltig ist, mit Blättern eines Strauches *(sanira)* oder mit Ruß vom Kochtopf, damit sie strahlend weiß werden. Gegen schlechten Mundgeruch kaut man *vihintsy*, die gerösteten Kerne der *voasavo* (Wassermelone).

Die Entfernung der Körperhaare ist sehr wichtig: Barthaare zupfen sich die Männer mit einer um den Hals gehängten Pinzette bis auf einen kleinen Oberlippenbart aus. Nur während der Trauerzeit dürfen Barthaare stehen bleiben. Ein kleiner Kinnbart ist das Zeichen von Alter und Würde.

Beinhaare zupft man ebenfalls mit einer Pinzette aus, die Achselhaare betupft man mit der aus der Cambiumschicht des Sengatsebaumes gewonnenen Milch und reißt sie nach dem Trocknen aus. Das Gesicht wird mit Sorgfalt gepflegt. Viele Frauen kaufen sich im indischen Laden oder im Medikamentendepot eine bleichende Hautcreme, die sie täglich auftragen. Alle Frauen der Mahafaly legen sich Gesichtsmasken auf. Sie bestehen aus dem Pflanzenauszug verschiedener Kräuter je nach Beschaffenheit der Haut (trocken, fett mit Mitesser usw.), vermischt mit gekochtem Maniok. Menstruierende Frauen legten früher eine Fettmaske auf das Gesicht und blieben in ihren Häusern. Auch eine Frau im Wochenbett, das zwei bis drei Monate dauern kann, legt eine Maske auf. Manche Mahafaly-Frauen vermischen Safranpulver mit Fett und legen sich dieses Gemisch als Maske *(kiloke)* auf. Masken aus Heilerden werden im Gesicht nur aufgetragen bei Erkrankungen des Ohres, der Ohrspeicheldrüse und bei Zahnschmerzen. Diese Masken werden vom Medizinmann zubereitet.

Bei jedem Bad wurde früher die Kleidung, die man am Körper trug, mitgewaschen. Die gewaschene Kleidung wird mit duftendem Harz auf das verglimmende Holzkohlenfeuer gelegt und parfümiert: Eine zusammengerollte Matte wird wie eine Röhre darübergestülpt und auf die obere Öffnung werden die Kleider gelegt. Diese verströmten lange bei jeder Bewegung des Trägers den Duft. Diese Art der Parfümierung habe ich auch bei den Tanala und Betsimisaraka gesehen.

Haben die Mahafaly einen größeren Kleidervorrat, so legen sie duftende Katrafayrinde in ihre Kisten und Koffer, um Motten, Kakerlaken und anderes Ungeziefer abzuhalten.

VI. Wirtschaft

1. Landwirtschaft

Allgemein wurde bisher angenommen, daß die Mahafaly Hirtennomaden seien, die mit ihren Herden von Weideplatz zu Weideplatz ziehen und daß die Haltung von Zeburindern, Schafen und Ziegen für sie deshalb wichtiger sei als der Anbau von Feldfrüchten.

Diese Annahme ist nicht richtig: Viele Mahafaly haben nur wenige oder gar keine Rinder und müssen ausschließlich von dem leben, was ihnen die Felder an Ernteerträgnissen liefern. Gibt es Mißernten durch langanhaltende Trockenheit, so sind Hungersnöte die Folge, denn auch die wild wachsenden Wurzeln und Knollen vertrocknen dann im Boden. Rinder können in Notzeiten (Krankheit, Todesfall und Mißernte) verkauft werden.

Nach den statistischen Angaben der Verwaltung, die mir freundlicherweise für das Jahr 1966 und 1971 vom „Sousprefet" von Ampanihy zur Verfügung gestellt wurden, hat der Bezirk von Ampanihy mit einer Fläche von 13.253 km^2 nur 17.255 ha *baiboho* oder *tondo* (Kulturland), das das ganze Jahr über bebaut werden kann. Weitere 125.483 ha sind *tetik-ala* (Wechselfeldflächen), die zwei und mehr Jahre brach liegen müssen, bevor sie neu bebaut werden können. 205.128 ha gelten als unfruchtbarer Boden und 840.520 ha sind mit Trockenbusch bedeckt, der nicht kultivierbar ist, weil er nicht genügend Bodenfeuchtigkeit besitzt oder mit Galeriewäldern in den Tälern der Flüsse Linta und Menarandra. Dieser Boden ist seit alters her im Besitz der Königsfamilie der Maroseranana, und für die übrige Mahafaly-Bevölkerung besteht keine Möglichkeit, dieses Land als Kulturland für sich zu bebauen.

Die Mahafaly unterscheiden zwischen ganzjährig bewirtschafteten Dauerfeldern, die auf den fruchtbaren Schwemmböden in den Niederungen und an Flußläufen liegen, den *baiboho* und *tonda*, den Wechselfeldflächen, bzw. Brandrodungsfeldern *tetik-ala* und dem *tany lava volo*, Land, das noch nie kultiviert wurde. Dieses Land ist meist Weideland. Dann gibt es noch *tany faly* (verbotenes Land), wo weder angebaut noch gerodet werden darf, weil entweder in diesem Gebiet irgendwann ein Mord geschehen ist oder Gräber stehen. Stehen nicht mehr als zwei Gräber, darf man in einer gewissen Entfernung roden unter der Voraussetzung, daß dabei kein Feuer verwendet wird.

Die Mahafaly unterscheiden auch mehrere Bodentypen:

Tany mainty (schwarze Erde) auf den fruchtbaren Schwemmböden *(tonda* und *baiboho)*. Dieses Land ist seit Generationen in Familienbesitz. Hier werden Süßkartoffeln *(bageda)*, Maniok *(balahazo)* und Mais *(tsako)* angebaut. Ist die Gegend sehr wasserreich, wie z. B. in Maniry, baut man auch Reis *(vary)* an. Die Reisfelder heißen *horake*.

Tany mena (rote Erde) ist noch für den Anbau von Bohnen *(voanemba)*, Erderbsen *(kapike)* und Linsen *(antsiroko)* geeignet.

Tany mavo (rötlicher Sandboden) ist unfruchtbar, nur mageres Gras wächst darauf. Die Mahafaly nennen dieses Land *tsihay mambole* (kennt keine Bodenbearbeitung).

Tany foty (weiße Erde) ist meist kaolinhaltiger Boden, nur während der Regenzeit sprießt darauf etwas Gras.

Tany ratsy oder *hindry tany* (schlechter Boden) ist steiniger Boden, auf dem kaum Gras wächst. Auf den Hügeln eines solchen Geländes werden Gräber errichtet.

Tany tsimahay vokatse (Erde, die keine Ernte kennt) ist Boden mit nur wenig fruchtbarer Krume. Die Saat keimt, solange genügend Bodenfeuchtigkeit vorhanden ist, die Pflanzen sterben jedoch ab, bevor sie zur Reife kommen. Wenn nach mehrmaligen Versuchen auf diesem Boden keine Ernteerträgnisse zu erzielen sind, bleibt dieses Land unbebaut.

Tany efa mate (Erde, die bereits tot ist) ist Erde, in der absolut nichts keimt *(tsitera)*.

Die Dörfer wurden immer in der Nähe von Feldern angelegt, die das ganze Jahr bebaut werden können. Diese Dauerfelder *(baiboho)* sind zum Schutz gegen Vieh, streunende Hunde und Wildschweine mit einer *vala*, Hecke aus Sisalagaven *(aloasse)* oder Kakteen *(raketa)* umgeben. Die Felder, die einer Großfamilie gehören, die gemeinsam ein Dorf bewohnt, nennt man auch *tonda*.

Felder, die im Wald durch Brandrodung gewonnen wurden, heißen *tetik-ala* (= Holzschlag im Wald) und konnten früher ebenfalls das ganze Jahr über bebaut werden. Seit diese Wälder verschwunden sind, was erst in diesem Jahrhundert geschehen sein muß, denn viele Mahafaly in mittleren Jahren können sich noch erinnern, daß zur Zeit ihrer Kindheit diese Felder alle im Wald lagen, heißen alle Felder, die heute mit Feuer gerodet werden *tetik-ala*, auch wenn weit und breit kein Wald zu sehen ist. Diese Wechselfeldflächen nennt man das erste Jahr nach der Rodung *hantsake* oder *hatsake*. Je nach der Bodenbeschaffenheit bleibt das Feld ein bis zwei Jahre brach *(moka)*. Auf den *moka* (Brachfeldern) wächst durch Selbstaussaat nach der letzten Ernte Mais, aber auch viel *boka* (Schlingpflanzen) und im Boden vergessene Knollen treiben neu aus. Arme Leute können mit Erlaubnis des Besitzers die im Boden verbliebenen Knollen ausgraben und auch den Mais abernten. Die Mahafaly treiben ihre Herden auf die Brachfelder, weil der Dung, den das Vieh zurückläßt, dem Boden „neue Nahrung zuführt". Diese Ansicht der Mahafaly steht im Gegensatz zur Meinung der benachbarten Antandroy, die keine Rinder auf ihre Brachfelder lassen, weil sie glauben, das Abweiden „ermüde den Boden zu sehr".

Die *tetik-ala* liegen meist nur 7–8 km vom Dorf entfernt, so daß man abends wieder ins Dorf zurückkehren kann, wenn man im Morgengrauen auf das Feld gegangen war. Nur die Familien, die sich in der näheren Umgebung von Ampanihy angesiedelt haben, brauchen einen Tag, wenn sie zur Arbeit auf ihre Felder gehen, die auf den oberen Hängen des Menarandratales oder auf dem Kalkplateau liegen. Sie übernachten dann in provisorischen Unterkunftshütten *(trano tsutse* oder *salisoro)* auf den Feldern, wenn kein Dorf in der Nähe ist, wo sie nachts bleiben können.

Die fruchtbaren Täler des Menarandra- und Lintaflusses gehören ausnahmslos den Familien aus der Dynastie der Maroserana-Könige. Für die Mahafaly-Bauern gibt es nur auf dem Kalkplateau Bodensenken, die fruchtbar sind und bebaut werden können, ebenso die kleinen Senken und Niederungen um Ampanihy, die von den Flüssen Andranotantely und Sakatovo durchzogen werden. Sie führen kein Wasser während der Trockenzeit, deshalb wird ihr Bachbett bebaut. Jedes kleine Stück Land, jeder Baum und auch das Riedgras, das an den Ufern wächst, ist seit Generationen in der gleichen Familie. Die Wassertümpel und Seen *(sihanaka)*, die sich während der Regenzeit bilden, sind ebenfalls unter die einzelnen Familien aufgeteilt. Es ist zwar niemandem verboten, daraus Wasser zu schöpfen, wenn er Durst hat, aber fremdes Vieh darf nicht zur Tränke gebracht werden, wenn man nicht vorher den Besitzer des Tümpels um Erlaubnis gefragt hat.

Die Mahafaly erzählten mir, daß es zu den „Zeiten ihrer Ahnen" nicht nur große Wälder gegeben habe, sondern auch zahlreiche Wasserstellen, die das ganze Jahr über nicht austrockneten.

Besonders die Täler der Flüsse Menarandra, Linta und Sakatovo seien sehr fruchtbar gewesen. Als aber die Königsfamilien der Maroseranana ins Land kamen, beanspruchten sie dieses Kulturland für sich. Die vorher im Menarandratal ansässigen Faloanombe wanderten daher in das Tal des Manakaralahy aus, wo sie heute noch leben.

Auch heute noch beansprucht die königliche Familie das beste Kulturland für sich und selbst die Staubecken, die die madegassische Regierung in diesem Gebiet errichten ließ und die für alle Mahafaly bestimmt waren, haben die Mitglieder der königlichen Familie als Viehtränke und Wasserstelle für sich beschlagnahmt.

Das verhältnismäßig wenige Kulturland, das den übrigen Mahafaly-Familien zur Verfügung steht, ist von den Ahnen *(raza)* urbar gemacht worden und gehört daher der ganzen Sippe, der Ligneage *(raza)*. Das *tany lava volo* (Land mit den langen Haaren), das nicht bebaut ist und als Weideland dient, gehört als Umland zu einer Gruppe von Dörfern. Hat jemand Land, das noch nie kultiviert wurde für sich urbar gemacht, so steht ihm an diesem Land das Nutzungsrecht zu, solange er es bearbeitet. Er kann das Nutzungsrecht, d. h. die Urbarmachung und die bereits geleistete Arbeit auf dem Feld verkaufen oder verschenken. Der nächste Besitzer kann dieses Land wiederum weiterverkaufen, denn er hat ja selbst dafür bereits bezahlt. Bleibt dieses Land jedoch 5—6 Jahre unbearbeitet, so kann es im Einverständnis mit dem Besitzer an einen anderen Interessenten gegeben werden. Damit wird kein Eigentumsrecht an einem Grundstück erworben.

So ist es auch zu verstehen, daß die Felder, die im Besitz einer Familie sind und von Generation zu Generation vererbt werden, nicht von einem einzelnen Mitglied der Familie verkauft werden können. Da jeder Mahafaly, ob Mann, Frau oder Kind das Recht auf ein Feld hat, müssen die Felder, die im Besitz einer Familie sind, entsprechend aufgeteilt werden. Kann ein Familienmitglied das ihm zugeteilte Feld nicht bearbeiten, weil er alt oder krank geworden ist, so helfen ihm Familienangehörige. Ist er arbeitsunfähig geworden oder wandert er aus seinem Heimatdorf aus, um in der Hafenstadt Tulear oder auf den Plantagen im Westen zu arbeiten, was sehr oft vorkommt, so kann er sein Feld verpachten oder einem Familienmitglied zur weiteren Bearbeitung überlassen. Kehrt er wieder zurück, so kann er die Bearbeitung des Feldes wieder übernehmen, ohne sich ein Recht darauf „erkaufen" zu müssen.

Es gibt auch Mahafaly, die viele Felder ererbt haben und sie von weit entfernten Verwandten oder fremden Arbeitskräften bestellen lassen.

Eine Art Pacht *(komba)* ermöglicht deshalb auch den Ärmeren, Land zu bebauen. Für die Verpachtung gelten folgende Regeln: Der *tompon-baiboho* (Besitzer des Feldes) muß das *tabiri* (Saatgut) und die *fangale* (Arbeitsgeräte) dem *mpambole* (Landarbeiter) zur Verfügung stellen.

Wenn der Landarbeiter allein oder mit Hilfe seiner Familie das Land bearbeiten kann, erhält er ein Drittel der Ernte. Ein Drittel bekommt der *mpiambe baiboho* (Flurwächter), der in einer kleinen Hütte am Rande des Feldes wohnt, tagsüber mit der Steinschleuder Krähen und Spatzen vom Feld verscheucht und nachts die Wildschweine und die verwilderten Hunde vom Feld treibt. Ein Drittel der Ernte geht an den Besitzer des Feldes.

Sind die Felder groß und können nicht von einem Landarbeiter allein bestellt werden, so läßt der Besitzer des Feldes im *rima* (Tagelohn) das Feld bestellen. Für ein Feld mit der Fläche von ungefähr 1000 m^2 braucht man 5—6 Arbeiter. Sie bekommen gemeinsam für die Arbeit an einem Tag eine Ziege. Kann die Arbeit nicht an einem Tag fertiggestellt werden, so darf nicht am nächsten Tag, sondern erst eine Woche später weitergearbeitet werden. Die Weiterarbeit kostet wiederum eine Ziege oder ein Schaf.

Auch für das Abernten kann der Besitzer eines Feldes Hilfskräfte zusätzlich im Tagelohn einstellen, wenn die Feldfrüchte schnell geerntet werden müssen wie z. B. Reis, Mais und Erdnüsse. Heute werden die Hilfskräfte mit Bargeld entlohnt. Im Jahr 1969 betrug der Tagelohn 50 FMG und lag weit unter dem von der Regierung festgesetzten Mindestlohn.

Die Brandrodung

Die intensive Brandrodung, *tavy* genannt, ist für die Mahafaly ein Recht, das ihnen von alters her als Sitte der Ahnen zusteht, wie sie sagen.

Alte Mahafaly konnten sich daran erinnern, daß es in ihrer Kindheit noch zahlreiche und dichte Wälder im Mahafaly-Land gegeben hat. In diesen Wäldern haben ihre Eltern die Rodungsfelder angelegt. Auf diesen Feldern soll es niemals Mißernten gegeben haben.

Die zahlreichen Waldbrände haben die Pflanzendecke zerstört und den Boden der Erosion ausgesetzt. Jedes Jahr wird fruchtbares Kulturland durch die nach den ersten Starkregen hochgehenden Flüsse weggespült und mit den Fluten der großen Flüsse Menarandra und Linta in das Meer hinausgetragen.

Der Fluß Sakatovo bei Ampanihy hat in den letzten Jahren alle längs des Flusses angelegten Kulturen zerstört. Zurück blieb ein breites, sandiges Flußbett.

Die Brandrodung ist mitverantwortlich für die Zerstörung der ursprünglichen Vegetation, für die Verschlechterung des Klimas und die zunehmende Versteppung des Südens.

Die zahlreichen Verordnungen, die von der französischen Kolonialverwaltung und der madegassischen Regierung erlassen wurden, konnten jedoch nicht verhindern, daß die ursprüngliche Vegetation auf der ganzen Insel zu etwa 80 % vernichtet ist. Ein „Decret forestier", herausgegeben am 25. Januar 1930, ergänzt am 25. September 1937, verbot „alle Brände, Zerstörungen und Rodungen eines Waldes, einschließlich der Buschfeuer zur Vorbereitung von Anbauflächen und Viehweiden" in ganz Madagaskar.

Ein Provinzialgesetz vom 22. März 1954 und ein weiterer Erlaß vom 14. Januar 1957 erlaubte die Brandrodung unter gewissen Bedingungen in der Zeit vom 15. Januar bis 15. April während der Regenzeit. Die Gesuche um Erlaubnis für eine Brandrodung mußten den genauen Ort, die Flächengröße, die Grenzen des Rodungsgebietes und das Datum der Durchführung beinhalten.

Grundsätzlich wurde die Brandrodung nur auf wenig bewachsenen Flächen während des Tages und bei vollkommener Windstille erlaubt. In Wäldern und auf einem Terrain in Hanglage war die Brandrodung ausnahmslos verboten. Außerdem mußte eine Anzahl „arbeitsfähiger" Männer das Feuer überwachen.

Für die Mahafaly waren diese Bestimmungen zu kompliziert. Die meisten von ihnen waren Analphabeten und konnten daher kein schriftliches Gesuch einreichen. Außerdem waren sie gar nicht daran interessiert, nur die wenig fruchtbaren Gebiete, wo Brandrodung erlaubt war, zu bewirtschaften, denn sie bevorzugten die humusreichen Waldböden. Sie sahen es als ihr Recht an, dort zu roden, wo traditionell ihr Rodungsgebiet lag. Viele Mahafaly-Familien haben daher ihre Brandrodungsfelder in abgelegene Gebiete verlegt. Auf die von Europäern und Verwaltungsbeamten gestellte Frage nach den Feldern, antworteten alle Mahafaly: „Wir haben keine Felder".

Denunziationen wurden durch den einheimischen Dorfrat schwer bestraft, deshalb wurde Außenstehenden nichts über den Feldbau der Mahafaly bekannt. Ich selbst habe erst, nachdem ich 1965 schon einige Monate im Dorf Retanso lebte, die Felder dieser Familie gesehen, die ungefähr 3 Stunden Fußmarsch vom Dorf entfernt in einer Bodensenke angelegt worden waren. Zahlreiche, ungefähr 20 m hohe verkohlte Baumstümpfe zeugten davon, daß hier vor nicht allzu langer Zeit noch dichter Wald gestanden hat.

Die Verheimlichung der Brandrodungsfelder ist mit ein Grund dafür, daß die Mahafaly nicht als Bodenbauer galten.

Heute gibt es im ganzen Mahafaly-Land keine Waldflächen mehr, die noch gerodet werden könnten. Die Restwälder, die noch im Tal des Menarandra, Linta und in einigen Bodensenken stehen geblieben sind, gelten als *fady*; Holzschlag und Brandrodung sind dort verboten. Ebenso geschützt sind die *kily* (Tamarindenbäume) und die *Za* (Affenbrotbäume). Nach der *fombandrazana* (Sitte der Ahnen) ist es verboten, sie zu fällen, weil sie als *masy* (heilig) gelten. Sie geben Früchte und Schatten. Auch in ihrer Nähe darf nicht mit Feuer gerodet werden. Durch die Zerstörung der ursprünglichen Vegetation haben sich einige Gewächse, wie z. B. Euphorbien, die Famata, sehr stark verbreitet. In vielen Dörfern sind die Famata zu Schattenbäumen geworden, obwohl ihr Latex besonders für die Augen sehr gefährlich ist. Durch Entzündung der Bindehaut kann er zur Erblindung führen. Will man ein Stück Land roden, das mit Famata bewachsen ist, so dürfen die Bäume nicht abgehackt werden. Man schichtet dünne Zweige um die Stämme herum auf und zündet sie im Monat *volambahafito* an.

Für alle Mahafaly ist dieser Monat, er entspricht ungefähr dem August, die Zeit, in der die Felder gereinigt werden. Dürres Gras wird in Büscheln ausgerissen. Büsche werden abgehackt und angezündet. Baumstümpfe bleiben stehen. Die Asche bleibt ebenso bis zum Beginn der Regenzeit auf den Feldern liegen.

Der Anbau

Mit dichten schwarzen Wolken kündigt sich die Regenzeit an. Nach den ersten Regenfällen, die im September oder Anfang Oktober eintreten, darf noch nicht ausgesät werden. Aber erst nach dem *orana-bè* (großen Regen), d. h. nach mehreren ausgiebigen Regenfällen darf am darauffolgenden Morgen ausgesät werden. Früh am Morgen, kurz nach Sonnenaufgang, gehen alle Männer, Frauen und Kinder auf das Feld. Sie müssen gemeinsam bei der Aussaat helfen, denn spätestens um neun Uhr, wenn die Sonne hoch am Himmel steht und die Luft heiß und trocken wird, muß die Aussaat beendet sein. Mit dem 2 m langen *tara-bera* (Pflanzstock) stößt man Löcher in die feuchte Erde. Diese Arbeit wird von kräftigen Männern und Frauen durchgeführt. In die Löcher lassen Kinder oder ältere Frauen, die nicht mehr so kräftig sind, vom Saatgut *(tabiri)* jeweils drei bis vier Körner hineingleiten. Für die Anzahl der Körner gibt es keine bestimmte Vorschrift. Sind die Körner groß, nimmt man drei, sind sie klein, vier. Das Loch wird mit dem Fuß geschlossen und das Saatgut mit einer Drehbewegung der Ferse festgetreten.

Nach der Aussaat spannt man *talihofotse* (Bindfäden) quer über das Feld oder stellt *rihu-rihu* (Vogelscheuchen) auf, um die *koake* (Krähen) abzuschrecken. Ein auf einen Stock gestecktes dürres Grasbüschel zeigt an, daß dieses Feld einen Besitzer hat. Kein Fremder darf nun von diesem Feld etwas wegtragen oder es verändern, sagen die Mahafaly. Auch das Betreten ist verboten. Solange die Felder bestellt sind, dürfen Rinder- und Ziegenherden nicht in der Nähe weiden. Die Hirten sind für den Schaden verantwortlich, wenn eine Herde in ein Feld einbricht.

Mahafaly, die nur ein oder zwei Rinder haben, nehmen ihre Tiere mit, wenn sie auf ihr Feld gehen und lassen sie, an einem Baum, Strauch oder Holzpflock angebunden, unter ihrer Aufsicht weiden. Größere Rinder- und Ziegenherden werden einem Familienmitglied anvertraut oder einem Hirten übergeben. Die Felder in der Nähe von Dörfern und die Rinderkraale sind immer mit Sisal- und Kaktushecken eingezäunt, damit die Rinderherden auf ihrem Weg zur Weide oder ins Dorf keinen Schaden anrichten können. Die Felder, die weitab vom Dorfe liegen, sind meist nicht eingezäunt.

Mit dem *fangale* (Grabstock), der aus einem 1,80 m langen Stiel und einem schmalen Blatt aus Eisen besteht, wird das Feld in Hockestellung gejätet *(miava)*.

Die Ernte

In früheren Zeiten, als die Könige ihre politische Macht noch nicht verloren hatten, durfte kein Feld abgeerntet werden, bevor dem König nicht die *loha-hane* (erste Feldfrüchte) dargeboten worden waren. Jeder Feldbesitzer mußte einen Korb mit den ersten Feldfrüchten zum *rova* (Gehöft) des Königs bringen. Er sprach im Namen seiner ganzen Familie:

„*Taliliu ho re Mpanjaka*" (Was gibt es Neues, o König)

Der König antwortete:

„*Mbiu soa, fa masake ty mahatansake iu*" (Noch geht alles gut, denn das, was uns stark macht, ist reif geworden)

Der Feldbesitzer sagte:

„*Atere ty loha*" (Hier sind die ersten Feldfrüchte)

„*Fa ta hihina ty zaza*" (Nun werden die Kinder zu essen haben)

„*Ainigu ty loha asorongo*" (Hier sind die ersten Früchte für die Opferung)

„*Soa tsy hanoitse anay*" (Es ist gut, daß sie, die ersten Feldfrüchte, nicht von Menschen gegessen werden)

Der König antwortete:

„*Eka mahavelo*" (Ja, so soll es sein, möge es Euch allen wohlergehen)

„*Manday anondry*" (Bringt ein Schaf) befahl der König

„*asoroko hane io*" (Ich werde es für eine gute Ernte opfern)

„*afara ka ho maro*" (damit es auch in Zukunft eine reiche Ernte gibt).

Dann ließ er von seinen Söhnen ein Schaf holen, das nun am Opferpfahl des Königs geopfert wurde.

Die Kulturpflanzen

Balahazo (Maniok) ist für die Mahafaly das wichtigste Grundnahrungsmittel, denn der Maniok gedeiht auch auf den roten, humusarmen Böden und ist unempfindlich gegen Klimaschwankungen. Im Distrikt Ampanihy, der eine Fläche von 13.253 km² umfaßt, werden nach einer ungefähren Schätzung 3.500 ha mit Maniok bepflanzt und nach einer amtlichen Statistik wurden 1970 ungefähr 3.200 Tonnen geerntet.

Nach dem Beginn der Regenzeit im November und Anfang Dezember werden die ersten Manioksteckling in den Boden gepflanzt. Auf den *baiboho* (fruchtbaren Böden) können die ersten Maniokknollen schon sechs Monate nach dem Anpflanzen ausgegraben werden, auch wenn sie noch nicht voll ausgereift sind.

Dieser *balahazo le* (frischer Maniok) wird in frischer Milch gekocht oder in Wasser mit Fleisch.

Im Süden Madagaskars braucht der Maniok normalerweise 8–10 Monate bis zur Reife. Im Juli werden die Maniokknollen aus dem Boden ausgegraben und bleiben einige Tage an der Sonne zum Trocknen. Dann werden sie entweder in Körben im Haus oder während der Trockenzeit auf dem Dach des Hauses aufbewahrt.

Die Maniokwurzeln sind bereits zwei Monate nach der Ernte von Käfern angefressen. Viele Mahafaly lassen daher den Maniok als Nahrungsmittelreserve im Boden, auch wenn die Knollen während der Trockenzeit hart und holzig werden, sie holen sich nur einen kleinen Vorrat vom Feld und zerhacken dann mit dem Beil die Wurzeln vor dem Kochen.

Auf den fruchtbaren *baiboho*, Böden die das ganze Jahr über bebaut werden, pflanzt man einen Steckling senkrecht ein, wenn man eine Maniokstaude ausgerissen hat. Die Blätter der Maniokstaude werden als Gemüse in Wasser gekocht verwendet.

Ein für den Maniokanbau vorbereitetes Feld wird nur zu Beginn der Regenzeit bepflanzt. Die Stecklinge für dieses Feld heißen daher *manampake tao balahazo* (Der Maniok leitet ein neues Jahr ein).

Bageda (Süßkartoffel). Die Süßkartoffeln werden vorwiegend im Dünengebiet der Mahafaly-Küste, auf den großen Sandbänken und im Mündungsgebiet der Menarandra- und Lintaflüsse und in den ausgetrockneten Flußbetten der kleinen Flüsse nach der Regenzeit im März und April angebaut. Auf *Baiboho*-Böden wird das ganze Jahr über ein Beet mit Süßkartoffeln bepflanzt. Die Blätter liefern ein schmackhaftes Gemüse, die Blattranken sind für den Anbau bestimmt. Wenn der Boden fruchtbar ist und genügend Feuchtigkeit hat, kann man bereits drei oder vier Monate nach dem Auspflanzen die ersten Süßkartoffeln ernten, sonst muß man acht bis zehn Monate warten. Drei Monate nach der Ernte sucht man im Bagedafeld nach den *tovo* oder *tsirike*, den im Boden verbliebenen Knollen, die wieder ausgetrieben haben. Die Süßkartoffeln werden nach der Ernte ins Dorf gebracht und schnell verbraucht. Es gibt für die Süßkartoffel nur eine Konservierungsmethode: das Trocknen der roh in Scheiben geschnittenen Knollen in der Sonne auf dem Dach oder auf einer Matte vor dem Haus. Diese getrockneten Bagedascheiben heißen *Pike* und müssen vor dem Kochen mit einem Beil kleingehackt werden.

Tsako (Mais- Zea Maislin). La Bordonnais soll 1735 den Mais von der Reunion nach Madagaskar gebracht haben.

In den letzten Jahrzehnten hat sich der Anbau von Mais im Süden, besonders im Mahafaly-Land stark ausgebreitet und Mais ist neben Reis das bevorzugte Nahrungsmittel. Die Maispflanze benötigt jedes Jahr mindestens drei ausgiebige Regenfälle. Bei mangelhaften oder unregelmäßig fallenden Niederschlägen kommt es oft zu Mißernten. So verdorrte im Januar 1970, als der Regen ausblieb und eine plötzliche Hitzewelle einsetzte, innerhalb eines Tages alle bereits 1 m hohen Maisstauden im Distrikt Ampanihy. Viele Mahafaly-Bauern haben nach den Ende Januar einsetzenden Regen nochmals Mais ausgesät und konnten im April eine Ernte mit klein gebliebenen Kolben einbringen.

Nach der Statistik wurde im Distrikt Ampanihy eine Fläche von 6.950 ha mit Mais bebaut. 1970 hat man davon insgesamt 9.020 Tonnen Mais geerntet.

Auf den fruchtbaren Böden wird der Mais zusammen mit Süßkartoffeln kultiviert, auf den Rodungsfeldern zusammen mit *Ampemba* (Sorghumhirse). Nach den ersten großen Regenfällen im November und Dezember wird am darauffolgenden Morgen kurz nach Sonnenaufgang der Mais ausgesät und zwar in Löchern, die mit dem Grabstock *(tara-bera)* in Abständen von ca. 30 cm gebohrt werden und in die man drei bis vier Körner legt.

Im Januar muß im Maisfeld gejätet werden *(miava)*. In Hockestellung wird die Erde um die Maispflanze herum aufgehäufelt. Im Februar wird nochmals gejätet. Im März, wenn sich die Maiskolben gebildet haben, muß ein Wächter das Feld vor Wildschaden, und zwar vor Dingoherden und Wildschweinen bewahren.

Die Hunde fressen die zarten jungen Maiskolben von der Staude ab. In einer einzigen Nacht kann ein ganzes Maisfeld von Hunden zerstört werden. Zu ihrer Bekämpfung hat man früher Schwippgalgenfallen aufgestellt. Heute legt man vergiftete Köder aus. Ende März bis Anfang April wird der Mais geerntet. Die Mahafaly brechen die Maiskolben von den Stauden ab und treten sie über dem Boden mit dem Fuß nieder, während die Antandroy die abgeernteten Maisstauden stehen lassen.

Die Kolben sammelt man in Körben ein und schüttet sie noch auf dem Feld zu einem Haufen auf. Dort sitzen andere Erntehelfer (Männer, Frauen und Kinder), die die Kolben von den Hüllblättern befreien, sie paarweise zusammenbinden und in Bündeln ins Dorf tragen. Dort werden die Maiskolben auf eine Matte ausgeschüttet und einige Tage an der Sonne getrocknet, bevor sie ins Vorratshaus gebracht werden. Hat man nur wenige Bündel Mais geerntet, so legt man sie auf das Dach des Hauses.

Im April werden die niedergetretenen Maisstauden und das Unkraut mit dem Spaten ausgerissen und im August, kurz vor der Regenzeit, angezündet; die Asche wird als Dünger über dem Feld verstreut, wenn nicht nach der Maisernte auf diesem Feld Süßkartoffeln *(bageda)* angebaut werden.

Der Mais muß gleich nach der Ernte verkauft oder von der ganzen Familie aufgezehrt werden, weil spätestens in 2–3 Wochen der Maiskäfer die Kolben befallen hat.

Ampemba (Hirse). In den sandigen Böden im Norden von Ampanihy und in den Küstengebieten bei Androka und Itampolo wird Hirse angebaut. In den Brandrodungsfeldern wird zuerst Hirse ausgesät. Einige Wochen später, wenn die jungen Hirsepflanzen einige Zentimeter hoch stehen, wird nach einem ausgiebigen Regen zwischen diese Pflanzen Mais ausgesät.

Der Anbau von Hirse ist im Mahafaly-Land ohne große Bedeutung. Nach der Statistik wurden im Jahr 1970 ungefähr 8 ha bebaut und 5,6 Tonnen Hirse geerntet.

Antsiroko (Linsen-Citrellus vulgaris). Jedes Jahr werden zur gleichen Zeit wie Kürbis- und Melonenarten auch Linsen angebaut. Die Mahafaly sagten mir, daß der Linsenanbau sehr alt sein soll und die Linsen neben *sonjo* (wilder Yams) das wichtigste Nahrungsmittel ihrer Ahnen gewesen sein sollen. Robert Drury, der 1702 vor der madegassischen Küste strandete und fünfzehn Jahre als Sklave bei den Antandroy lebte, berichtet vom Anbau dieser Kulturpflanze. Allerdings haben heute viele Mahafaly die Zubereitung von *antsiroko* als Nahrungsmittel vergessen. Sie verkaufen die Linsen heute an die indischen Händler, die sie an die Ostküste Madagaskars liefern.

Voasavo (Wassermelonen) sind für die Mahafaly heute lebensnotwendig. Selbst in den Jahren mit geringen Niederschlagsmengen tragen die Wassermelonen Früchte. Sie werden deshalb auf jedem Feld ausgesät. Für die Mahafaly sind die *voasavo* in den Monaten Januar und Februar neben den Kaktusfrüchten die einzige Nahrung. Jeder darf sich von einem Feld eine Wassermelone nehmen, wenn er Hunger und Durst hat, die Frucht noch auf dem Feld ißt und ihre Kerne dort verstreut. Wer jedoch eine Wassermelone von einem Feld wegnimmt, das ihm nicht gehört und sie nach Hause trägt oder sie gar auf dem Markt verkauft, gilt als Dieb und wird bestraft. Die Kerne der Wassermelonen werden im November oder bei einem frühen Einsetzen der Regenzeit bereits Ende September in Abständen von 1–2 m in den ganzjährig bewirtschafteten *Baiboho*-Feldern oder in den Brandrodungsfeldern ausgesät. Die ersten Früchte sind im Februar reif. Während der Trockenzeit bilden sich noch *bealy* (kleinere Früchte), die jedoch nicht so süß und saftig sind.

Voatango (mehlige Melone). Sie reift Ende Februar und wird im März und April geerntet.

Bebeke und *Taboara* sind nur gekocht genießbar. Sie reifen Anfang Februar und sind für viele Mahafaly im Monat Februar das Hauptnahrungsmittel.

Antake und *Voanemba* (Bohnen). Die *antake*, von den Botanikern als Antake Lablab vugaris savi bezeichnet, wurde bereits im 17. Jahrhundert angebaut. Ich konnte jedoch nicht in Erfahrung bringen, seit wann die Mahafaly die *voanemba* kennen. Beide Bohnenarten werden im November oder Dezember (zu Beginn der Regenzeit) ausgesät. Die *antake* blüht Ende Mai bis Anfang Juni, aus diesem Grunde heißt diese Zeit auch *Volanantake* (Monat der Antake) oder *mandrianantake* (Bohnenblüte).

Die *antake* werden Ende Juli bis Anfang August geerntet, noch auf den Feldern enthülst und in Körbe gefüllt ins Dorf gebracht. Die *voanemba* kocht man meist als Gemüse, wenn die Schoten noch grün sind. Sie reifen erst in den Monaten Oktober und November. Eine andere Bohnenart ist die *lotsy*, sie kommt nur im Küstengebiet vor. Nach Angaben der madegassischen Verwaltung in Ampanihy wurden im Jahr 1970 auf 5,5 ha Land Bohnen angebaut und schätzungsweise 9,5 Tonnen geerntet.

Voandjo (Erderbsen), von den Botanikern als Voandzeia subterranea bezeichnet, werden nach den Aussagen der Mahafaly seit Jahrhunderten kultiviert. *Voandjo* sei *hane* (Kost) der Ahnen gewesen.

Kapike (Erdnüsse) sind erst nach dem 2. Weltkrieg im Antandroy- und Mahafaly-Land von der Verwaltung eingeführt worden. Sie werden hauptsächlich für industrielle Zwecke (Ölgewinnung) kultiviert. Die Mahafaly essen selbst nur wenig Erdnüsse, die sie auf einer Pfanne ungeschält über dem Feuer rösten. Die Erdnüsse werden im Januar ausgesät. Im Februar, wenn die Pflanzen ungefähr 20 cm hoch stehen, muß man *afaha ty ahetse* (das Gras wegnehmen = jäten). Im März wird um jede einzelne Pflanze Erde aufgehäufelt, damit „die Blüte, die sich im April bildet, leichter in die Erde zurückfindet", sagen die Bauern. Im Mai sind die Erdnüsse reif. Sie werden ausgegraben, *mihale* und auf Matten getrocknet. Erst im Juni dürfen die Erdnüsse an die indischen Händler oder die Cooperativen verkauft werden. Im Juli liegt das Erdnußfeld brach. Im September (Beginn der Regenzeit) wird es für den Anbau von Maniok vorbereitet. Nach der amtlichen Statistik wurden im Distrikt Ampanihy auf einer Anbaufläche von 4.150 ha 6.609 Tonnen Erdnüsse geerntet.

Vary (Reis). Im Mahafaly-Land gibt es nur wenige *horake* (Reisfelder). Sie liegen bei Fotadrevo, Maniry und auch am Manakaravavy-Fluß mit einer Gesamtfläche von 2.617 ha. Nach einer amtlichen Statistik wurden im Mahafaly-Land im Jahr 1970 3.890 Tonnen Reis geerntet. Damit kann die Bevölkerung im Mahafaly-Land nicht versorgt werden, deshalb wird Reis aus dem Hochland auf den Märkten verkauft.

Kida (Bananen-Musa paradisjane lin). Sie wachsen nur an Ufern von Flüssen, die das ganze Jahr über genügend Wasser führen. Im ganzen Distrikt Ampanihy gibt es schätzungsweise nur 80 ha Fläche, auf denen Bananenstauden wachsen. 1970 hat man ungefähr 153 Tonnen Bananen geerntet.

Fisike (Zuckerrohr-Saccharum officinarum lin). Die ersten Seefahrer, die 1506 an der Ostküste bei Matitanana landeten, berichteten von Zuckerrohr in Madagaskar. Im Distrikt Ampanihy werden heute ca. 60 ha Land mit Zuckerrohr bebaut. Die Ernte betrug 1970 112 Tonnen. Das Zuckerrohr wird im Mahafaly-Land auf den Märkten in Stangen oder stückweise verkauft und nur roh gegessen, während die Tanala und Betsimisaraka das Zuckerrohr kochen und den Sirup zum Süßen des Kaffees verwenden, wie ich es auf meiner Wanderung in den Betsimisarakabergen 1961 erlebt habe.

Die Vorratshaltung der Feldfrüchte

Die Mahafaly bauen *fa ela-be* (seit alters her) nur das an, was für den Nahrungsbedarf der Familie notwendig ist. Eine Vorratswirtschaft wie das Aufbewahren des Ernteüberschusses bis zur nächsten Ernte war bisher nicht möglich, weil sie keinen wirksamen Schutz gegen den Befall ihrer Körnerfrüchte durch Insekten und die Vernichtung ihrer Ernte durch Ratten kennen. Deshalb wird ein Ernteüberschuß sofort auf dem Markt oder an die indischen Händler verkauft. Die Preise sind dann sehr niedrig. So wurde z. B. 1969 ein Kilo Mais für 5 Franc von den Händlern aufgekauft und sieben Monate später zum fünf- bis sechsfachen Preis von 25 bis 30 Franc wieder an die Mahafaly-Bauern verkauft.

Die Mahafaly, die nicht darauf angewiesen sind, durch den Verkauf der Ernte zu etwas Bargeld zu kommen, ziehen es daher vor, sich lieber Tag und Nacht den Bauch vollzustopfen, wie sie mir sagten, als ihre Ernte, für die sie sich abgemüht hatten, so billig zu verkaufen.

Alle Mahafaly wissen, daß die Händler den allgemeinen Nahrungsmangel gegen Ende der Trockenzeit ausnutzen. Die Preise für Mais, Maniok und Bohnen steigen so sehr an, daß viele Mahafaly gezwungen sind, einen Teil ihrer Rinderherde zu verkaufen, um Nahrung für sich und ihre Familie beschaffen zu können. Dadurch fallen wieder die Preise für Rinder, nur wenige Mahafaly können sich aus diesem Teufelskreis befreien. Wer keine Rinder, Schafe oder Ziegen verkaufen kann, lebt in dieser Periode ausschließlich von wildwachsenden Knollen, wie den *fangitse* oder *sosa*. Gibt es noch keine *Raketa*-Früchte (Opuntia ficus indicus), so ernähren sich manche Mahafaly ausschließlich von Kaktusblättern.

Im Jahr 1970 verursachte die langanhaltende Trockenheit eine Mißernte. Die wildwachsenden Knollen, die von den hungrigen Mahafaly ausgegraben wurden, waren klein und vertrocknet. Viele Mahafaly und Antandroy hatten schließlich nichts anderes zu ihrer Ernährung als die Blätter der Kakteen, die sie im Feuer rösteten, wie ich es leider selbst erleben mußte.

Als diese Tatsache auf dem Hochland bekannt wurde und eine Aktion zur Rettung der hungernden Mahafaly und Antandroy anlaufen sollte, hielt der damalige Staatspräsident Philibert Tsiranana eine Rede im madegassischen Rundfunk. Er soll gesagt haben, daß nur der Madegasse auf dieser Insel hungern müsse, der zum Arbeiten zu faul sei. Die Bemerkung ihres Landesvaters hatte die Bevölkerung im Süden sehr erregt und muß den Bauernaufstand 1971 mitverursacht haben. Im September 1971 bekam ich von der „Mission Permanente d'Aide et de Cooperation" den Auftrag, im Mahafaly-Land eine Untersuchung durchzuführen, die Bevölkerung nach ihren Wünschen zu befragen und Vorschläge für die Durchführung rascher Hilfsmaßnahmen zu machen.

Dabei ergab sich, daß es für alle Mahafaly das Wichtigste war, in jedem Dorf einen eigenen Speicher zu haben, um die Ernte mit Insektiziden versehen einlagern zu können. Es sollte sie unabhängig von der willkürlichen Preisgestaltung durch die Händler machen. Die einzige Art der Vorratshaltung bei den Mahafaly bestand darin, in den *riha* (Speichern), die die Form kleiner viereckiger Häuser auf Pfosten von ungefähr 50 cm Höhe haben, nachts eine Katze einzuschließen, damit durch den Geruch, den sie dort hinterläßt, Ratten und Mäuse abgehalten werden.

Das Saatgut wird immer in Kalebassen aufbewahrt, die mit einem *taolak-tsako* (Maiskolben) verschlossen an einem Dachbalken über dem Herdfeuer aufgehängt werden. Hat man genügend Platz, werden die Maiskolben an einer Schnur aufgefädelt und über der Kochstelle im Haus aufbewahrt.

Kürbis- und Melonenkörner kommen ebenfalls nach dem Trocknen an der Sonne in Kalebassen und bleiben bis zur nächsten Aussaat über der Kochecke hängen.

Die Süßkartoffel bewahrt man in den *konbonbageda* auf, die aber bei den Mahafaly selten sind: Ein Loch wird am Fuße eines Baumes, der reichlich Schatten gibt, ausgehoben. In 1,50 m Tiefe lagert man die Süßkartoffeln ein und deckt sie mit Gras, Ästen und Erde zu. So kann man sie zwei bis drei Monate frisch halten. Leider aber wird dieses Versteck immer wieder von wilden Hunden und Wildschweinen aufgestöbert und der Inhalt aufgefressen. Deshalb ist diese Art von Vorratshaltung selten.

Obst und Gemüse

Manga (Mango). Die Mangobäume stehen in Flußtälern und Niederungen und tragen im Januar reiche Früchte, die bei den Mahafaly sehr beliebt sind. Für die Mahafaly ist es jedoch *fady* fruchttragende Bäume zu pflanzen. Es heißt, daß man stirbt, bevor der Baum Früchte trägt, denn nur *Andrianahary* (Gott), der Tiere und Pflanzen erschaffen hat, darf Bäume pflanzen. Alte Frauen, die den Tod vor Augen haben, gehen einen Tagesmarsch weit entfernt, in die Nähe eines Flusses, wo sie im feuchten Erdreich Mangokerne einlegen, in der Hoffnung, daß die Kerne keimen und zu Bäumen heranwachsen. Sie dürfen aber nie wieder an diese Stelle zurückkehren, denn „sie müssen es Gott überlassen, die Mangobäume wachsen zu lassen", sagten sie mir zur Erklärung.

Die madegassische Regierung hat 1966 viele kleine, ca. 25 cm hohe Orangen- und Zitronenbäumchen verschenkt, damit in den einzelnen Mahafaly-Dörfern Orangen- und Zitronenbäume angepflanzt werden. Nur wenige Mahafaly haben es gewagt, die Bäumchen einzusetzen und sie regelmäßig zu begießen, was in diesem Land mit dem niedrigen Grundwasserspiegel eine Notwendigkeit für das Gedeihen von Obstbäumen ist. So gab es zu meiner Abreise aus dem Mahafaly-Land nur wenige Orangenbäume, obwohl die Früchte sehr begehrt sind und auf den Märkten in großen Mengen von den Mahafaly gekauft werden. In den Gärten, die in der Nähe von Marktorten liegen, pflanzen viele Mahafaly-Frauen und -Männer Tomaten, Blattsalat und Zwiebeln an, um sie als Frischgemüse auf dem Markt zu verkaufen. Die Tomaten, *tomates* genannt, sind den Mahafaly erst in jüngerer Zeit bekannt geworden, Zwiebeln *tongolo* (Allium sativum lin) gibt es schon seit Jahrhunderten. *Brede mafana* ist eine einheimische Gewürzpflanze für das madegassische Nationalgericht Romasava, das die Merina vom Hochland in das Mahafaly-Land brachten.

Genußmittel

Lobaka (Tabak) haben die Mahafaly vor der Verstaatlichung des Tabakanbaus in kleinen Gärten für den Eigenbedarf kultiviert. Im Februar wurde in *reaky* (kleinen Beeten) der Tabaksamen ausgesät und später in größere Beete versetzt. Nach 5–6 Monaten, ungefähr im August, hat man die Tabakblätter geerntet, in einen Korb gelegt und drei bis vier Tage im Schatten trocknen lassen. Die Blätter drehte man zu einer *tali dobake* (Schnur), damit der Tabak luftig und im Schatten der Hütte aufbewahrt werden konnte. Das Tabakrauchen war für viele Mahafaly-Gruppen noch vor hundert Jahren verboten. Nur die Mahafalykönige, so wurde mir berichtet, haben viel Pfeife geraucht. Älteren Frauen war das Tabakkauen erlaubt. Das Gastgeschenk für die Schwiegermutter war eine *tali-dobake* (Schnur voll Tabak). Die Mahafaly haben für den Kautabak die Blätter im Mörser zerstoßen und mit Holzasche vermischt. Heute wird Kautabak ebenso wie Zigaretten und Pfeifentabak nur in der staatlichen Tabakfabrik *(Paraky tsilefy)* hergestellt. Heute darf kein Tabak mehr von den Mahafaly kultiviert werden. Der Tabak für die staatliche Tabakindustrie wird als Virginiatabak in den großen Plantagen des Westens angebaut.

Das Tabakkauen ist heute in ganz Madagaskar, besonders bei der älteren Generation verbreitet. Viele Mahafaly-Frauen sind sehr abhängig vom Kautabak. Er ist für sie wichtiger als die tägliche Nahrung. Als es kurz nach dem Bauernaufstand im April 1971 nicht nur keine Lebensmittel, sondern auch keinen *Paraky* (Kautabak) gab, sind viele Männer 50 Kilometer gegangen, nur um für ihre Frauen Kautabak zu überhöhten Preisen zu besorgen. Die Frauen sagten damals zu mir, daß sie das Leben nicht mehr freue und arbeiten könnten sie auch nicht mehr, weil sie keinen *Paraky* (Kautabak) hätten. Ich war auf die Knappheit nicht vorbereitet und hatte nur wenig Kautabak zum Verteilen. Die Frauen, die ich als ruhige und würdevolle Dorfbewohner kannte, die normalerweise nur zögernd das von mir angebotene Päckchen Kautabak an sich nahmen, drängten sich nun an mich und rissen mir die Päckchen wie Süchtige aus der Hand.

Rahibo (Betelpfeffer-Casuarina equisetifolia) soll früher sehr weit verbreitet gewesen sein. Er hat heute keine Bedeutung mehr.

Rongony (Haschisch) war im Süden Madagaskars bereits in früheren Jahrhundert bekannt. Die Könige, so wurde mir erzählt, haben ihren Kriegern *rongony* gegeben, damit sie angriffslustig wurden. Noch Robert Drury[17] erwähnt in seinen Erzählungen *rongony*, der auch *jamala* oder *shamala* genannt wurde. Heute wird der Genuß von *rongony* mit Gefängnis bestraft. Nach den Aussagen soll im Geheimen die Pflanze noch angebaut werden und das Haschischrauchen unter jungen Männern verbreitet sein. Viele von ihnen behaupten, daß es ihnen das Hungergefühl nähme und „solange sie nicht das ganze Jahr genügend zu essen hätten, könnte man ihnen *rongony* nicht verbieten".

Kinanga (Ricinuspflanze-Ricinus communis lin). Ihre Bedeutung als eines der wichtigsten Heilmittel in der Volksheilkunde der Mahafaly ist heute zurückgegangen, seit man in den Medikamentendepots alle Medikamente kaufen kann. Nur noch vereinzelt wachsen Ricinuspflanzen, die früher in großen Mengen angebaut wurden. Die Früchte werden nach dem Trocknen in der Sonne auf einer Matte so lange mit einem Holz geschlagen, bis die Kerne herausfallen. Die Kerne werden zerstampft, in einer Pfanne geröstet und in Wasser das Öl herausgekocht. Das Öl, *solike kinanga* wird abgeschöpft, in Flaschen gefüllt und auf dem Markt für 50 Franc verkauft. Heute verwendet man nur noch Ricinusöl, wenn ein Kleinkind Verdauungsschwierigkeiten hat: Mit dem in Ricinusöl eingetauchten Zeigefinger betupft man den Gaumen des Kleinkindes. Wenn das Kind an Husten erkrankt ist, wird mit der am Feuer erwärmten Hand das Öl auf der Brust des Kindes in die Haut eingerieben.

Der Kalender

Der alte madegassische Kalender, dessen Monatsnamen auf Grund von sprachwissenschaftlichen Vergleichen nach R. P. Thomas[47] und R. P. Razafintsalama[36] aus dem Sanskrit, Bengali und Hindi stammen sollen, muß früher allen Bevölkerungsgruppen der Insel bekannt gewesen sein, denn einzelne Monatsnamen dieses alten Kalenders kommen heute noch mit geringen dialektischen Unterschieden bei allen madegassischen Gruppen vor, wie ich aus eigener Erfahrung weiß.

Ich habe aufgrund der Untersuchungen, die Dubois[18] bei den Betsileo und Linton[30] bei den Tanala durchgeführt hat, schon bei meinen ersten Feldforschungsaufenthalten im Mahafaly-Land Nachforschungen über den von den Mahafaly benutzten Kalender angestellt. Aber auch ich konnte ebenso wenig präzise Angaben bekommen wie Dubois, Linton und selbst Decary[14], der lange Zeit bei den Antandroy gelebt hat, die den Mahafaly benachbart sind.

Wahrscheinlich haben früher alle Madegassen die einzelnen Monate nach den Mondphasen eingeteilt und die dadurch entstehende jährliche Verschiebung einfach nicht zur Kenntnis genommen, denn in jedem Jahr findet der Wechsel der Jahreszeiten im gleichen Mondmonat statt. Decary hat bei den Antandroy außer den Monatsnamen nur in Erfahrung bringen können, daß das Jahr *(taona)* aus zwölf Monaten *(volana)* zu je 28 Tagen *(andro)* bestünde. Da aber jedes Jahr ein Mondmonat eingeschoben werden müßte, der im Kalender der Antandroy nicht erscheint, meinte Decary: „Ceci explique les hesitations sans fin que montrent les Antandroy lorsqu'on les interroge sur leur calendrier et qu'on veut obtenir des precisions"[36]. Auch die Mahafaly auf dem Lande, mit denen ich gesprochen habe, bezeichneten die einzelnen Jahreszeiten mit *Lohatao, Asara, Asotry, Faosa, Ambivola, Volanariandaty*. Sie konnten aber nicht genau sagen, zu welchem Zeitpunkt diese Jahreszeiten eintreten und wie lange sie dauern.

Ich habe in den vier Jahren meines letzten Aufenthaltes jeden Tag meine Informanten nach dem jeweiligen Mondmonat und der Jahreszeit gefragt und kam zu folgendem Ergebnis:

Mit *Lohatao* beginnt im Mahafaly-Land die Regenzeit. *Lohatao* (Haupt des Jahres) umfaßt *volanariandaty* und *volanisa*. *Volanariandaty* könnte heißen, der Monat, dessen sich die Menschen entledigen, *volanisa* konnte nicht übersetzt bzw. erklärt werden. *Asara* bedeutet viel Wärme und Regen. Das Wort könnte dem madegassischen Kalender entnommen sein, der auf der ganzen Insel bekannt war. Die Betsileo haben dieses Wort noch im *Asaramanara* und *Asaramafana*, die Antandroy in *Asaramanta* und *Asaramanintsy*.

Asotry beginnt im Mahafaly-Land mit der ersten großen Kälte, die im April oder Mai eintritt. Im Jahr 1971 begann für die Mahafaly diese Jahreszeit bereits am 2. März, als das Thermometer 18 Grad am Morgen zeigte. *Asotry* bedeutet auch Herbst und Erntezeit. *Asotry* muß ebenso wie *Faosa* dem alten madegassischen Kalender entnommen sein, weil sie auch bei den Betsileo und Tanala vorkommen. *Faosa* heißt bei den Mahafaly, daß die kalte Jahreszeit nun vorbei ist, die Tage wärmer werden und die ersten Regen auftreten können.

Die Jahreszeiten wären demnach auf die einzelnen Monate folgendermaßen verteilt:

Dezember	*volanariandaty*	Lohatao
Januar	*volanisa*	
Februar		
März		*Asara*
Anfang April		
April oder Mai		

Juni Juli		*Asotry*
Ende Juli bis Anfang August		*Asotry mafana* *(mafana = warm)*
August September Oktober		*Faosa*
Oktober November		*Faosa maike mafana* oder *Ambivola*
Dezember	*volanariandaty*	*Lohatao*

Die Mahafaly teilen ebenso wie viele andere madegassische Gruppen das Jahr in Mondmonate ein. Die Mondmonate sind für sie wichtig, um die Dauer einer Schwangerschaft vorauszubestimmen. Jede Frau weiß nach dem Stand des Mondes, wann ihre Menstruation eintritt und daß nach zehnmaligem Ausbleiben der Menstruation die Entbindung bevorsteht, sofern eine echte Schwangerschaft besteht. Die Mahafaly kennen den Kalender, der von den Arabern nach Madagaskar gebracht wurde, nicht. Für sie ist der arabische Kalender der Kalender der „Wahrsager" und „Medizinmänner". Für alle Mahafaly besteht das Jahr aus zwölf Mondmonaten *(volana)*; jeder Mondmonat weist für sie 28 bzw. 29 Tage *(andro)* auf. Niemand von den vielen Männern und Frauen, die ich befragt habe, konnte mir jedoch erklären, warum diese einzelnen Mondmonate fast jedes Jahr auf den gleichen Monat des Gregorianischen Kalenders fallen, der allen Mahafaly bekannt ist und wenn ich ihnen vorrechnete, daß es einen Einschub von einer Anzahl von Tagen geben müßte, wußten sie keine Antwort. Sie meinten nur, dies sei immer so gewesen und sie wüßten nach dem Mond und nach der Natur, in welchem Mondmonat sie sich befinden. Ich habe daher mit einigen verläßlichen Männern und Frauen drei Jahre lang Tag für Tag die jeweiligen Mondmonate notiert:

Für die Mahafaly beginnt das Jahr mit dem *Volanariandaty*, ungefähr Dezember, wenn sie die Mondmonate aufzählen:

Volanariandaty
volanisa	(der 1. Monat)
volanfaharoe	(der 2. Monat nach dem 1. Monat)
volanbahatelo	(der 3. Monat nach dem 1. Monat)
volanbahaefatre	(der 4. Monat nach dem 1. Monat)
volanbahalime	(der 5. Monat nach dem 1. Monat)
volanbahaenine	(der 6. Monat nach dem 1. Monat)
volanbahafito	(der 7. Monat nach dem 1. Monat)
volanbahavalo	(der 8. Monat nach dem 1. Monat)

volanbahasive (der 9. Monat nach dem 1. Monat)
volanbahafolo (der 10. Monat nach dem 1. Monat)
ambivola („das was darüber hinausgeht, der Monat, der über die genannten Monate hinausgeht")

Volanariandaty ist zwischen dem alten und dem neuen Jahr.

	1969	1970	1971
Volanariandaty		(11.12.)–07.01.	(30.12.)–26.01.
volanisa	20.01.–16.02.	07.01.–06.02.	28.01.–25.02.
volanfaharoe	18.02.–18.03.	08.02.–07.03.	27.02.–26.03.
volanbahatelo	20.03.–16.04.	09.03.–06.04.	28.03.–25.04.
volanbahaefatre	18.04.–16.05.	08.04.–05.05.	27.04.–24.05.
volanbahalime	18.05.–15.06.	07.05.–04.06.	26.05.–22.06.
volanbahaenine	17.06.–14.07.	06.06.–03.07.	24.06.–22.07.
volanbahafito	16.07.–13.08.	05.07.–02.08.	24.07.–20.08.
volanbahavolo	15.08.–11.09.	04.08.–31.08.	23.08.–19.09.
volanbahasive	13.09.–11.10.	02.09.–30.09.	21.09.–19.10.
volanbahafolo	13.10.–10.11.	02.10.–30.10.	21.10.–20.11.
ambivola	12.11.–09.12.	01.11.–28.11.	22.11.–17.12.
volanariandaty	11.12.–(07.01.)	30.11.–28.12.	19.12.–(05.01.) (72)

Der Tag, an dem der Mond, *volana*, nicht sichtbar ist, wird nicht mitgezählt. Erst zwei Tage später, wenn die Mondsichel wieder zu sehen ist, beginnt der neue Mondmonat. Im August 1971 endete der Mondmonat *volanbahafito* am 20.08., so wurde mir gesagt, der neue Mondmonat begann jedoch erst am 23.08.; die beiden Tage dazwischen wurden nicht gezählt, denn „*roe andro mipeake*", zwei Tage braucht der Mond, um eine Sichel zu bilden.

Ein neues Jahr beginnt für die Mahafaly, die fast alle noch in der Landwirtschaft arbeiten und selbst ein Feld bestellen, mit dem ersten Regenfall nach der Trockenzeit. Sie nennen diesen Regen *orana manefe ty tao* (der Regen, der das Jahr schmiedet), er ist aber nicht das Zeichen für den Beginn der Regenzeit, sondern das Ende von *Asotry* (der kühlen Trockenzeit).

Nach einer anderen Zählung beginnt das Jahr mit dem Monat *volanisa*, was 1. Monat bedeutet. Er fällt ungefähr mit dem Januar zusammen.

Obwohl die Mahafaly den arabischen Kalender nicht kennen und ihn als den „Kalender der Wahrsager und Medizinmänner" bezeichnen, beginnen sie mit der Zählung der Mondmonate im Januar: *volanisa* = 1. Monat bis zum *volanbahafolo* = 10. Monat, dem sich *Ambivola*, der Monat, der über die zehn hinausgeht, anschließt. Zwischen diesem, dem eigentlich elften Monat und dem ersten Monat eines neuen Jahres liegt eine Zeit, die als *Volanariandaty* bezeichnet wird, aber allen Mahafaly nicht als ein Monat gilt. Der Kalender bei den Mahafaly müßte deshalb noch eingehender untersucht werden. Ich habe im Jahr 1970 und 1971 die genauen Aussagen meiner Gewährsleute zum Thema Jahresablauf protokolliert und möchte sie kurz zusammengefaßt hier wiedergeben:

Mit dem ersten Regen am 11. September 1970 begann im Mahafaly-Land ein neues Jahr. Es war drei Uhr nachmittags als der Regen kam, der „das Jahr geschmiedet" hat, *Manefe tao*. Noch ist der Monat *volanbahasive*, der neunte Monat, nicht zu Ende. In diesem Jahr dauerte er vom 02.09. bis 30.09. Mit dem ersten Regen war aber die kühle Trockenzeit *(Asotry)* vorbei. Die warme Trockenzeit *(Faosa)* hat angefangen. Alle Tiere kriechen aus der Erde, *miakatse iaby ty biby*, die im *Asotry* geschlafen haben, die Igel, *sora, tandrek*, und die Schlangen, *batsy*. Die Schildkröten paaren sich, die Blätter der Lamotybäume beginnen hellgrün zu sprießen, dann entfalten sich auch die zartroten Blattspitzen der Tamarindenbäume. Die Zebukälber werden geboren. Der madegassische Kuckuck, *Tataokafa*, beginnt zu rufen. Die Kinder machen sich ein Spiel daraus zu fragen: „Kuckuck, wann kommt der Regen?" *(Tataokafa, avy ti orana?)* Wenn der Kuckuck darauf antwortet, ist der Regen nahe. Nach dem ersten Regenfall, (der 1970 am 11. September kam), darf noch nicht gepflanzt werden. Erst wenn sich im Norden zahlreiche Regenwolken bilden *(mampoatse rahu)*, ist der „große Regen" in Aussicht. Fast immer ist es im Monat *volambahafolo* (02.10.–30.10.70), wenn die ersten großen Regenfälle *(orandahatse)* im Mahafaly-Land einsetzen. Im Jahre 1970 fiel dieser „große Regen" am 16. Oktober und am nächsten Morgen wurden überall im Lande, wo es geregnet hatte, Bohnen und Mais ausgesät. In Jahren, in denen der Regen ausblieb und der erste Regen erst im Januar kam, gab es regelmäßig Hungersnöte. Nach dem „großen Regen" wächst auch das Gras. Die Zeburinder, Ziegen und Schafe haben genügend Grünfutter. Im Monat *Ambivola* (01.11.–28.11.70) gab es damals keine weiteren Regenfälle mehr. In der Periode *Ambivola* ist es um die Mittagszeit besonders heiß *(may ny andro)*, nun ist es für die Mahafaly *Lahatao* geworden. Aber erst am Ende des Monats *Volanariandaty* (30.11.–28.12.70) kam die Jahreswende *(mivalike ty tao)*. Im Jahr 1970 waren Menschen und Tiere *mbui mate kere* (noch sterbenshungrig). (Ein Jahr später gab es bereits am 19. Dezember zahlreiche Niederschläge.) Für die Menschen gab es 1970 keine Nahrung, *tsimisy hane an daty*, und für die Rinder kein Futter, *tsimisy ahetse anombe*. Im darauffolgenden Monat *volanisa* (30.12.–26.01.71) bilden normalerweise die Melonen und Kürbisse kleine Früchte aus, wenn es im vergangenen Monat genügend geregnet hat. Ende Januar 1971 war endlich der lang ersehnte Regen gekommen. Die Mahafaly sagten: „Die Erde ist satt vom Regen und auch die Menschen und Tiere sind satt, denn alles ist reif geworden, *voky rano ty tane, voky ty n'daty, voky ty biby, fa masake iaby ty hane*. Der nächste Monat *volanfaharoe* dauerte 1971 vom 27.02. bis 26.03. Mit dem Monat *volanvaharoe* (volanfaharoe = 2. Monat) begann die Erntezeit *Asara*.

Noch war es während des Tages sehr heiß, *mbui may ny andro*. Im Monat *volambahatelo* (28.03.–25.04.) wird normalerweise der Mais und die Hirse geerntet. Es kann noch kurze Regenfälle geben. Mit dem ersten „Kälteeinbruch" *(avy tsintsine)* kommt die Zeit *Asotry*. Für die Mahafaly begann 1971 *Asotry* bereits am 2. März, als das Thermometer 18 Grad zeigte, was aber sehr ungewöhnlich ist, denn die Kälte kommt sonst erst im Mai. Im Monat *volambahaefatse* (27.04.–24.05.) wurde „die Sonne schwach" *(malemy ty masoandro)* und Schlangen und Igel verkrochen sich wieder in die Erde.

Volambahalime (auch *dimi-paka-vola* genannt, vom 26.05.–22.06.) ist der Monat der großen Kälte. Der kalte Südwind *(tioke atimo)* läßt die Temperatur nachts in den Dörfern auf 5 Grad absinken. 1971 bildete sich viel *hibuke* (starker Nebel), der sich erst gegen 13 Uhr nachmittags lichtete. Die Sonne ließ die Temperatur dann auf 20 Grad mittags ansteigen. Manchmal gab es tagelang feinen Nieselregen *(erekereke-orana)*. Dieser tagelange Regen ist gefährlich für die Kälber und jungen Ziegen. Deshalb werden sie in solchen Zeiten in Hütten untergebracht, wo ein Holzfeuer brennt, nachdem das Fell mit trockenen Grasbüscheln abgerieben wurde.

Auch der nächste Monat *volambahaenine* (24.06.–22.07.) war noch kalt *(mbui manintsintsintsine)*. Mittags erwärmte die Sonne das Land *(Atoandro manao mafana ty masoandro ty tane)*

In diesem Monat blühte im ganzen Land die Aloe *(Aloe vahombe)*. Der nächste Monat *volambahafito* (24.07.–20.08.) gilt als Monat der *Fady*. In diesem Monat dürfen keine Reisen gemacht werden. Man darf am Opferpfahl nicht opfern, keine Toten bestatten und keine Beschneidungen durchführen. Früher durfte man sich auch in diesem Monat nicht waschen oder Frisuren legen. Heute noch darf den ganzen Monat lang keine Asche aus dem Haus getragen und keine schmutzige Wäsche gewaschen werden. Auch die Wohnhäuser und Dorfplätze darf man nicht mit dem Besen kehren. Die Mahafaly wissen aber nicht, warum all diese Verrichtungen in diesem Monat verboten sind. Nur auf den Feldern darf *tainava* (Unkraut) entfernt und verbrannt werden.

Mit dem ersten Regenfall beginnt für die Mahafaly dann wieder ein „Neues Jahr".

Jagd und Fischfang

Aus den Erzählungen der Mahafaly weiß man, daß noch vor zweihundert Jahren zahlreiche Herden von Wildrindern in den damals noch dichten Wäldern des Mahafaly-Landes gelebt haben müssen. Diese Wildrinder waren willkommene Jagdbeute. Die Jäger haben, so wurde mir berichtet, ihre Kleidung abgelegt und den ganzen Körper mit Schlamm eingerieben, damit die Rinder den *fofondaty* (Menschengeruch) nicht wittern konnten. Dann schlichen sich die Jäger, nur mit einem kurzen Speer bewaffnet, nachts an die Herde heran. Sie streiften mit einer Hand an den langen Gräsern, um das Geräusch des Fressens und Grasabraufens nachzuahmen. Waren sie einem Rind nahe genug, stießen sie rasch den Speer dem Tier in die Flanke und versteckten sich im Gras, bis sich die Herde nach dem Brüllen des verletzten Rindes beruhigt hatte und weiterzog, denn die Rinder durften nicht verscheucht werden und sollten glauben, das brüllende Rind sei von einem anderen mit dem Horn gestoßen worden. Erst nach Tagesanbruch suchte man nach den durch Blutverlust geschwächten Rindern, die sich von der Herde entfernt in den Schatten von Bäumen gelegt hatten. Bei den Mahafaly gibt es heute nur noch vereinzelt verwilderte Zebus. Die Jagd auf Wildschweine war früher ein beliebter Sport der jungen Männer, die der königlichen Familie angehörten. Man erzählt, daß bei einer Wildschweinjagd vor mehreren hundert Jahren bei zwei Brüdern aus der Familie der Maroseranana-Könige ein heftiger Streit ausbrach und zur Folge hatte, daß der Genuß von Wildschweinfleisch als *fady* erklärt wurde. Es gibt einige Mahafaly, die mit abgerichteten Hunden am Tage die Wildschweine aus ihrem Versteck aufstöbern und sie von den Hunden so lange hetzen lassen, bis sie, erschöpft, durch einen Speerwurf getötet werden können.

Andere Tiere, wie z. B. die Halbaffen *(Maki* und *Sifaka)*, die sowohl von den Vazimba im Westen als auch von den Betsimisaraka im Osten noch mit dem *tsambansotse* (Blasrohr) getötet werden, stehen bei den Mahafaly unter dem Schutz des *fady*. Diese Tiere dürfen weder getötet noch verzehrt und auch nicht beunruhigt werden. Wie die Halbaffen, so sind auch Landschildkröten, Schlangen und viele Vogelarten durch *fady* geschützt. Wildtauben *(tsikoloto)* sind ebenfalls geschützt, weil einst eine Wildtaube durch ihr Gurren das Leben einer Mahafaly-Prinzessin gerettet haben soll. Für die Zafindravoay (wörtlich: Enkel, die von einem Krokodil abstammen) sind auch die Krokodile *fady*, weil sich ihre Ahnherrin mit einem Krokodil verheiratet haben soll. Ihre Nachkommen dürfen die Krokodile nicht töten und auch keinen Fluß durchqueren, in dem Krokodile leben.

Außer den Tieren, die durch Speise- und Jagdverbote geschützt sind, gibt es auch solche, die man nur für ungenießbar hält, wie den Regenvogel, die Krähe, den Geier und die Schlangen. Auf Krähen und Geier schießt man mit Blasrohr und Steinschleuder, Schlangen erschlägt man mit einem Stock, wenn sie in der Nähe eines Hühnerstalles zu sehen sind.

Rituelle Vorbereitungen zur Jagd gab es nicht. Man hat auch niemals eine Jagdbeute zum Opfer dargebracht. Heute schießen nur noch die Hirten mit dem Blasrohr oder der Steinschleuder auf Wachteln, Rebhühner und Perlhühner.

Der *Trandrek* (Igel) steht unter Naturschutz; für die Mahafaly ist er aber ein begehrter Leckerbissen und für einige, die kein großes Einkommen haben, ist die Igeljagd eine wichtige Verdienstquelle. Mit dem Grabstock gräbt man die Gänge und den Bau auf und holt den Igel aus der Erde. Das Tier wird auf einem Stock aufgespießt und über dem Holzfeuer gegrillt und entweder gleich gegessen oder auf dem Markt verkauft.

Für den Vogelfang verwendet man Schlingen: Einige Reis- oder Hirsekörner werden auf den Latex einer Euphorbienart gelegt; oder Lockvögel: Ein junges Perlhuhn wird aus dem Nest genommen und mit einem Faden an einem Bein im Unterholz festgebunden. Darüber spannt man kreuz und quer Bindfäden. Die Rufe des jungen Perlhuhnes locken die erwachsenen Perlhühner an, die sich in den Fäden verfangen.

Früher als es noch zahlreiche Krokodile in den Flüssen Manakaralahy, Manakaravavy, Menarandra, Linta und Onilahy gab, hat man die Krokodile mit einer Art Angel gefangen: zwei zugespitzte Holzspieße von ca. 10 cm Länge wurden in ein Stück Fleisch gesteckt und mit einer langen Schnur verbunden. Das Krokodil schluckte diesen Köder und konnte ohne Schwierigkeiten mit den quergestellten Hölzern im Magen an der Schnur ans Ufer gezogen und mit dem Speer getötet werden. Diese Jagdmethode wurde mir von den Mahafaly beschrieben. Ich habe sie selbst nicht gesehen.

Die verwilderten Hunde, die den reifenden Mais und die Erdnüsse auf den Feldern fressen, fing man früher mit einer Art Schwippgalgenfalle. Heute legt man vergiftete Köder aus.

Auch der Fischfang hat heute für die Mahafaly keine Bedeutung mehr, weil die lange Trockenzeit keinen großen Fischbestand in den Flüssen und Wassertümpeln zuläßt. Noch vor wenigen Jahrzehnten haben die Flüsse im Mahafaly-Land das ganze Jahr über Wasser geführt und man fing die Fische mit Hilfe eines Fischgiftes, *rompamata*, die Milch des Famatabaumes, das die Fische betäubte, für den Menschen aber unschädlich war.

Heute gibt es keine einheimischen Fische mehr. In Staubecken und Tümpeln wurden Tilapiafische ausgesetzt, die von Kindern mit der Angelschnur gefangen werden. Der Meeresfischfang, den die Vezo an der Küste des Mahafaly-Landes betreiben, hat für die Ernährung der Mahafaly eine große Bedeutung, weil die Vezo ihnen Fische im Tausch gegen Feldfrüchte liefern. Die Mahafaly fischen selbst nicht im Meer, denn die Vezo sind für sie die „Herren des Meeres" *(tompon-andriaka)*.

Hatsa (Sammeln von wild wachsenden Früchten)

Alle Bäume und Sträucher, die nicht von Menschen gepflanzt wurden, gelten bei den Mahafaly als Gottes Eigentum und können von jedem Mahafaly abgeerntet werden. Dazu gehören die Früchte folgender Bäume:

Lamoty, Rutra, Sabira, Tsinefe, Pitepiteke, Papako, Pake und Sakoa. Diese Wildfrüchte sind meist sehr klein, höchstens 1 cm im Durchmesser. Sie reifen fast alle im Januar und Februar und werden von Frauen und Kindern gepflückt und in kleinen Körben auf dem Markt verkauft. Die Früchte der Lungeze- und Sasavybäume (3–4 m hoch) kochen die Mahafaly zu *takule*, einer Art Marmelade ein, die sie in Flaschen auf dem Markt verkaufen.

Viele Mahafaly, besonders die Kinder, betrachten auch die Früchte der Orangen- und Mangobäume als „Wildfrüchte" *(hatsa)*, die jedem gehören, der sie pflückt. Deshalb ist es für den Besitzer von Orangen- und Mangobäumen fast unmöglich, diese Bäume allein abzuernten.

Unter *hatsa* verstehen die Mahafaly auch die Früchte der Kakteen, von denen es fünf verschiedene Sorten gibt: *Raketambazaha* (Opuntia ficus indicus), *raketagasy, raketanosy, raketasoso, raketamadamo, raketasongo.*

Seit der Zerstörung der verschiedenen Raketa-Arten durch die Cochenillelaus in den zwanziger Jahren, gibt es nur die Früchte der Opuntia ficus indicus in großen Mengen, sie reifen im Januar und Februar. Auch wenn sie gepflanzt werden, gelten sie als Wildgewächse. Doch muß der Besitzer um Erlaubnis gefragt werden, wenn jemand sie in größeren Mengen pflücken möchte, um sie auf dem Markt zu verkaufen.

Als *hatsa* gelten auch die wildwachsenden Blattgemüse: Gaboretale, andramame, anganbatike, angamamy, ravambalahazo (Maniokblätter), tadrakitse, filofilo, tsabihy. Man kocht sie entweder in Wasser und gießt diese Brühe über den Reis oder sie werden zerhackt in wenig Wasser als Gemüse gekocht. Auch *sonjo*, der wildwachsende Yams, den es früher in großen Mengen in den Wäldern gab und der vor hundert Jahren noch die wichtigste Speise für die Mahafaly war, gilt als *hatsa*.

Alle anderen *voatany* (Erdfrüchte) werden jedoch nur in der Trockenzeit geerntet. Die *fangitse* mit kohlrabiähnlichem Geschmack kann man roh essen, alle übrigen Knollen und Wurzeln schmecken nur, wenn sie in glühender Asche geröstet werden. Zu den wildwachsenden Knollen und Wurzeln zählt man: Fio, moka, sosa, antsike, fandra, fangidambo, ovy, angile, babu, ba, velae.

Für die Mahafaly galt früher auch der Tau, *ando*, als *hatsa*. Vor Sonnenaufgang streifte man den Tau von den langen Gräsern und fing ihn in einer Kalebasse auf.

Viehhaltung und Haustiere

Das *Zeburind*. Für die Mahafaly ist es heute das wertvollste und wichtigste Haustier. Eine eigene Herde bedeutet wirtschaftliche Sicherheit und soziales Prestige. Wer weniger als zehn Rinder hat, gilt bei den Mahafaly als arm; wer keine Rinder hat, steht auf der Stufe der *Mpangatake* (Bettler), weil er in Notzeiten darauf angewiesen ist, seine Nahrung *mangatake* (zu erbitten).

Die zahlreichen Herden von Zeburindern, Ziegen und Schafen, für die nicht mehr genug Weideland vorhanden ist, haben zur weitverbreiteten Ansicht geführt, daß die Mahafaly Hirtennomaden seien, die von Weideplatz zu Weideplatz ziehen und daß für sie die Rinderhaltung von größerer Wichtigkeit sei als der Anbau von Feldfrüchten. Diese Ansicht ist ebenso falsch wie die Meinung, daß die Rinder nur gehalten werden, um sie beim Tode des Besitzers als Opfertiere zu schlachten, wie man immer wieder lesen kann. Viele Mahafaly erzählten mir, daß ihre Ahnen keine Rinder gehabt hätten. Sie hätten sich von dem ernährt, was sie auf ihren Feldern das ganze Jahr über anpflanzen konnten. Das Land sei vor wenigen Jahrzehnten noch viel fruchtbarer gewesen als heute. In den Wäldern hätte man auch das ganze Jahr über den wildwachsenden Yams *(sonjo)* und andere Erdknollen gefunden.

Erst die *Vazaha*, die Fremden, sollen die heutigen *omby* (Bos sanga) ins Land gebracht haben. Ob es sich bei diesen Fremden um die Maroseranana handelt, die im 16. Jahrhundert von Südosten (Fort Dauphin) kommend, den Süden und damit auch das Mahafaly-Land unter ihre Herrschaft *(mahampanjaka)* brachten, läßt sich nicht mehr genau feststellen.

Alle Gewährsleute erzählten mir, daß die Maroseranana keine Rinder besaßen. Sie haben sich nicht nur die fruchtbaren Täler der großen Flüsse Menarandra, Linta und Onilahy und später auch das Tal des Sakatovo angeeignet, sie betrachteten sich als Eigentümer des Bodens, der Tierwelt und der in den Dörfern lebenden Menschen und ließen sich von ihnen die Felder bestellen. Die Mitglieder der Königsfamilie konnten sich alles aneignen, was ihnen gefiel, deshalb war es einem *vohitse* (Bauern) nicht möglich, Rinder zu haben, wenn er nicht der königlichen Familie angehörte. So sollen auch erst die Könige die Sitte eingeführt haben, an einem *hazomanga* (Opferpfahl) ein Zeburind zu opfern. Diese Zeremonie mußte von einem *mpisoro* Opferpriester), der immer ein naher Verwandter des regierenden *mpanjake* (Königs) war, durchgeführt werden. Das Zeburind wurde zum Opfertier. Statt des einfachen Tauschhandels wurde nun der Zebuochse auch zum Zahlungsmittel. Einige wenige Mahafaly, die der Königsfamilie wertvolle Dienste leisteten, durften sich eine eigene Herde halten und wurden zu *mpangarivo* (Reichen), ohne *andriana* (Adelige) zu sein.

Nach der Entmachtung des letzten regierenden Mahafaly-Königs Tsiampondry im Jahre 1905 wurde jedem Mahafaly das Recht zugestanden, Rinder zu besitzen. Viele Mahafaly arbeiteten in der Folgezeit als Plantagenarbeiter im Norden und Westen des Landes, um sich eine Herde anschaffen zu können. Die französische Kolonialverwaltung hat im ganzen Land

Veterinärstationen eingerichtet und die Aufzucht von Rindern sehr gefördert. Familien, die gute Weidegründe besaßen und keine großen Ausfälle durch Krankheiten hatten, konnten in wenigen Jahren ihre Herden verzehnfachen.

Für jedes Rind mußte aber eine Steuer entrichtet werden. Deshalb versuchten die Mahafaly, die eine größere Rinderherde hatten, höchstens die Hälfte ihres Rinderbestandes zu deklarieren, so daß keine genauen Zahlen zu ermitteln waren. Da dies aber auch der Verwaltung bekannt war, wurde der von den Mahafaly den Behörden gegenüber deklarierte Rinderbestand um eine geschätzte Anzahl der nicht angegebenen Rinder erhöht. Nach der amtlichen Statistik in der Unterpräfektur von Ampanihy bei einer Einwohnerzahl von 71.057 ergab sich in den Jahren von 1968 bis 1972 folgender Rinderbestand:

1968	116.680	
1969	121.446	
1970	111.551	(nach Dürre und Rinderpest)
1971	105.111	
1972	89.064	(Rückgang der Stückzahl nach dem Bauernaufstand von 1971 und 1972)

Bis zum Jahr 1972 mußte für jedes der Verwaltung angegebene Rind Steuer bezahlt werden, auch wenn es in der Zwischenzeit infolge Mißernte, Todesfall in der Familie oder Rinderpest nicht mehr existierte.

Nicht nur aus steuerlichen Gründen war der genaue Rinderbestand nicht zu erfragen. Für die Mahafaly ist es *fady* sich nach der Anzahl der Rinder in einer Herde zu erkundigen, denn: hat einer nur wenige Rinder, schämt er sich die Zahl anzugeben, hat einer viele, schämt er sich damit zu prahlen. Wird ein Mahafaly von einem Fremden, der die Sitte des Landes nicht kennt, nach seiner Rinderherde gefragt, so antwortet er: „*tsiampy-r-aho*" (ich habe nicht genug).

Von der königlichen Familie, die im fruchtbaren Menarandratal lebt, sagte man, daß sie mehr als 5000 Rinder besäße. Hat jemand 100 Stück, so gilt er als *mpangarivo* (reich), hat er mehr als 100 Stück, ist er *tampetsa kairie* (sehr reich). Ich habe nie gewagt, die in den Augen der Mahafaly so indiskrete Frage nach der Zahl der Rinder zu stellen. Ich kenne aber die Lebensverhältnisse vieler Mahafaly-Familien und weiß daher, daß es viele Familien gibt, die nicht ein einziges Rind besitzen. Sie müssen ausschließlich von dem leben, was ihnen die Felder an Ernteerträgnissen liefern. Die meisten Großfamilien in entlegenen Dörfern haben zwischen 25 und 50 Stück, die von den jüngeren Familienmitgliedern gehütet werden. Kleine Jungen und Mädchen bekommen von Eltern und Verwandten Rinder zum Geschenk, die aber in der Herde der Großfamilie bleiben. Heiratet ein Mädchen, so nimmt sie ihre Herde nicht mit in das Dorf ihres Ehemannes, sondern läßt sie in der Herde ihres Vaters oder älteren Bruders. Damit soll verhindert werden, daß im Fall einer Trennung oder Scheidung der Ehemann Schwierigkeiten bei der Rückgabe an die Ehefrau macht. „Ich muß auch über meine Herde frei verfügen können", meinen die Mahafaly-Frauen und das könnten sie nicht immer, wenn sich ihre Rinder in der Herde der Familie des Ehemannes befinden.

Heiratet ein Mädchen, das selbst Rinder besitzt, einen Mann, der keine Rinder hat, so können die Eltern dem Mädchen erlauben, daß die Herde von der Tochter ins Dorf des Schwiegersohnes mitgenommen wird, „damit die Enkelkinder keine Kinder von armen Leuten werden". Die Kälber behalten die Ohrmarkierung mit der die Herde der mütterlichen Familie gezeichnet ist. Stirbt die Frau, so erbt der Ehemann nichts von ihrem Rinderbestand. Die Rinder gehen in das Eigentum ihrer Kinder über. Ist die Verstorbene kinderlos geblieben, übernimmt ihre Familie, Eltern oder Brüder, die Herde. Stirbt hingegen ein Ehemann, der selbst eine Rinderherde besaß, seine Frau jedoch keine eigene hat, so überlassen ihr ihre Kinder oder die Verwandten des Ehemannes ein oder zwei Kühe, damit ihre wirtschaftliche Existenz gesichert ist. Wenn sie auf das Feld geht, nimmt sie ihre Kuh mit, um sie dort unter ihrer Aufsicht zu haben. Als die Mahafaly noch wenig Möglichkeit hatten, durch Lohnarbeit Bargeld zu verdienen, verdingten sich junge Männer als Hirten *(mpiarake)*. Der Jahreslohn war ein Kalb. Vom Besitzer der Herde bekam der Hirte Lebensmittel wie Mais, Maniok und Bohnen und eine *lamba* als Bekleidung. Die Kopfsteuer zahlte der Herdenbesitzer. Gaben die Kühe in der Regenzeit Milch, so hatte der Hirte auch Anspruch auf Milch. Ein kleines Stück Land neben dem Rindergehege durfte er mit Melonen, Bataten und Gemüse bepflanzen. War er verheiratet und hatte Kinder, so halfen auch Frau und Kinder beim Hüten. Dafür mußte der Herdenbesitzer auch ein Haus für die Familie des Hirten in der Nähe des Rindergeheges zur Verfügung stellen. Wurde der Hirte krank, so mußte er mindestens einen Monat lang mit Nahrung und Medikamenten versorgt werden. War er länger als fünf Monate krank oder arbeitsunfähig geworden, so wurde er durch einen anderen Hirten ersetzt.

Söhne, Töchter, Neffen und Nichten, die die Herden ihrer Verwandten hüten, bekommen für ihre Tätigkeit nur Geschenke aber keinen *karama* (Lohn).

Ein Hirte muß schon als Junge für diese Aufgabe vorbereitet werden. Er muß die *lia* (Spuren) von Menschen und Tieren kennen; er muß die Spuren jedes einzelnen Tieres aus seiner Herde kennen, um ein verlorengegangenes oder gestohlenes Tier wiederzufinden. Er muß den Lauf der *masoandro* (Sonne) oder des *volana* (Mondes) kennen und die *vasia* (Sterne), um sich bei Tag und Nacht orientieren zu können. Das Kreuz des Südens, *vasia mifindra*, und die Milchstraße, *vitandra gitse*, weisen ihm nachts die Richtung. Der Mond und die Geräusche der Nacht geben ihm die Zeit an. Wenn die Nachtvögel verstummen und die Tagvögel anfangen zu sprechen, *mivola*, weiß der Hirte, daß der Morgen anbricht. Am Tag gibt der *talintso* (Körperschatten) die Zeit an: Wenn er klein und rund wird *(buri-buri)* ist es Mittag. Ein Fuß (*Lia* = Fußspur) ist ebenfalls ein Schattenmaß. Um 10.45 ist der Schatten eines Menschen 4 1/2 Fuß lang.

Der Hirte ist für die Herde voll verantwortlich, deshalb muß er alle Krankheiten der Tiere und ihre Behandlung kennen. Bei Unglücksfällen muß er rasch eingreifen, um das Tier zu retten. Verendet ein Tier ohne Schuld des Hirten, so ist er nicht zu Schadenersatz verpflichtet. Verwüstet ein Tier eine Pflanzung, so muß er Schadenersatz leisten. Meistens ist es eine Ziege, die als Buße *(avake)* gegeben wird. Geht ein Tier aus der Herde verloren, weil es sich verlaufen hat oder gestohlen wurde, ist der Hirte zum Schadenersatz verpflichtet.

Die Mahafaly unterscheiden wie die benachbarten Antandroy und Bara die einzelnen Rinder nach dem Aussehen. Ich habe 69 verschiedene Namen aufgezeichnet. Jedes Leittier, das kann ein Stier, eine Kuh oder ein Ochse sein, hat einen eigenen Namen, mit dem es gerufen wird z. B. *Boto* (Junge), *Avia* (Komm her), *Andao* (Geh los).

Die Kuh nennt man *aombe vave* (weibliches Rind), den Stier *aombe lahy* (männliches Rind), den Ochsen *aombe vositse* (beschnittenes Rind) und die Kälber *anak ombe* (Kind-Rinder).

Die Kälber werden ja nach ihrem Alter unterschieden in *terabao* (Neugeborenes), *malita* (bis 4 Wochen alt), *sarake* (bis 4 Monate alt), *dronga* (bis 8 Monate alt), *sakane* (bis zum Herauswachsen der Hörner vom 12. Monat an). Hat ein Kalb gerade mit dem Säugen aufgehört, meistens um das vollendete 2. Lebensjahr herum und setzt die Geschlechtsreife ein, heißt es *ota*. Man unterscheidet die Kälber in männliche und weibliche Tiere. *bania* (Stier von 2–4 Jahren), *vantue* oder *kiloa* (Kuh von 3 Jahren). Ein Rind von drei Jahren ist *roeay*, d. h. es hat zwei jüngere Geschwister *(say)*.

Eine Kuh kalbt nach 9 Monaten *tohitse* (Trächtigkeit) zum ersten Mal im vierten Lebensjahr. Eine Kuh mit Kalb *(aombemalita)* dürfen nicht voneinander getrennt werden, solange das Kalb säugt, d. h. nicht bevor das Kalb zwei Jahre alt ist.

Hat eine Kuh nach dem 5. oder 6. Lebensjahr noch immer nicht gekalbt, so gilt sie als *sekatse* (steril) und wird als Opfertier verwendet oder auf dem Markt als Schlachtvieh verkauft. Auch ein steriler Stier, *sirunge* oder *sarelahy*, wird in seinem 6. Lebensjahr als Opfertier verwendet.

Kein Stier darf vor seinem dritten Lebensjahr kastriert werden. Ist er jünger, *anabositse*, ist für ihn die Kastration genauso gefährlich, wie für einen älteren Stier, *benalinga*.

Die Kastration, *katrake*, wird gegen Ende der Regenzeit, wenn die Tiere gut genährt und widerstandsfähig sind, von Spezialisten durchgeführt, die es in jedem Dorf gibt.

Der Stier wird an einem Pfahl festgebunden. Mit einem rechtwinkligen Schnitt wird der Hodensack geöffnet, der Hoden *(latake)* herausgenommen und der leere Hodensack zusammengelegt, so daß keine Naht erforderlich ist.

Die Ohrmarkierung darf den Kälbern erst eingeschnitten werden *(mankelila)*, wenn sie zwei Jahre alt sind. Jedes Rind hat eine Ohrmarkierung *(lilantsofy)*. Das linke Ohr weist die Markierung der Großfamilie *(raza)* auf, das rechte die des Besitzers. Viele Rinder haben an beiden Ohren die gleiche Markierung.

Die Kühe sind für die Mahafaly wertvoller als Ochsen oder Stiere. Sie werden besonders gut gepflegt und auch gefüttert, weil sie anfälliger gegen Krankheiten sind und Hunger- und Durstperioden schlechter überstehen als Ochsen.

Während der Trockenzeit lassen viele Mahafaly ihre Kühe in der Nähe ihres Dorfes weiden und füttern sie zusätzlich mit den Blättern der Kakteen und den jungen Blattspitzen der Sisalagaven. Kühe werden nur verkauft oder als Opfertiere geschlachtet, wenn sie mit 6 Jahren noch nicht gekalbt haben oder über 10 Jahre alt sind. Hat man selbst nur Kühe in seiner Herde und keinen Stier, so bringt man die Kuh während ihrer Brunstzeit in eine Herde, wo es mehrere Stiere gibt. Dafür darf jedoch kein Geld verlangt werden. Wenn eine Kuh zum Kalben kommt, muß sich der Geburtshelfer die Hände gründlich mit Wasser waschen und mit Ochsenfett einreiben. Er führt vorsichtig eine Hand in die Gebärmutter ein und dreht das Kalb so, daß Vorderfüße und Kopf mit der nächsten Wehe ausgestoßen werden. Diese Art der Geburtshilfe wird nur angewendet, wenn Komplikationen zu befürchten sind.

Die erste Milch, die nach dem Kalben aus dem Euter der Kuh fließt, trinken die Hirten, nachdem sie gekocht wurde, denn sie soll für das Kalb schädlich sein.

Wird das Kalb während der Regenzeit geboren, bleibt es untertags im Rindergehege des Dorfes. Gegen vier Uhr nachmittags treiben die Hirten die Herde ins Dorf. Eine halbe Kalebasse voll Milch wird von den männlichen Hirten abgemolken, bevor das Kalb zur Mutterkuh herangelassen wird. Während des Melkens massieren Frauen die Vagina der Kuh, damit die Milch schneller und leichter fließt, wie die Mahafaly sagen.

Nach der Regenzeit ist das Kalb kräftig genug, um auf die Weide getrieben zu werden. Die Zebukuh gibt in dieser Zeit höchstens 1 l Milch pro Tag, die ausschließlich für das Kalb bestimmt ist.

Die Zebukuh gibt im Mahafaly-Land während der Regenzeit 1 1/2 l bis höchstens 2 l Milch täglich und während der Trockenzeit oft nicht einmal einen halben Liter. Da mindestens ein Liter für das Kalb bleiben muß, kann man nur in der Regenzeit mit einem halben Liter pro Kuh für den menschlichen Konsum rechnen.

Für die Mahafaly ist die Milch ein wichtiges Nahrungsmittel. Nach der amtlichen Statistik wurden in der Unterpräfektur von Ampanihy im Jahr 1970 allein 322.272 Liter Milch auf den einzelnen Märkten verkauft. Während der Regenzeit bringen Frauen aus den umliegenden Dörfern von Ampanihy, das sind Tsimisava, Lafinbato, Ambondro, Ianara und Gorogoda, bis zu 200 Flaschen Frischmilch täglich auf den Markt nach Ampanihy!

Samstags zum Wochenmarkt bringen die Frauen auch Sauermilch aus den Dörfern Maniri, Besosa, Taimbala, Anosa, Antsamisaro, Vohidava, Rohitany und Behavandra, die in einem Umkreis von 20 km von Ampanihy entfernt liegen.

Während der Trockenzeit gibt es kaum Milch auf dem Markt. Man kann höchstens mit 20 bis 30 Flaschen (7/10 ltr) Frischmilch rechnen, die nicht für die Versorgung der Kleinkinder ausreichen.

Fanane aus dem Dorf Tsiramena, das ungefähr 8 km östlich von Ampanihy liegt, hatte 1971 eine Herde von 120 Rindern, die er im Norden des Mahafaly-Landes von einigen Hirten beaufsichtigen ließ. Aus dieser Herde hatte er sich acht seiner besten Milchkühe in sein Dorf geholt. Hier wurden sie täglich von ihm gemolken und mit gutem Gras gefüttert, das er täglich herbeischaffte. Jeden Morgen vor Sonnenaufgang brachte seine Frau bis zu zehn Flaschen (7/10 ltr) Milch in einem Korb auf dem Kopf nach Ampanihy, wo sie ihre Stammkundschaft täglich mit Frischmilch versorgte. Eine Flasche kostete 35 FMG. Ungefähr 10.000 FMG waren nötig, um während der Trockenzeit Futter (Gras) für die Milchkühe zu kaufen, das mit den Blättern des Feigenkaktus gestreckt wurde.

Ich kannte Fanane und seine Frau sehr gut. Sie lebten allein in einem kleinen Weiler, waren beide noch jung (25—35 Jahre alt) und widmeten sich ganz ihren Kühen und dem Milchverkauf. Die Felder wurden von Verwandten bestellt.

Für eine Gruppe wie z. B. die Betsiraraka, die im Dorf Befasy wohnen, ist es streng verboten *(fady)*, die Milch zu verkaufen oder aus dem Dorf hinaus zu tragen. Frauen und Kinder müssen sich beim Milchtrinken niederknien und Männer müssen den Hut abnehmen, wenn sie frisch gemolkene Milch *(ronono velo)* trinken wollen.

Bei einigen Mahafaly-Familien an der Küste wird die Milch, die im Rindergehege selbst nicht ausgetrunken werden kann, im Gehege noch ausgegossen.

Die Milch wird nur zu Sauermilch weiter verarbeitet. Es ist auch verboten, Milch mit Textilien in Berührung zu bringen. Deshalb darf die Milch nicht durch ein Sieb gegossen werden. Milch darf auch nicht mit Salz oder Fleisch in Verbindung gebracht werden.

Rinderkrankheiten

Abgesehen von der Rinderpest, *bearike* oder *beharka* gibt es wenig Krankheiten im Mahafaly-Land, die den Rindern gefährlich werden. Dauerregen und plötzlich einsetzende Kälte können für Kälber und Kühe lebensgefährlich sein. Die Mahafaly bringen bei Regen und Kälte ihre Kälber in ihre Hütten, die von einem Holzfeuer erwärmt sind. Sie reiben das Fell trocken und lassen die Tiere in der Hütte bis der Regen aufgehört hat.

Sind Rinder in ein Feld eingebrochen und haben zuviel Batatenblätter oder Ricinuspflanzen gefressen, löst der Hirte in einem Eimer Wasser Salz oder Holzasche auf und flößt dem Tier die Lösung ein, damit es sich übergibt.

Die gefährlichste Krankheit ist die Rinderpest. Eine Epidemie habe ich erlebt:

Im Oktober 1969 trat die Rinderpest zum ersten Mal in Bekily im Norden des Androy- und Mahafaly-Landes auf und verbreitete sich innerhalb weniger Tage im ganzen Süden. Viele Antandroy sollen in einer einzigen Nacht den größten Teil ihrer Herde verloren und einige von ihnen deshalb Selbstmord verübt haben.

Die Regierung ordnete an, daß die Kadaver der verendeten Tiere nicht wie üblich von Menschen verzehrt werden dürfen, sondern in der Erde vergraben werden müssen.

Für viele Mahafaly war diese Verordnung unverständlich, denn „Vergraben in der Erde" *(leve)* darf man nur tote Menschen und nicht tote Tiere. Deshalb warfen sie die Kadaver in die großen Flüsse. Dies hatte zur Folge, daß wenige Tage später im Küstengebiet des Mahafaly-Landes, wo viele Kadaver angeschwemmt wurden, die Krankheit ebenfalls ausbrach. Viele Mahafaly kauften Impfstoff und Injektionsspritzen und impften ihre Tiere selbst, denn das bekannte Heilmittel Vinca rosea *(Tonga)*, eine rosarot blühende Pflanze, half bei dieser Epidemie nicht.

Eine andere Krankheit ist *berave*. Das Tier legt sich zu Boden und wird von plötzlicher Müdigkeit überfallen. Man bindet dem Tier ein festes Band um die Stirn und nach zwei bis drei Tagen soll die Krankheit abklingen, sagen die Mahafaly.

Tuberkulose *(malasy)* befällt ältere Tiere, sie sollen schnell dahinsiechen. Ein Rind, das hustet, wird am nächsten Markttag verkauft. Gelingt das nicht, wird es beim nächsten Opferfest geschlachtet. Hat ein Tier eine Drüsenschwellung am Hals, *belio*, macht man am Ohr und am Hals einen Aderlaß.

Heute werden viele Tiere, besonders Ochsen, auf den großen Märkten als Schlachtvieh verkauft. Im Jahr 1970 wurden auf dem Markt in Ampanihy 1.629 Rinder von den Fleischfabriken in Tulear aufgekauft. 636 Rinder hat man in Ampanihy selbst geschlachtet und auf dem Markt verkauft. Für fünfjährige Zeburinder werden je nach der Jahreszeit Preise bis zu 20.000 FMG bezahlt. Für siebenjährige oder noch ältere höchstens 7.000—10.000 FMG.

Die Mahafaly haben eine enge Beziehung zu ihren Tieren, die ihre Anhänglichkeit zum Menschen sehr deutlich zeigen. Es ist daher verständlich, daß ein Mahafaly seine Lieblingstiere erst kurz vor ihrem Ende als Opfertiere schlachten läßt. Wenn er glaubt, daß sein Leben zu Ende gehen könnte, bestimmt er, daß sie nach seinem Tode geopfert werden sollen.

Alle Tiere haben eine Seele, *fiay*. Die Seelen der bei einer Totenbestattung geopferten Tiere bleiben in der Nähe der *fiain-daty* (Seele des Verstorbenen), so hoffen viele Mahafaly. Sie meinen aber, so ganz sicher sei das nicht, doch könnte man *Andrianahary* (Gott) diese Rinderseelen zum Geschenk anbieten. Will ein Verstorbener Gott eine Rinderseele schenken, so erscheint er einem Verwandten im Traum und bittet um ein Ochsenopfer. Die Tiere, die für die Opferung am *hazomanga* (Opferpfahl) bestimmt sind, nennt man *aombe sorona* (Opferrinder). Sie sind meist älter als zehn Jahre. Die Rinder, die anläßlich einer *efitse* (Reinigungszeremonie) geschlachtet werden, heißen *aombe efipale* und die, die anläßlich einer Totenbestattung geopfert werden *aombe lofo*. Alle Opfertiere dürfen nur durch einen Schnitt in die Vena jugularis getötet werden.

Der jährliche Weidetrieb

Im Mahafaly-Land gibt es nur in den Tälern der großen Flüsse Menarandra, Linta, Manakaravavy, Manakaralahy und im Bereich des kleineren Sakatovoflusses das ganze Jahr über Weideland für die dort ansässigen Mahafaly. Liegt das Dorf nicht zu weit entfernt, wird die Herde jeden Abend ins Dorf zurückgebracht und entweder im *valananomby* (eine Einzäunung von Kaktushecken oder Dornengestrüpp mit Schattenbäumen) eingeschlossen oder auf dem Dorfplatz bewacht von jungen kräftigen Männern. Kurz nach Sonnenaufgang wird die Herde wieder aus dem Dorf auf die Weide getrieben.

Ist das Weideland weit vom Dorf entfernt, so wird auf dem Weideplatz oder im Wald, *ala*, ein *valanomby* (Rindereinzäunung) aus dornigem Gestrüpp errichtet. Die Hirten bauen sich eine kleine Grashütte für die Nacht.

Im Trockenbuschgebiet, das sehr unübersichtlich ist, kann nur eine Herde zwischen 10 und 25 Rindern beaufsichtigt werden. Auf den weiten, offenen Ebenen genügen ein gut ausgebildeter Hirte, 4—5 Hütejungen und dressierte einheimische Hirtenhunde zur Überwachung einer großen Herde.

Der Geograph Battistini[3] hat das Küstengebiet des Mahafaly-Landes in den Jahren 1956, 1957 und 1959 erforscht und in diesem Zusammenhang auch die Wanderwege, die die Hirten mit ihren Herden von der Küste über das Kalkplateau in das Innere des Mahafaly-Landes nehmen. Er gibt als Grund für die Transhumanz an, daß einerseits die Kulturen im Küstengebiet geschont werden müßten, andererseits aber das Gras im Inneren des Landes besseres Viehfutter bietet. Mir haben die Mahafaly im Küstengebiet gesagt, daß diese Gründe wohl auch eine gewisse Rolle spielen, der wichtigste Grund sei aber das massenhafte Vorkommen der Stechfliegen, die besonders in der Regenzeit den Rindern sehr gefährlich sind.

Die von Battistini angegebenen Wanderwege werden noch immer von den Hirten und ihren Herden benutzt. Ich kenne durch Andrombake und Saodane, zwei junge Mahafaly-Männer, die seit ihrem siebten Lebensjahr die Herden ihrer Familien als Hirten beaufsichtigen, die beiden wichtigsten Wanderwege von der Küste in das Landesinnere. Ich lasse sie selbst berichten:

„Im Dezember, bevor die ersten Regen im Küstengebiet fallen, ziehen wir, von 4—5 Hütejungen begleitet, kurz vor Sonnenaufgang ungefähr um drei Uhr morgens, wenn die Hähne schreien, aus unserem Dorf Ankilimanoy über den Hügel Vohibao nach Ambolisarike. Das ist ein Dorf auf dem Kalkplateau. So gegen Mittag, wenn unser Körperschatten am kleinsten ist, das ist zwischen 10 und 11 Uhr, erreichen wir Mangily. Dort bleibt die Herde im Schatten *(mialoke)* bis drei Uhr nachmittag. Wenn die Schatten lang werden, brechen wir wieder auf. Es geht weiter nach Valahena, das wir vor Sonnenuntergang um 6 Uhr abends erreichen müssen. Hier bleiben die Tiere über Nacht. Wir suchen *fangitse* (Erdknollen), die es hier noch gibt. Sie nehmen uns den Durst und unser Magenknurren.

Wenn wir nicht zu müde sind, braten wir die mitgenommenen Bataten noch am Feuer. Wir wechseln uns mit der Nachtwache ab. Am nächsten Morgen um 4 Uhr früh ist wieder Aufbruch, damit wir noch am gleichen Tag Etrobeke erreichen können, denn auf dem ganzen Kalkplateau gibt es keine Wasserstelle, nur in Etrobeke gibt es Wasser. Beim Aufstieg auf das Kalkplateau müssen 100 m Höhenunterschied überwunden werden. Der Weg ist steil, steinig und sehr mühsam und gefährlich für die Tiere.

Sehr oft sind hier schon viele Herden angekommen, dann müssen wir nach Andamoty weiterziehen. Sonst können wir in Etrobeke einige Tage bleiben und die Herden und wir können ausruhen. In Andamoty gibt es keine Wasserstelle, darum können wir hier nur ganz kurz bleiben, bis sich die Tiere ausgeruht haben. Über Reakaly, wo der große Baobab steht, geht es nach Emalo, wo wir mit der Herde über Nacht bleiben. Gibt es genügend Gras für die Rinder, bleiben wir einen Tag zur Weide, sonst müssen wir weiter an die Ufer des kleinen Flusses Sakamasay. Gibt es dort auch noch nicht genügend Grünfutter, so müssen wir weiter ziehen bis an die Ufer der großen Flüsse Manakaravavy und Manakaralahy. In einem der Dörfer fragen wir den Chef de Village: *Taliliu*, Was gibt es Neues? Noch ist unser Land trocken, deshalb bitten wir, daß unsere Herden hier weiden können.

Ja, ihr könnt bleiben, sagt der Dorfchef, aber achtet darauf, daß eure Rinder nicht in unsere Pflanzungen einbrechen, baut euch einen *valanomby*.

Wenn man uns keine leerstehende Hütte geben kann, bauen wir uns aus Gras und einigen Holzstangen eine kleine Hütte. Sehr oft geben uns die Frauen aus dem Dorf etwas von dem, was sie für ihre Familie gekocht haben. Das ist für uns Mahafaly ein Zeichen der Gastfreundschaft. Wenn die Leute aber selbst nichts zu essen haben oder kein Dorf in der Nähe ist, müssen wir von dem leben, was wir finden. Das sind *tandrek*, Igel, die wir ausgraben und am Feuer braten, Wachteln, die wir mit dem Blasrohr oder der Steinschleuder schießen und Knollen und Wurzeln, die wir in der Erde finden. Hier bleiben wir mit unserer Herde drei bis vier Monate, meist bis zum April, dann kehren wir auf dem gleichen Weg wieder zurück."

Fast alle Hirten ziehen mit ihren Herden auf diesem Weg in das Innere des Mahafaly-Landes, deshalb weichen einige, so auch Andrombake und Saodane auf einen anderen Weideplatz aus. Sie gehen von Ankilimanoy über Soleoke, Ambalabe, Enimosa am Menarandrafluß nach Anandrelesa Beantsive, Befiranga, Beara, Tsimidretse und nach Evazy. Dieses Gebiet muß sehr schnell durchquert werden, weil es Eigentum der königlichen Familie ist. In Evazy darf die Herde nur eine Nacht bleiben. Am nächsten Morgen muß sie weiter ziehen nach Tamby, Antsatsampa, Analavaposa (Andavaposa), Retanso und Befasy.

Nach der großen Dürreperiode 1969/70 als der Regen erst spät im Januar einsetzte, gab es nur in Besosa bei Ampanihy etwas Grünfutter. Die Rinder aus dem Küstengebiet, nur gewohnt auf sandigem Boden zu gehen, verletzten sich auf dem steinigen Boden von Besosa und mußten wieder an die Küste zurückgebracht werden.

Die Ziegen *(osy)*

Die Kurzhaar-Ziegen sind wahrscheinlich vor einigen Jahrhunderten von Europäern in Madagaskar ausgesetzt worden und sind erst seit Beginn dieses Jahrhunderts im Mahafaly-Land heimisch. Sie haben sich in den letzten Jahrzehnten so stark vermehrt, daß die Vegetation durch sie großen

Schaden erlitten hat. Wenn sich im madegassischen Frühling an den Büschen die ersten Blattspitzen zeigen, klettern die Ziegen auf die Büsche und Bäume und fressen die Äste kahl. Von den großen Tamarindenbäumen schlagen die Hirten mit dem Beil Äste ab, damit die Ziegen die frischen grünen Blätter abknabbern können. Das Fällen von Tamarindenbäumen ist zwar seit alters her *fady*, aber das Abschlagen von Ästen ist für die Mahafaly nicht verboten. Die von Ziegen abgefressenen Büsche und die Tamarinden, die ihre Äste und Blätter verloren haben, sind ein Jahr später kahle Baumleichen. Sie werden gefällt und zu Holzkohle verarbeitet.

Es gibt nur noch einige Mahafaly-Gruppen, für die die Haltung der Kurzhaarziegen und der Genuß von Ziegenfleisch verboten sind. Die meisten Mahafaly essen gerne Ziegenfleisch und trinken Ziegenmilch, besonders die Kinder.

Die französische Kolonialverwaltung hat 1914 aus Südafrika Mohairziegen eingeführt. Auf einer Versuchsfarm *Vohitany* im Mahafaly-Land hat man sie mit den einheimischen Kurzhaarziegen gekreuzt, bis man in der 5. Generation reinrassige Angoraziegen herangezüchtet hatte, die dem Klima im Mahafaly-Land angepaßt waren. Viele Mahafaly haben unter Aufsicht des Veterinärdienstes Angoraziegen gezüchtet und sie in ihre Kurzhaarziegenherden aufgenommen. Die Ziegenherden wurden streng kontrolliert, Böcke der Kurzhaarziegen wurden von den Beauftragten des Veterinärdienstes kastriert. Trotzdem haben viele Mahafaly versucht, Böcke der Kurzhaarziege in ihre Herde zu schmuggeln, damit auch *Metissage* Ausfälle durch Krankheit in den Angoraziegenherden geringer sind, denn die Angoraziege ist im Gegensatz zur Kurzhaarziege sehr anfällig. Sie soll auch die giftigen Pflanzen des Mahafaly-Landes nicht kennen. Viele Tiere sterben nur, weil sie die Blätter des Pisapisake-Strauches fressen, die hochgiftig sind. Die Kurzhaarziege verschmäht sie selbst in Hungerperioden. Die Angoraziege liefert zweimal im Jahr ungefähr ein Kilo Wolle, die von den Frauen in den Dörfern versponnen wird. Diese Wolle wird zu Teppichen verarbeitet. Sie ist daher für viele Mahafaly eine wichtige Einkommensquelle. Das Fleisch der Angoraziege wird im Gegensatz zum Fleisch der Kurzhaarziege nicht gerne gegessen, denn es soll einen unangenehmen Geschmack haben.

Schafe *(ondry)*

Früher soll es im Süden Madagaskars große Herden von Fettschwanzschafen gegeben haben, erzählten mir die Mahafaly. Heute sind Fettschwanzschafe selten geworden. Der Ausdruck *vody-ondry* (Hinterteil eines Schafes) ist in ganz Madagaskar bekannt und Bestandteil der Brautwerbungsrede. Man versteht darunter die Gabe des Bräutigams an die Mutter der Braut zum Dank für die Erziehung des Mädchens. Früher soll auf der ganzen Insel diese Gabe aus dem Hinterteil eines Schafes einschließlich des Fettschwanzes bestanden haben. Heute versteht man unter dem *Vody-ondry* Ochsen oder Geld. Vor einigen Jahrzehnten hat die französische Kolonialverwaltung Merinoschafe eingeführt und sie mit den Fettschwanzschafen in Versuchsfarmen kreuzen lassen. Die Merinoschafe sollten Wolle liefern, damit sich die Mahafaly und Antandroy daraus Kleidung herstellen könnten. Dies geschah jedoch nur während des Weltkrieges 1939/45. Nach dem Kriege hat man das Weben von Kleidung aus Wolle eingestellt. Heute wird sie zu Teppichen verarbeitet. Schafe gibt es im Süden der Gegend von Beloha im Androy-Land. Bei den Mahafaly sind sie selten.

Schweine *(kisoa)*

Die Haltung von Schweinen ist den Mahafaly ebenso verboten wie der Genuß von Schweinefleisch. Dieses Verbot soll den Ahnen der Mahafaly von den Maroseranana-Königen auferlegt worden sein, wurde mir berichtet. Nur Familien, die vom Hochland stammen und im Mahafaly-Land leben, halten sich Schweine. Schweinefleisch ist auf dem Markt doppelt so teuer wie Rindfleisch. Im Jahr 1970 wurden auf dem Markt in Ampanihy nur 29 geschlachtete Schweine verkauft, im Gegensatz zu 636 geschlachteten Rindern.

Geflügel

Hühner *(akoho)* werden in jedem Dorf gehalten. Die einheimische Henne, die mit einer malaiischen Hühnerrasse verwandt sein soll, legt höchstens 30 Eier im Jahr, die nicht verkauft, sondern den Hennen zum Brüten überlassen werden. Hühner werden nur gehalten, weil sie das traditionelle Geschenk des Gastgebers an einen Gast sind, der ein Dorf betritt. Gibt es viele Hühner in einem Dorf, werden sie auf dem Markt verkauft, damit die jährlich auftretende Hühnerpest nicht allzu große Verluste unter der Hühnerschar verursacht. Viele Mahafaly-Frauen haben sich in den letzten Jahren Hennen einer legefreudigen europäischen Hühnerrasse gekauft, „weil diese jeden Tag ein Ei legen und nie brüten wollen", wie sie sagen. Die Eier dieser Hühner wurden während meines letzten Aufenthaltes zweimal in der Woche von einigen Mahafaly-Frauen in den Dörfern eingesammelt und auf den Markt der Provinzhauptstadt Tulear gebracht, wo die Nachfrage nach frischen Eiern groß ist. Da es wenig Verpackungsmaterial gab und die Frauen die Eier nur in Körben auf dem Dach des einheimischen Autobusses transportieren konnten, die Straßen aber schlecht waren, hatten sie große Verluste durch zerbrochene Eier, so daß sich dieser Handel eigentlich kaum lohnte. So kostete 1970 ein Ei im Dorf 10 FMG und wurde für

25 FMG in Tulear verkauft. Der Fahrpreis betrug damals von Ampanihy nach Tulear 500 FMG, die Fahrt dauerte 6 Stunden. Aber es machte Spaß, so wurde mir immer wieder gesagt, man liebe diese Arbeit *(teako)*, auch wenn sie keinen Gewinn bringe. Die Mahafaly-Frauen, die die europäischen Hühnerrassen hielten, sagten mir, sie müßten für die *akohombazaha* (Europäerhühner) eigens Maisfutter kaufen, während sich ihre eigenen Hühner ihr Futter selber in der Umgebung des Dorfes suchten, so daß der Erlös der verkauften Eier für den Ankauf von Futtermais verwendet werden müßte. Sie müßten auch immer hinter den „Europäerhühnern" hinterherlaufen, weil diese zu dumm seien allein ins Dorf zurückzufinden. In manchen Dörfern gab es Truthühner, Enten und Gänse, manchmal auch Perlhühner, sie wurden manchmal auf dem Markt zum Verkauf oder einem Gast als Geschenk angeboten. Die Mahafaly sagten, daß sie die Tiere nur halten, weil sie die Beschäftigung mit dem Federvieh lieben.

Hunde *(amboa)*

Die einheimische Hunderasse *(dingo* oder *tsingo)* lebt verwildert in Rudeln in Steppen und Wäldern, ihr Fell ist fahlgelb. Sie ist aber schon stark mit europäischen Hunderassen vermischt. Hunde, die Spuren von Rassemerkmalen der deutschen Schäferhunde zeigen, sind beliebt. Sie werden für die Wildschweindjagd dressiert und zum Hüten von Rinderherden abgerichtet. Es gibt viele verwilderte Hunde, weil junge Hunde nicht getötet werden dürfen und keine Seuche oder Krankheit sie gefährdet wird wie z.B. die Katzen. Sie reißen junge Lämmer aus den Schafherden, fressen den frischen jungen Mais von den Feldern und wühlen die Erdnüsse aus dem Boden. Vom Veterinärdienst werden in regelmäßigen Abständen vergiftete Köder ausgelegt. Da aber kein Mahafaly seinen Hund nachts anbindet, sind auch viele Dorfhunde an Vergiftungen eingegangen. Früher hatte jedes Dorf seine Hundemeute, die keinen Fremden, weder am Tag noch in der Nacht, ins Dorf ließ. Die Dorfhunde wurden im Gegensatz zu den Jagd- und Hirtenhunden nicht regelmäßig gefüttert, damit sie besonders *masiaka* „bösartig" wurden. Junge Hunde dürfen nicht verschenkt werden. Man muß symbolisch ein Fünf-franc-Stück dafür geben. Für Frauen ist es verboten *(fady)*, einen jungen Hund aufzuziehen. Nur Kindern und Männern ist dies erlaubt.

Katzen *(piso)*

Sie sind bei allen Madegassen sehr beliebt. Sie werden gut gefüttert und liebevoll betreut. Es ist Männern, Frauen und Kindern gleichermaßen erlaubt, Katzen zu hätscheln und zu liebkosen. Die Katzen werden ebenso wie die Rinder nach der Farbe ihres Felles benannt. Sie haben alle nur einen Namen, mit dem sie gerufen werden: „*piso*" (Katze) oder „*mimi*".

Es gibt nur wenig Katzen im Mahafaly-Land. Der Katzenseuche und den vielen Hunden, die ausgehungert herumstreifen, entkommen nur wenige Dorfkatzen. Es gibt viele Dörfer, die seit Jahren keine Katze mehr haben. Deshalb werden junge Katzen teuer bezahlt. Es ist verboten Katzen zu töten, selbst wenn sie krank oder verletzt sind. Auch junge Katzen dürfen nicht verschenkt werden. Stirbt der Besitzer einer Katze und bleibt die Katze im Dorf, so wird sie, wenn sie kurze Zeit später an einer Krankheit stirbt, nicht in den Busch geworfen, wie das bei jedem Tierkadaver üblich ist, sondern in der Erde vergraben. Die Mahafaly sagen, der tote Besitzer der Katze will die Tierseele um sich haben und daher muß die tote Katze in der Erde bestattet werden.

Ich selbst habe niemals gesehen, daß eine Katze gequält wurde, aber man hat mir berichtet und dies mehrmals bestätigt, daß es bei den Mahafaly Sitte sei, einer Katze, die beim Stehlen erwischt wurde, eine Schnur um den Hals zu legen und an einem Baumast auf und ab zu ziehen. Die Katze soll dabei jämmerlich schreien, aber nicht daran sterben.

2. Marktwesen

Vor der Kolonisation soll es im Süden des Landes keine Märkte wie auf dem Hochland gegeben haben. Es gab nur Tauschhandel, wie er auch heute noch in entlegenen Dörfern üblich ist. Die französische Kolonialverwaltung hat im ganzen Süden Marktorte gegründet, die Zufahrtswege zu diesen Märkten ausgebaut und zweirädrige Ochsenkarren als Verkehrsmittel eingesetzt.

In allen Marktorten gibt es heute den täglichen „kleinen Markt" *(basary)*, den Wochenmarkt *(tsena)* und den Jahresmarkt *(Foira lehibe)*. Nach einem marktethnologischen Fragebogen, der mir von Herrn Professor Hirschberg in Wien 1965 zur Verfügung gestellt wurde, habe ich 1965 auf dem Jahrmarkt in Ampanihy mit Untersuchungen begonnen und sie später, von 1968 bis 1972 ergänzt und auch auf den übrigen Marktorten Untersuchungen durchgeführt.

Der Wochenmarkt in der Unterpräfektur von Ampanihy wird an folgenden Orten jeweils an folgenden Wochentagen abgehalten:

Ampanihy	– Samstag	Beroy	– Mittwoch
Amborompotsy	– Mittwoch	Gogogogo	– Montag
Ankilimivory	– Samstag	Fotadrevo	– Dienstag
Maniry	– Dienstag	Manakaravavy	– Mittwoch
Saodona	– Montag	Antaly	– Freitag
Androka	– Samstag	Antanimavo	– Sonntag
Ejeda	– Freitag	Nisoa	– Dienstag
Beahitse	– Donnerstag	Itampolo	– Freitag

Der wichtigste Marktort ist Ampanihy. Hier finden jeden Tag der „kleine Markt", samstags der Wochenmarkt, der auch gleichzeitig der Viehmarkt ist, und einmal jährlich der Jahrmarkt statt.

Marktaufseher ist der Sousprefet, nach ihm der Maire rurale, der Bürgermeister, und als Hilfsorgane stehen der Gemeindevorsteher und die madegassischen Gendarmen zur Verfügung. Die Preisgestaltung wird vom Polizeikommissar in Ampanihy überwacht.

Der Verkauf der Waren ist nicht an eine Konzession gebunden. Nur Händler, die hauptberuflich Gewerbetreibende sind, wie z. B. die Stoffhändler vom Hochland und die Aufkäufer für Schlachtvieh müssen einen Gewerbeschein besitzen. Verkauft jemand nur seine eigenen Erzeugnisse auf dem Markt, so bezahlt er nur die für den betreffenden Tag vorgeschriebene Marktgebühr. Sie betrug 1965 5 FMG und 1970 20 FMG.

Kaufleute

Es gibt kaum einen Mahafaly, der in seinem eigenen Land als Händler oder Kaufmann existieren kann, denn nach alter Mahafaly-Sitte muß man an Freunde und Verwandte Waren und Geld verleihen, wenn man darum gebeten wird, man darf aber das Verliehene nicht zurückverlangen und schon gar nicht durch einen Gerichtsvollzieher. Jeder Mahafaly, der sich bisher als Händler oder Kaufmann in seiner Heimat niedergelassen hatte, mußte schon nach kurzer Zeit sein Geschäft mit großem Verlust aufgeben. So sind nur Stammesfremde wie Inder, Chinesen, Merina und Betsileo vom Hochland Kaufleute im Mahafaly-Land.

Auch die Aufkäufer von Zeburindern, Schafen und Ziegen sind keine Mahafaly. Deshalb können sie ohne Rücksicht auf freundschaftliche Bindungen die Preise für das auf dem Markt angebotene Vieh drücken. Die indischen Kaufleute haben ihre Läden in ebenerdigen Lehmhäusern an der westlichen Seite des Marktplatzes.

Sie verkaufen vor allem Stoffe aus den Baumwollwebereien in Antsirabe (Hochland) und Majunga (Nordwestküste) und einige Sorten Stoffe, die aus Europa und Indien importiert wurden, wie auch Lebensmittel (Reis, Zucker, Öl, Keks, Schokolade, Nestlemilch, Kaffee), Gebrauchsgegenstände (Geschirr, Koffer) und Werkzeuge. Die indischen Kaufleute beziehen ihre Waren entweder von großen Importfirmen wie den Compagnien Marseillaise und Lyonnaise, die heute verstaatlicht sind, oder von den Mahafaly-Bauern, die ihre Ernte und nicht nur die Überschüsse in großen Mengen verkaufen müssen, wie z. B. Erdnüsse, Mais, Maniok, Bohnen und eine einheimische Linsenart *(antsiroko)*, weil sie selbst keine Möglichkeit haben, ihre Ernteerträgnisse vor Schädlingsfraß zu sichern. Die Marktfahrer vom Hochland (Betsileo und Merina) beziehen ihre Waren von den großen

Märkten des Hochlandes wie z. B. Zoma und Analakely in der Hauptstadt Tananarive, von Ambalavao und Ambositra, und bringen sie mit einem eigenen Fahrzeug von einem Marktort zum anderen. Diese Marktfahrer haben keine eigenen Quartiere. Sie übernachten entweder auf ihren kleinen Lastwagen, in den madegassischen Hotels *(Hotely gasy)*, bei Freunden oder auf dem Markt selbst, nahe ihrem Verkaufsplatz. Ihre Ernährung ist kein Problem, weil es in ganz Madagaskar ein Nationalgericht gibt, das überall zu bekommen ist und von allen Madegassen gegessen wird: *Ro-masava*, Reis mit einer klaren Gemüse-Fleischbrühe. Es gibt keine Unterschiede zwischen den Mahafaly-Bauern vom Lande, die auf dem Markt ihre Erzeugnisse verkaufen und den ambulanten Händlern vom Hochland. Verständigungsschwierigkeiten gibt es auch keine, weil alle madegassisch sprechen.

Handelsprodukte

Täglich werden auf den Märkten in Ampanihy, Ejeda und Betioky Milch und Fleisch verkauft. Die Milch wird als Frischmilch täglich von Frauen aus den umliegenden Orten Tsimisava, Lafimbato, Andriamandra, Ambondro, Ianara, Gorogoda und Ambalatsiefa in 7/10 ltr Flaschen frühmorgens kurz vor Sonnenaufgang auf den Markt gebracht. Bis zum Jahre 1972 kostete eine Flasche Frischmilch 25–30 FMG. Während der Regenzeit, wenn es genügend Grünfutter für die Zebukühe gibt, werden in Ampanihy allein bis zu 200 Flaschen Milch täglich auf den Markt geliefert, während der Trockenzeit dagegen höchstens 30 Flaschen täglich.

Während der Regenzeit wird in allen Dörfern aus der Frischmilch Sauermilch zubereitet. Bevor die Sauermilch *(habobo)* zum Markt gebracht wird, schütten die Mahafaly das Wasser, das sich von der Dickmilch abgesetzt hat, im Ochsengehege des Dorfes aus. Die Sauermilch, die am Wochenmarkt während der Regenzeit verkauft wird, kommt aus den Dörfern Maniry, Besosa, Taimbala, Anosa, Antsamisaro, Vohidava, Vohitany und Behavandra.

Frischfleisch gibt es täglich auf dem Markt in Ampaniha. Um 6 Uhr morgens wird ein Rind geschlachtet, nach der Fleischbeschau auf den Markt gebracht und muß bis 9 Uhr vormittags verkauft sein, weil dann die Hitze des Tages zu groß wird. Das Fleisch wurde früher unter freiem Himmel auf Holztischen verkauft. Im Jahr 1970 wurde eine Markthalle mit zementierten Tischen errichtet und jetzt soll es auch ein Schlachthaus geben. Im Jahr 1965 kostete ein Kilo Fleisch 80 FMG, unabhängig davon, ob es sich um die besten Stücke oder nur um Knochen handelte. Das Fleisch wurde kiloweise abgewogen und ohne Verpackung dem Käufer von der Waagschale in den Korb geschüttet. Hatte man gute Beziehungen zu den Fleischverkäufern, bekam man die besseren Stücke, sonst mußte man mit

Knochen und Sehnen vorliebnehmen. Die in Ampanihy geschlachteten Rinder waren nicht von der besten Qualität. Sie waren meist alt und mager. Gab es ein Tier, das notgeschlachtet werden mußte, so wurde dies bekannt gemacht, weil für viele Mahafaly das Verzehren eines notgeschlachteten Rindes verboten *(fady)* ist.

Fische gibt es nur selten frisch auf dem Markt. In den Jahren 1966, 1969 und 1970, während der kühlen Jahreszeit, brachte in unregelmäßigen Abständen der Besitzer eines kleinen Lastwagens Fische, die am Morgen gefangen wurden, vom Küstendorf Androka nach Ampanihy auf den Markt, wo sie rasch verkauft waren.

Die Vezofischer bringen ihre kurz nach dem Fang ausgenommenen und geräucherten Fische einmal wöchentlich mit dem Ochsenkarren auf den Markt nach Ampanihy, das von der Küste ungefähr 100 km entfernt ist. Sie fahren mit ihrem Ochsenkarren nur nachts und nehmen den Weg durch das Menarandratal. Den Freitag verbringen sie unter schattigen Tamarindenbäumen bei Firanga, weil dort auch tagsüber ein kühler und frischer Wind weht.

Feldfrüchte (Bohnen, Mais, Maniok, Bataten, Hirse, Melonen) kommen aus dem ganzen Mahafaly-Land auf den Markt nach Ampanihy; Gemüse (Tomaten, Zwiebeln und Salat) und Obst (Orangen, Zitronen, Zuckerrohr, Bananen, Letschy, Ananas, Mango, Papaya) aus Fotadrevo im Norden des Mahafaly-Landes und aus Fort Dauphin an der Ostküste je nach der Jahreszeit.

Reis wird entweder vom Hochland oder aus Bezaha im Onilahytal, Fotadrevo und Maniry im Norden des Mahafaly-Landes auf den Markt geliefert.

Honig gibt es nur im Mai-Juni kurz nach der Regenzeit auf dem Markt zu kaufen. Geflügel und Eier sind auf dem Markt täglich zu finden.

Geflochtene Körbe, Hüte und Matten aus Satrapalmblättern kommen aus Betioky und aus Fort Dauphin solche aus Schilfrohr.

Sadia (Lendentücher) und *lamba* oder *mandiavola* (Umschlagtücher) werden in Bekako, einem Dorf am Manakaravavyfluß, von den Faloanombe gesponnen und auf einfachen Handwebstühlen hergestellt. Außer ihnen gibt es nur noch wenige ältere Frauen, die sich mit Handweberei beschäftigen und ihre Produkte nur auf dem Markt verkaufen, wenn der Auftraggeber die bestellte Ware nicht bezahlen kann, was öfter vorkommt.

Hetay, Brennholz und Holzkohle werden täglich auf den Markt gebracht.

Rinder, Schafe und Ziegen werden nur auf dem Wochenmarkt gehandelt. Da ein einzelnes Tier ohne die ihm vertraute Herde nicht auf den Markt gebracht werden kann, werden zahlreiche Herden aus einem Umkreis von 100 km auf den Markt getrieben.

Auf dem Markt in Ampanihy wird nur mit Bargeld bezahlt, im Gegensatz zu einzelnen abgelegenen Dörfern, wo Bargeld rar ist und noch immer getauscht wird, wie zum Beispiel eine Karrenladung voll Holz gegen eine Ziege. Zahlungseinheit ist das Fünffrancstück, das *Dalla* genannt wird. Kleinere Münzen werden nicht angenommen, selbst ein Bettler lehnt sie ab. Nur das Personal der Post, der Verwaltung und Apotheken rechnet mit kleinen Zahlungseinheiten. Papiergeld ist weniger beliebt als Münzen. Neue Geldscheine sind für die Mahafaly wertvoller als alte und abgegriffene.

Maß- und Gewichtssysteme sind: eine leere Milchbüchse (Nestle) = *Kapok* sie wird für Reis, Mais, Hirse und Bohnen als Hohlmaß verwendet, *Atonta* (Häufchen) für Maniok, Erdnüsse, Bataten und Wurzeln. Zuckerrohr, Orangen und Bananen werden nach Stück verkauft. Nur auf der Fleischbank benutzt man die Waage. Im indischen Laden wird Reis kiloweise oder kapokweise verkauft. Viele Mahafaly kaufen auch Öl eßlöffelweise, Zucker und Petroleum kauft man in kleinen Rumfläschchen (ca. 100 ccm), Zigaretten, Aspirin, Nivaquin nach Stück in den Medikamentendepots. Kopfrechnen kann jeder, auch wenn er keine Schule besucht hat. Papier und Bleistift werden zum Rechnen nicht verwendet. Lebensmittel wie Bohnen, Mais und Reis werden aus den mitgebrachten Körben auf eine Matte am Boden ausgeschüttet. Kleider, Tücher und Hüte liegen am Boden auf Matten ausgebreitet. Verkaufsstände gibt es nur auf dem Jahrmarkt für die ambulanten Händler, weil dann großes Gedränge herrscht.

Der Verkäufer ruft seine Ware nicht aus. Er sitzt wartend auf dem Boden bis ein Käufer kommt und sich nach dem Preis der angebotenen Ware erkundigt. Der Verkäufer gibt kurz Auskunft. Ist der Käufer mit dem Preis einverstanden, wird die Ware in den mitgebrachten Korb geschüttet. Fleisch wird auch auf einen Bastfaden oder eine Sisalschnur aufgefädelt und unverpackt weggetragen.

Die Frauen, die Körbe und Lendentücher verkaufen, verlangen alle die gleichen Preise für ihre Ware und unterbieten sich nicht. Es gibt höchstens Qualitätsunterschiede.

Die Preisgestaltung ist abhängig von der Jahreszeit, dem Angebot und der Nachfrage. Unmittelbar nach der Ernte sind die Preise für Mais, Bohnen und Bataten am niedrigsten. Die Preise für den Ankauf von Erdnüssen und Reis sind von der Regierung festgesetzt. Gegen Ende der Trockenzeit, wenn die Lebensmittelknappheit spürbar ist, steigen die Preise für Mais an. Die Preise für Reis sind von der Regierung festgesetzt.

So wurde z. B. der Mais unmittelbar nach der Ernte 1970 für 15 FMG auf dem Markt verkauft. Viele Großhändler bezahlten dem madegassischen Bauern nur 5 FMG pro Kilogramm. Einige Monate später kostete ein Kilogramm bereits zwischen 30 und 35 FMG. 1970 war für viele Bauern ein Katastrophenjahr, weil die Rinderpest grassierte, und der Regen erst im Januar verspätet einsetzte. Die Preise für Lebensmittel waren stark gestiegen und 1 kg Importreis kostete 40 FMG.

Die Abhängigkeit der Mahafaly-Bauern von den Aufkäufern der Fleischfabrik, die die Preise für Schlachtvieh auf die Hälfte herunterdrückten, wenn die Bevölkerung Vieh verkaufen mußte, um die Steuern zu bezahlen oder Nahrungsmittel zu kaufen (ein fünfjähriger Ochse kostete kurz nach der Regenzeit 15.000 FMG, einige Monate später bekam der Bauer nur noch 5000 und 7000 FMG) führte wie die Preisgestaltung durch die Händler zu einer allgemeinen Unzufriedenheit der Bauern im Süden, die schließlich den Aufstand im April 1971 verursachte.

Was auf dem Markt an Bargeld eingenommen wird, gibt man sofort wieder für Werkzeuge, Haushaltsgegenstände, Decken, Flanellstoffe aus. Nur ein kleiner Betrag von ungefähr 300–500 FMG wird für Unvorhergesehenes zur Seite gelegt. Größere Geldsummen werden in Rinder oder Ziegen angelegt. Von dem Erlös aus dem Verkauf eines fünfjährigen Ochsen an den Aufkäufer einer Fleischfabrik kauft man in der Regel zwei zweijährige Stierkälber, wenn das Geld nicht für die Bezahlung von Steuern, für die Kosten eines Spitalsaufenthaltes oder die Behandlung eines kranken Familienmitgliedes benötigt wird.

Importwaren

Als Madagaskar ein unabhängiger Staat wurde (1960), bevorzugte die Bevölkerung aus Europa importierte Waren, besonders Kleidung und Schuhe. Nach 1965 ging der Import zurück, weil die in Madagaskar hergestellten Waren von guter Qualität waren und zu niedrigen Preisen verkauft wurden. Die modischen Schwankungen in der Kleidung, die von der Bevölkerung außerhalb der Städte getragen wird, beschränken sich auf Farben und Muster, denn alle Madegassen tragen die gleichen großen Umschlagtücher aus Flanellstoff, die in den einheimischen Baumwollfabriken aus der in den Plantagen des Westens kultivierten Baumwolle gewebt werden. So haben die Mahafaly eine Vorliebe für helle Farben, in grün, blau und gelb. Rot, braun und schwarz sind nicht beliebt. Abgelegte Kleider, sogenannte *Friperie* aus Europa und den USA, die auf den Märkten angeboten wird, wird nur noch von armen Leuten gekauft, die nur 50 FMG für Kleidung und keine 500–600 FMG für ein neues Flanelltuch ausgeben können.

Kunsthandwerk

Das einheimische Kunsthandwerk hat für den Markt in Ampanihy keine Bedeutung. Auf dem Wochenmarkt in Ampanihy werden nur Matten, Körbe, Hüte, handgewebte Tücher und in geringen Mengen Schmuck aus Aluminium und Silber gehandelt.

Arbeitsgeräte aus Schmiedeeisen, Kannen, Eimer, Schüsseln, Lampen, Strickwaren und Stickereien kommen von den Märkten des Hochlandes und werden von den ambulanten Händlern verkauft.

Fremdenindustrie

Der erste Versuch der französischen Kolonialverwaltung Anfang der dreißiger Jahre, die mit Brandmalerei verzierten, holzgeschnitzten Honigtöpfe, Nachbildungen von Grabstelen und andere Holzschnitzereien als Souvenirkunst an Europäer, die in Madagaskar lebten, zu verkaufen, um den Mahafaly eine zusätzliche Einnahmequelle zu verschaffen, schlug ebenso fehl wie ähnliche Unternehmungen in späteren Jahrzehnten. Die Fremdenindustrie blieb im Mahafaly-Land im Gegensatz zu den Zentren auf dem Hochland (Ambositra) und den Schnitzereischulen in Tananarive bedeutungslos. Die für die Erzeugnisse vorgesehene Vertriebsorganisation, die staatlich gelenkt werden sollte, nahm keinen Aufschwung im Gegensatz zur Teppichweberei in Ampanihy, deren Erzeugnisse aber nicht auf dem Markt, sondern im Maison Mohair in Ampanihy verkauft werden.

Fahrende Tänzer und Sänger gibt' es nur auf den Jahrmärkten, sie kommen aus dem Androy- oder Baraland. Wenn sie von der Verwaltung eingeladen sind, bekommen sie ein Honorar, sonst müssen sie sich mit dem zufriedengeben, was eine Kollekte unter den Zuschauern erbringt. Sie bilden keinen eigenen Berufsstand und haben auch keine besondere soziale Stellung, sie werden nur ihrer Künste wegen bewundert.

Auf allen Jahrmärkten findet auch das traditionelle *Ringa* statt. Junge Männer versuchen in einer Art Ringkampf ihre Geschicklichkeit und Reaktionsfähigkeit zu zeigen. Jede Brutalität muß vermieden werden. Wenn ein Partner mit dem Hinterkopf den Boden berührt, scheidet er aus dem Kampf aus.

3. Handwerk

Eisen- und Silberschmiede

Bei den Mahafaly gibt es wenig Handwerker. Nach der Überlieferung sind die **Eisenschmiede** die ältesten Handwerker im Süden Madagaskars. Sie bildeten aber keine eigene Zunft, denn es soll nur wenige Schmiede gegeben haben. Von der Gruppe Faloanombe, die vor der Ankunft der Maroseranana-Könige im Menarandratal gelebt haben soll, ist überliefert, daß einige von ihnen die Herstellung von Speerspitzen und Eisenwerkzeugen kannten. Sie wußten auch, wie man aus dem im Mahafaly-Land häufig vorkommenden *vatomby* (Eisenstein) das Eisen herausschmelzen und weiterverarbeiten konnte. Weil die Speerschmiede für die Könige wichtig waren, besaßen sie mehr Privilegien als die übrigen Mahafaly. Die Faloanombe mußten allerdings ihr fruchtbares *tanindraza* (Heimatland) im Menarandratal verlassen und in das Manakaravavyflußgebiet umsiedeln, wo sie heute noch leben.

Nach der Tradition der Madegassen auf dem Hochland soll die Kenntnis der Eisenverhüttung und die Schmiedekunst von der Gruppe der Hova nach Madagaskar gebracht worden sein. Allgemein wird angenommen, daß die Hova die letzte Einwandererwelle aus dem indonesischen Raum gewesen sind und im 15. Jahrhundert möglicherweise nach Madagaskar kamen. Es ist aber unwahrscheinlich, daß die ersten Einwanderer, die mit ihren Auslegerbooten über den Indischen Ozean an die madegassischen Küsten kamen, das Eisen nicht gekannt haben sollen. Außerdem berichteten mir viele Mahafaly, daß es bereits Eisenschmiede gab, bevor die Könige der Maroseranana das Land eroberten. Sie sollen auch den Verhüttungsprozeß gekannt haben. Als die ersten Segelschiffe auf ihrem Seeweg nach Indien in den madegassischen Häfen ankerten und dort Waren austauschten, waren Eisenwerkzeuge die beliebtesten Tauschobjekte. Auch die Eisenteile der gestrandeten Schiffe wurden abgewrackt und in das Landesinnere gebracht und dort von den Schmieden eingeschmolzen. So ging die Kenntnis der Eisenverhüttung verloren. Retolany, ein Silberschmied in Andranomamy bei Ampanihy, wußte noch wie die alten Mahafaly-Schmiede die *vatomby* (Eisensteine) einschmolzen: Die Eisensteine wurden abwechselnd mit Holzkohle aufgeschichtet und angezündet. Die Luftzufuhr mit einem Blasebalg erzeugte hohe Temperaturen. Nach dem Erkalten wurde die Schmelze zerschlagen, von den gröbsten Unreinheiten befreit, eingeschmolzen und zu Spaten und Speerspitzen verarbeitet. Heute gibt es nur noch wenige Eisenschmiede *(mpanefe)*. Im benachbarten Antandroyland stellten sie bis zum Bauernaufstand Speere her. Im Mahafaly-Land gab es nur zwei Eisenschmiede, die die Eisenbänder für die zweirädrigen Ochsenkarren zurichteten und gelegentlich einen Spaten reparierten. Damals haben die Eisenschmiede noch das Kolbengebläse verwendet: Zwei aufrechtstehende Zylinderpaare mit Kolben und unten angesetzten Düsen. Als Kolben wurden Holzscheiben verwendet, die mit Stoff umwickelt waren. Die beim Hochziehen der Stempel an den undicht schließenden Rändern eindringende Luft wurde beim Niederdrücken durch die angesetzten Düsen, Eisenrohre, herausgepreßt. Die beiden Holzzylinder waren ungefähr 20 Zentimeter tief in die Erde eingelassen und der Boden um sie herum festgestampft. Das Kolbengebläse *(Vahomafe)* stellte sich der Schmied selbst her, nur die beiden Zylinder aus einem ausgehöhlten Baumstamm bearbeitete der Schnitzer.

Silberschmiede *(mpanefe volampotsy)* gab es 1972 nur noch drei im Mahafaly-Land. Der bekannteste war Retolany. Er stammte aus Androka von der Küste und arbeitete in Andranomamy bei Ampanihy. Ich kannte ihn seit 1961 und habe ihn bei seiner Arbeit 1963/64 und 1972 gefilmt. Er soll, so wurde mir berichtet, 1973 gestorben sein. Die wichtigsten Informationen über das Schmiedehandwerk habe ich von Retolany bekommen. Retolany hat das Handwerk bei seinem Vater gelernt. Er war ohne Nachfolger.

Wann es zum ersten Mal im Mahafaly-Land Silberschmiede gab, konnte ich nicht herausfinden. Es gibt in Madagaskar zwar Goldminen, aber keine Silberminen und das Ausgangsmaterial für Silberschmuck waren ursprünglich Maria-Theresienthaler, später die alten Fünffranc-Stücke mit hohem Silbergehalt. Gold darf vom Silberschmied nicht verarbeitet werden, selbst die Berührung dieses Metalls ist für ihn *fady*. Der Silberschmied kann an allen Tagen der Woche mit Ausnahme des Montags arbeiten, wenn er Aufträge hat. Aber auch für ihn ist der Monat *volambahafito* (August) *fady*. In diesem Monat darf er nichts schmieden. Eine Erklärung konnte Retolany mir dafür nicht geben.

Jeder Silberschmied benutzt den *vahomafe* (Blasebalg) aus Schafshaut. Retolany mußte ihn jedes Jahr erneuern. Er suchte sich selbst das geeignete Schaf auf dem Samstagsmarkt aus, tötete es durch einen Halsschnitt und hängte das Tier auf einen Tamarindenast im Schatten auf. Er zog dem Kadaver das Fell über den Kopf, so daß die Innenhaut nach außen kam, trennte es von den Füßen und vom Kopf ab und ließ das Fell im Schatten trocknen. An der Halsöffnung heftete er mit einem Sisalfaden zwei parallele Holzleisten an, die ein Klappventil ergaben. Am anderen Ende legte er ein Eisenrohr ein und verschnürte es mit Bindfäden. Die Beinöffnungen wurden mit einem Sisalfaden vernäht. Beim Langziehen des Blasebalgs öffnete sich das Klappventil, beim Zusammendrücken schloß es sich und die Luft wurde durch das Eisenrohr gepreßt.

Früher hatte der Eisenschmied die Werkzeuge für den Silberschmied gearbeitet und die für das Schmelzen notwendige Holzkohle *(are)* aus dem Holz der Tamarindenbäume hat sich der Silberschmied selbst gebrannt.

Der *fanonta* (Hammer) war früher ein handlicher, nicht geformter Eisenstein, auch die *trandra* (Zangen) stammten ebenso wie der *fikuruke* (Hohlmeißel) und der *landrea* (Amboß) aus voreuropäischer Zeit. Retolany kaufte sich sein Werkzeug im Inderladen und richtete es für seine Zwecke zu. Der Hammer heißt nun *marato* (franz. marteau). Retolany's Inventar bestand aus: 6 Stück Meißel, *voly-fitomboke*, 2 Zangen, *fokitobola*, 1 Gefäß, in dem Silber geschmolzen wird, *fanilimambola*, 1 Waage, *balancy*, die er sich selbst gearbeitet hat und verschiedenen Gewichten (*vatokilo* = Gewichtssteinen) von 1–2 gr, im Inderladen gekauft. Retolany arbeitete nur, wenn er einen Auftrag bekam und ihm das Rohmaterial geliefert wurde. Meistens waren es alte Fünf-franc-Stücke, selten Silberdraht oder alter

Silberschmuck, der umgearbeitet werden sollte. Das Material wog er zuerst mit der Waage ab und legte es dann in ein oben offenes Gefäß in das Holzkohlenfeuer, das mit dem Blasebalg angefacht wurde. War das Silber geschmolzen, nahm Retolany das Gefäß mit der Zange aus dem Feuer und goß das flüssige Silber in das kalte Wasser *(aoke)*. Nach dem Erkalten legte er das Stück auf den Amboß und hämmerte es in die Länge und Breite *(lavalava ty tapaka)* wenn es ein Armreif werden sollte. Dann wurde das Stück gefeilt *(anufake)*, Löcher wurden gestanzt, es wurde gebogen und mit Ruß blankgerieben.

Für eine *talivata* (Halskette) waren viele Arbeitsgänge erforderlich. Für jedes Kettenglied mußte das Silber zu einem Draht dünn ausgeklopft und gebogen werden. Jede einzelne Eisenperle mußte zurechtgeschliffen und durchbohrt werden. Deshalb war eine solche Kette noch vor wenigen Jahrhunderten nur für reiche Mahafaly-Frauen erschwinglich.

Während nach dem ersten Weltkrieg die Bedeutung des Eisenschmiedens zurückging, hat sich die Kunst der Silberbearbeitung im Mahafaly-Land sehr hoch entwickelt. Bis in den Norden der Insel wurden Armreifen und Ketten von Händlern gebracht.

Die Schmiedekunst wurde vom Vater auf den Sohn und vom Onkel auf den Neffen übertragen, doch konnte jeder junge Mann bei einem Schmied in die Lehre gehen, wenn sein Vater damit einverstanden war.

Das Lehrgeld wurde zwischen dem Meister und den Eltern des Schülers ausgehandelt. Vor der französischen Kolonialzeit war es selbstverständlich für Jungen und Mädchen, daß sie Lehrgeld an ihren Lehrmeister zu zahlen hatten, wenn sie etwas lernen wollten. Im Jahr 1966 betrug das Lehrgeld 20 FMG pro Tag. Wenn ein Junge sehr langsam lernte, konnte die Lehrzeit 4–6 Jahre dauern. Heute gilt jedoch jede Art von Lehre, die mit Handarbeit verbunden ist, bereits als Arbeitsleistung. Der Lehrling verlangt für sich den Lohn einer vollwärtigen Arbeitskraft. Viele Handwerker können ihrem Lehrling keinen *karama* (Lohn) geben.

Für einen Schmied war es ebenso wie für Karrenmacher, Schneider und Schuster, die es in Ampanihy gab, unmöglich Lehrlinge zu bekommen. So hatten sie keine Nachfolger. Als der einzige Schuster 1966 starb, gab es keinen Schuster mehr im ganzen Bezirk. Auch der einzige Schneider, der wie der Bäcker vom Hochland gekommen war, hatte nur seine eigenen Kinder, die von ihm ausgebildet wurden und ihm bei der Arbeit halfen.

Auch die von der französischen Kolonialregierung eingerichteten Lehrwerkstätten blieben deshalb ohne Schüler und mußten wieder geschlossen werden.

Schnitzer

Vor der Ankunft der Maroseranana-Könige soll es nur Schnitzer gegeben haben, die auf Bestellung Gebrauchsgegenstände wie Töpfe für Sauermilch und Honig, Schalen für Milch und Wasser, Löffel, Mörser und Webstühle herstellten.

Die Maroseranana-Könige haben die einzelnen Dörfer mit ihrem Umland in *fotorane* (politische und religiöse Einheiten) eingeteilt und einen *hazomanga* (Opferpfahl) errichten lassen. Am *Hazomanga* fanden alle Tieropferungen statt, für die Kultgeräte wie *sakazo* (Opferschale) benötigt wurden. Opferpfähle, Kultgeräte und Grabstelen *(Aloalo)* durften nur von Schnitzern gearbeitet werden, die vom regierenden König *(Mpanjaka)* dazu beauftragt waren. So haben sich in der Nähe der Königsdörfer einzelne Schnitzerfamilien niedergelassen, die ausschließlich für den König arbeiteten. Seit Generationen haben die männlichen Mitglieder der Schnitzerfamilien ihre Kunst und auch ihren Stil auf Söhne und Neffen weitergegeben. Heute läßt sich an einer geschnitzten Grabstele genau erkennen, aus welchem Schnitzerdorf sie stammt.

Die Maroseranana-Könige haben im 17. oder 18. Jahrhundert das Mahafaly-Land in drei Königreiche und später in ein viertes aufgeteilt:

Königreich von Onilahy, regiert von den Maroseranana Befira
Königreich von Linta, regiert von den Maroseranana Andriambolamena
Königreich von Menarandra, regiert von den Maroseranana Befira
Königreich von Sakatovo, regiert von den Maroseranana Manindriarivo.

Im Onilahyreich leben heute noch die Schnitzer vom Dorf Andranotantely, im Lintareich die Schnitzer bei Ankazontaha und im Königreich des Sakatovo ist neben Firanga und Ankiliabo Behavandra das wichtigste Schnitzerdorf.

Nach den Berichten der ersten Europäer, die als Kolonialbeamte in das Mahafaly-Land kamen, muß es einen großen Reichtum an geschnitzten Haushaltsgegenständen, wie Honigtöpfe, Michtöpfe, Nackenstützen, Holzfiguren und Grabstelen gegeben haben. Wenig davon blieb erhalten, weil nach Landessitte alles, was einem Verstorbenen gehört hat und zu seinem persönlichen Besitz zählt, entweder mit ins Grab gegeben oder auf das Grab gelegt, oder mit seinem Wohnhaus nach der Bestattung des Leichnams verbrannt werden muß. Die kunstvollen Grabstelen, wie man sie auf den alten Königsgräbern in Ankirikirike bewundern konnte, waren 50 Jahre später durch Termiten zerstört.

Seit kurz vor dem 2. Weltkrieg zum Schutz des Waldes ein Gesetz erlassen wurde, daß für das Fällen eines Baumes ein Erlaubnisschein beantragt werden muß, haben die Schnitzer nur noch im Geheimen gearbeitet. Sie haben die wenigen hohen Bäume, die in den Wäldern standen, als ihr Eigentum betrachtet und lieber eine Gefängisstrafe riskiert, als einen Erlaubnisschein zu beantragen und sich dann einen Baum zuteilen zu lassen, der für ihre Zwecke doch nicht geeignet war. Das Schnitzen von Gebrauchsgegenständen wurde daher immer seltener. Die Schnitzer haben sich ganz auf die Herstellung von Grabstelen verlegt.

Ich war mit der Schnitzerfamilie in Behavandra sehr befreundet und hatte durch sie auch guten Kontakt zu anderen Schnitzern bekommen. Ich durfte mit ihnen in die Wälder gehen, die Herstellung von *Aloalo* und anderen Gegenständen filmen und fotografieren. Ich lernte die Bäume kennen, die als Schnitzholz gefällt werden und erfuhr von meinen Informanten alles, was ihnen von ihren Ahnen überliefert worden war:

Die Bäume können nur während der Trockenzeit im März und April bei zunehmendem Mond gefällt werden. Der Stamm muß dann noch 1–2 Monate lang austrocknen. Manche Schnitzer legen sich einen kleinen Vorrat an, den sie aber noch während der Trockenzeit verarbeiten müssen. Im Juli während der „kleinen Regenzeit" *(erikeerike)* darf ebenfalls nicht gearbeitet werden, weil durch das feuchte Wetter das Holz schwarze Schimmelflecken bekommt.

Folgende Holzarten werden im ganzen Mahafaly-Land verwendet:

Fantsiholitse	=	Stangenkaktus, er heißt getrocknet „*rautse*", für Feuerbohrer, Balkenverzierungen an Holzhäusern und geschnitzte Türpfosten
Rombe	=	sehr weiches Holz, helle Farbe, für Sauermilchtöpfe und Honigtöpfe
Balabake	=	für Löffel und Grabstelen
Beholitse	=	für Löffel und Grabstelen
Pake	=	für Löffel und Grabstelen
Hazontaha	=	für Löffel und Kästchen *(sanduke)*
Sakoa	=	sehr hartes Holz, selten für Schüsseln und Melkgefäße
Akale	=	für Löffel *(sotro)*
Mendorave	=	sehr hartes Holz für *Aloalo* = Grabstelen, Särge *(hazo)*, Mörser *(lea)*, Opferschalen *(sakazo)*
Katrafay	=	für Opferpfähle *(hazomanga)*
Beromba	=	für Holzmasken *(manova)*
Daro	=	für Holzmasken

Rombe, balabake und *fantsiholitre* sind sehr weiche Hölzer, die schnell von Termiten zerstört werden. Das Holz des Rombebaumes muß mindestens zwei Monate austrocknen, bevor es verarbeitet werden kann, damit es nicht splittert.

Nach dem Trocknen des Holzes wird mit dem *antsy* (kleinen Beil) das Holz in groben Umrissen zubehauen. Dann arbeitet der Schnitzer mit dem *kelilahy* (kleinen Messer) weiter. Außer diesen Werkzeugen verwendet der Schnitzer noch ein *fandrake* (Stemmeisen) und einen *lavory* (Bohrer). Die Werkzeuge hat früher der Eisenschmied hergestellt, heute werden sie im Inderladen gekauft. Auch das Glaspapier *(papier verra)* wird heute statt des früheren Poliersteines zum Glätten des Holzes verwendet.

Töpfe, Schalen und Schüsseln werden in einem Stück aus einer Baumhälfte herausgeschnitten. Honigtöpfe schwärzt man noch mit einem rotglühenden Eisen – *atahesane ty mainty* – und ritzt dann mit einem Taschenmesser die Umrisse eines Musters ein (*manoritse* = zeichnen). Dann wird vorsichtig um das Muster herum eine dünne schwarze Schicht abgehoben – *afaha ty mainty* – so daß sich das Ornament gut von dem hellen Hintergrund abhebt – *malange soa* – Augen, Nüstern und Ohren der geschnitzten Ochsen auf den Grabstelen werden auch mit einem rotglühenden Eisen geschwärzt, damit sie gut sichtbar sind. Das Sägezackenmuster an Giebel und Türpfosten (*otsa lahinandriake* = männliche Wellen des Meeres) war früher nur auf den Häusern der königlichen Familie erlaubt, ebenso wie die Verzierungen am Türbalken *(tokona ambony)* und an der Schwelle *(tokona ambany)*. Auch die Nackenstützen *(onda)* waren mit Sägezackenmustern verziert. Heute sind sie verschwunden, weil auch die dicken Fettkugelfrisuren aus der Mode gekommen sind.

Holzmasken *(manova)* haben sich als Rarität in einzelnen Exemplaren erhalten. Sie sollen im Besitz von Medizinmännern und Zauberern *(Hombiasa* und *Mpisikidy)* gewesen sein und wurden deshalb von den französischen Gendarmen beschlagnahmt. Die Ausübung der Tätigkeit eines Medizinmannes und Zauberers war verboten und wurde mit Gefängnis bestraft. Alle Utensilien, die als „zauberisches Beiwerk" und als Amulette galten wurden beschlagnahmt.

In einem Band „La Revue des Madagascar" 1933[6] fand ich eine Maske abgebildet, die als Mahafaly-Maske beschrieben wurde. Da ich nie zuvor weder bei den Mahafaly noch bei anderen Gruppen in Madagaskar solche Masken gesehen hatte, begann ich mit Nachforschungen. Es dauerte fast drei Jahre, bis ein Mann gefunden war, der diese Masken *(manova)* noch herstellen konnte. Vor „langer Zeit" *(efa ela be)* hätte es bei den Mahafaly solche Masken gegeben. Junge Männer haben sich die Masken aus hellem Holz vor das Gesicht gebunden und seien nachts um die Hütten geschlichen oder hätten vollständig vermummt auf Stelzen Tänze aufgeführt, um junge Frauen und Mädchen zu erschrecken. An eine andere Bedeutung könnten sie sich nicht erinnern.

Meiner Meinung nach konnte das aber nicht so lange zurückliegen, weil sich ältere Frauen um die fünfzig noch gut daran erinnern konnten, wie man in ihrer Jugend damit getanzt hatte.

Auch die jungen Männer, die noch nicht dreißig waren, führten Tänze auf, die alle Dorfbewohner amüsierten. Nur für die halbwüchsigen Kinder waren diese Aufführungen etwas Neues und sie sahen staunend zu. Ich hörte, daß man außer Stelzen auch noch Röcke aus Gras verwendet habe. Ich selbst habe sie jedoch niemals in Madagaskar gesehen.

Eß- und Schöpflöffel werden heute noch aus Holz geschnitzt und auf dem Markt zu 10 FMG oder zu 50 FMG das Stück verkauft.

Die Herstellung der Grabstelen, *aloalo* genannt, war durch ein Gebot des Königs nur dem gestattet, der vom König dazu die Erlaubnis bekam. Bevor ein Baum gefällt werden durfte, aus dem ein *aloalo* geschnitzt werden sollte, opferte der König einen *vositse asorongo* (Opferochsen), ein zweiter Ochse, der am Leben blieb, war der Lohn für den Schnitzer. Diese beiden Ochsen mußten vom Auftraggeber geliefert werden. Das Schnitzen eines *aloalos* brauchte im allgemeinen 2—3 Monate Zeit, dann mußte nochmals ein Ochse geopfert werden. Mit dem Fett dieser Ochsen wurde der *aloalo* bestrichen. (Das Fett wurde zuvor in einem Gefäß über dem Feuer erhitzt bis es flüssig geworden war und dann mit einer Hühnerfeder auf den *aloalo* aufgetragen.) Der Schnitzer konnte selbst entscheiden, wie er die Stele *(aloalo)* gestalten wollte. Doch mußten die Symbole *Variumbola*, *Anakamboaforetse* und *Valovalo* aufeinanderfolgten. *Variumbola* bildet den Abschluß zur Platte, auf der ein Ochse oder Darstellungen aus dem täglichen Leben angebracht sind. *Anakamboaforetse* und *Valovalo* können sich bis zu dreimal als Muster auf einer Stele wiederholen. Die Schnitzer aus dem Dorf in der Nähe der alten Königsresidenz Andranotantely bei Betioky verfertigten Stelen für die Gräber der Könige, deren unterer Teil einen Mann oder eine Frau darstellte. Für Pierre Verin, Professor an der Universität Tananarive und Leiter des Archäologischen Institutes, stellte sich der von mir für dieses Institut angekaufte „*aloalo*" als ein Schulbeispiel für die Koexistenz von Personen und Tieren mit geometrischen und anthropomorphen Formen dar, denn außer der sehr naturalistischen Darstellung des Zebuochsen sind die dargestellten Symbole *Variumbola* als Kopf, *Anakamboaforetse* als Körper und *Valovalo* als Beine eines menschlichen Körpers anzusehen[41]. Für die Schnitzer im Mahafaly-Land war es streng verboten, erotische Szenen auf den Stelen darzustellen, wie sie auf einigen Gräbern in der Nähe von Morondava in Westmadagaskar zu sehen sind. Es ist auch *fady*, Geschlechtsmerkmale auf den geschnitzten Figuren zu betonen, sie dürfen nur angedeutet werden. Die Größe und Länge einer solchen Stele *(aloalo)* war abhängig von der Größe des Baumes, der gefällt wurde. Sie waren meist zwischen 1,20 m und 2,00 m hoch. War der Auftraggeber mit einem vom Schnitzer angefertigten *aloalo* nicht zufrieden, konnte er die Annahme und Bezahlung des *aloalo* verweigern. Das Holz wurde in den Wald geworfen, um dort zu vermodern. Der Schnitzer mußte einen neuen *aloalo* arbeiten oder ein anderer Schnitzer bekam den Auftrag.

Für die Mahafaly sind nur die *aloalo* echt, die nach den *fombandrazana* (Sitten der Ahnen) hergestellt werden. Diese Stelen kosteten auch im Jahr 1972 noch mindestens drei Ochsen. Für besonders kunstvolle *aloalo* mußten mehr als drei Ochsen gegeben werden. Auf einem Grab, ungefähr 20 Kilometer östlich von Ampanihy, steht ein *aloalo*, den die Madegassen *maroanake* (viele Kinder) nennen. Er soll mehr als zehn Ochsen gekostet haben. Der Künstler, der damals in der Nähe von Beloha lebte, hat sich später geweigert, noch ähnliche *aloalo* zu schnitzen, obwohl ihm große Summen dafür geboten wurden. Heute haben sich im Mahafaly-Land Kunsthandwerker niedergelassen, die vom Hochland stammen und sich auf die Produktion von *aloalo* verlegt haben. Diese bemalten Stelen sind im Verhältnis zu den traditionellen *aloalo* nicht teuer und haben die herkömmlichen Symbole nur angedeutet. Um das nicht vorhandene Fett der geopferten Ochsen vorzutäuschen, sind die Pfähle mit weißem Lack bemalt, die Figuren auf der Plattform rot, grün und blau gefärbt.

Auf einem Grab in der Nähe von Ampanihy (ungefähr 26 km nordöstlich) sind 30 *aloalo* zu sehen, auf deren Plattformen Szenen aus dem täglichen Leben dargestellt sind: Konsultation bei einem Arzt, vollbesetzter Autobus, ein tanzendes Paar, sogar eine gebärende Frau mit Hebamme.

Diese Darstellungen haben keine Beziehungen zum früheren Leben des in diesem Grab beigesetzten Toten. Sie sind nur Ausdruck der schöpferischen Phantasie des Künstlers, der diese Figuren geschnitzt hat. Der alte Schnitzer Manivake, der 1970 ungefähr 70 Jahre alt war, arbeitete in einem kleinen Dorf bei Androka. Er habe sich das Schnitzen selbst beigebracht, erzählte er mir, diese Gabe sei ihm von *Andrianahary* (Gott) geschenkt worden. Er schnitzte *aloalo* mit liegenden Ochsen auf der Plattform, Perlhühner, Krokodile und menschliche Figuren aus dem vom Lintafluß angeschwemmten Holz der Mendoravebäume. Von seinen zehn Kindern hat nur ein Sohn namens Fiambelo die Kunst des Schnitzens erlernt. Seine Frau Hivoke schnitzte Eß- und Schöpflöffel, die sie auch auf dem Samstagsmarkt verkaufte. Das Schnitzholz sammelten sie in den Monaten April, Mai, Juni und Juli an den Ufern der Flüsse ein. Manivake schnitzte vor allem im August, denn da bekam er die meisten Aufträge. Der August war für ihn nicht *fady* wie für die anderen Schnitzer, erzählte er mir, denn er sei kein Mahafaly, sondern von der Gruppe der Vezo und die Schnitzkunst sei ihm direkt von Gott gegeben und nicht durch die Könige. Für einen *aloalo* bekam Manivake einen dreijährigen Ochsen.

In Ankiliabo lebte 1966 ein *Aloalo*-Schnitzer. Er war der letzte aus einer Familie, die für die Könige im Sakatovo-Königreich gearbeitet hatte.

In Evazy, wo eine Schnitzerfamilie seit Generationen für die Könige der Maroseranana des Menarandratales gearbeitet hatte, gab es nur noch einen alten Mann, der gelegentlich einen Auftrag übernahm und auch nur dann, wenn dieser *aloalo* für ein Mitglied der königlichen Familie bestimmt war.

Eine Schnitzerfamilie, die dem königlichen Clan der Tsitaila angehörte und bei Betioky lebte, hatte seit Generationen *aloalo*, Honigtöpfe und figürliche Darstellungen aus dem Leben der Mahafaly geschnitzt. Der beste Schnitzer soll Emaly gewesen sein. Er war im September 1969 beim Fällen eines Baumes tödlich verunglückt. Ich kam erst nach seinem Unfall in sein Dorf und erfuhr dort, daß er in einem eigenen Holzhaus alle von ihm verfertigten Arbeiten aufbewahrt hatte. Er soll niemals etwas davon verkauft haben, weil er sich nicht von seinen Kunstwerken trennen wollte. Die Familie wußte nicht, ob die Kunstwerke nun als „persönliche Habe" gelten sollten, die bei der Bestattung des Toten vernichtet werden muß, wie es die Sitte verlangt oder ob sie nicht doch dazu bestimmt gewesen seien, eines Tages verkauft zu werden.

Ich sollte eine Entscheidung treffen. Die Familie verlangte zwar einen hohen Preis für die Kunstwerke, trotzdem habe ich fast alles gekauft und den größten Teil dem Archäologischen Museum in Tananarive überlassen.

Weberinnen, die auch Flechtarbeiten und Teppiche herstellen

In ganz Madagaskar sind es nur Frauen, die weben und flechten. Nur bei der kleinen Gruppe der Antaisaka, deren Vorfahren arabische Einwanderer sein sollen, weben auch Männer.

Die Mahafaly haben mir erzählt, daß ihre Ahnen nur Kleidung aus Rindenstoff *(hafotse)* kannten. Die Verarbeitung von Baumwolle und Seide und das Weben hätten sie von den Antanosy, die im Südosten bei Fort Dauphin leben, übernommen. Diese Aussage müßte noch genauer überprüft werden, denn dann könnte die Verarbeitung von Baumwolle im Mahafaly-Land höchstens hundert Jahre alt sein. Es wäre allerdings denkbar, daß die Könige der Maroseranana im 16. oder 17. Jahrhundert den Anbau von Baumwolle und ihre Verarbeitung im Mahafaly-Land eingeführt haben.

Heute sind es nur wenige ältere Frauen, die traditionelle Kleidung auf Bestellung weben. Früher konnte jedes junge Mädchen weben und flechten. Eine kleine Gruppe von Frauen, die dem Clan der Faloanombe angehört und um das Dorf Bekako nahe dem Manakaravavyfluß lebt, beschäftigt sich auch heute noch mit dem Weben der traditionellen Lendentücher für Männer *(sadia)* und den großen Umschlagtüchern *(mandiavola)*. Sie arbeiten auf dem traditionellen Webstuhl *(fiasantena)*, der in zwei Größen vorhanden ist. Sie verwenden Garn, das in der Baumwollfabrik von Antsirabe hergestellt wird und nicht so haltbar, jedoch billiger ist, als das handgesponnene Garn aus wilder Baumwolle.

Jeden Samstag verkaufen die Frauen auf dem Markt in Ampanihy ihre Erzeugnisse. Es sind drei oder vier Frauen, die meist nicht mehr als 10–12 Lendentücher zum Verkauf anbieten. Was sie nicht verkaufen können, wird am nächsten Markttag wieder angeboten. Sie haben feste Preise.

Man findet kaum Frauen aus den übrigen Dörfern, die auf dem Markt ihre handgewebten Produkte verkaufen.

Flechtwaren werden jedoch allgemein auf dem Markt angeboten und es gibt viele alleinstehende Frauen, die sich ihren Lebensunterhalt mit dem Flechten von Matten, Körben und Hüten verdienen. Sie arbeiten nicht auf Bestellung, sondern bringen alles, was sie an Produkten hergestellt haben, zum Verkauf auf den Markt.

Die Verarbeitung von Baumwolle

Heute gibt es nur wenige, vereinzelt stehende Baumwollsträucher, die verwildert sind. Früher sollen in jedem Garten Baumwollsträucher kultiviert worden sein.

Die Kapseln der ungefähr 1,50 bis 2 m hohen Baumwollsträucher werden von Frauen und Kinder gepflückt, mit der Hand entkernt und zerzupft, auf einer Matte an der Sonne getrocknet und mit einem Stock weichgeklopft. Gesponnen wird die Baumwolle mit der Hand: Etwas Baumwolle wird zerzupft und auf die Handspindel *(fangareta)* aufgewickelt. Mit der rechten Hand rollt die Mahafaly-Frau den Spindelstab auf dem rechten Oberschenkel und dreht mit der linken Hand die gezupfte Baumwolle zu einem Faden. Hat der Faden eine Länge von 30–40 cm, wird er auf die Spindel aufgerollt. Ist die Spindel voll, wird der Spinnwirtel abgezogen und auf ein neues Spindelholz gesteckt, bis auch die zweite Spindel voll ist. Dann werden die beiden Spindeln zum Verzwirnen *(mpikavia)* des Fadens abgewickelt. Der verzwirnte Faden wird entweder auf dem Markt verkauft oder zu einem Webstück weiterverarbeitet.

(Die Spindel besteht aus einem Holzstab mit einer scheibenförmigen Wirtel aus Holz oder Knochen.)

Früher wurden die Baumwollsträhnen mit einheimischen Pflanzenfarbstoffen gefärbt: Blau erzielte man durch das Kochen des Holzfarbstoffes „hiro" für die Trauerkleidung *(lamba mendo)*. Schwarz konnte das Baumwollgarn im Schlamm des Sakatovoflusses *(loko fotaka)* gefärbt werden. Die Baumwollsträhnen blieben einen Tag und eine Nacht im Schlamm liegen und wurden anschließend kalt ausgespült. Braun färbte man früher mit der Rinde der Mangrove *(hazotanga)*; sie wurde mit Holzasche *(lavenuke)* in einem Topf Wasser zum Kochen gebracht. Die Baumwolle kam in die Farblösung und kochte einige Stunden weiter auf kleinem Feuer. Für die Mahafaly war es verboten, im Dorf mit dem Tangafarbstoff zu färben.

Die Frauen mußten im Wald färben. Gründe konnten mir dafür nicht angegeben werden. Heute verwendet man die Flechte Lichen *somontsala* (Bärte des Waldes) für die Braunfärbung. Auch die Mohairwolle für die Teppichherstellung wird mit dieser Flechte gefärbt. Gelbrot wird der Stoff mit der Rinde des Sakoabaumes. Gestampfter Rindermist und Sakoarinde werden in Wasser gekocht. Ist die richtige Farbkonzentration erreicht, taucht man die Baumwollsträhnen ein und läßt sie zwei Tage in der Brühe auf kleinem Feuer ziehen. Wenn statt der Sakoarinde die Rinde des Darobaumes verwendet wird, erreicht man eine dunkelrote Färbung. Hellgelb färbt man mit der Wurzel Fantra: Sie wird zerstoßen und mit Holzasche in Wasser gekocht. In der gelben Farblösung bleiben die Baumwollsträhnen einige Stunden bis zu einem Tag liegen. Schwarz wird mit den Blättern der Leguminose Hintsintsy gefärbt: Getrockneter Rindermist und die Asche der Rinder des Katrafaybaumes werden mit Blättern des Hintsintky gekocht. Diese Blätter können grün oder getrocknet verwendet werden. Für Wildseide war nur der Farbstoff der Mangrove geeignet.

Die Verarbeitung von Wildseide

Früher kannte man zwei Arten von wilden Seidenraupen: die *landeraverave* (weiße Seidenraupen), die nur auf den Blättern des Pisopisostrauches lebten und die *landekohoke* (dunkle Seidenraupen), die auch die Blätter der Hazontahabäume fraßen.

Man findet kaum noch Seidenkokons im Wald. Vor der Heuschreckenbekämpfung, so erzählten mir die Mahafaly, konnten sie das ganze Jahr im Wald die Seidenkokons sammeln. Noch vor dem Krieg (1939/45) wären Karrenladungen voll Kokons auf das Hochland nach Ambositra gebracht worden, wo die Totentücher aus Wildseide hergestellt werden. Heute wird die Seidenraupe auf dem Hochland gezüchtet, damit der Bedarf an Material für die Herstellung von Totentüchern *(lambamena)* für die Totenumbettung gedeckt werden kann.

Die Mahafaly haben die Kokons im Wald in Kalebassen gefüllt und im Dorf in einen Topf kochendes Wasser geschüttet, wo die Kokons einige Stunden blieben. In einer mit Steinen ausgelegten Grube goß man den Topf aus, das Wasser versickerte und die Kokons blieben eine Woche lang in der Grube liegen. Dann wurden die Kokons in fließendem Wasser ausgespült. Die Puppen *(reny)* und der Abfall wurden weggeschwemmt. Dann zogen die Frauen die Seide von den Kokons ab und rollten sie wie die Baumwolle auf eine Spindel. Die mit kochendem Wasser überbrühten Kokons hat man auch mit feuchter Asche vermischt und schon nach drei bis vier Tagen in Wasser gespült.

Das Weben

Der Webstuhl *(fiasantena)* besteht aus vier Pfählen, die in den Boden gesteckt werden. Diese Pfähle werden *gado* genannt und bleiben solange in den Boden gerammt, bis das Webstück fertig ist. Alle übrigen Teile des Webstuhles werden einschließlich des Webstückes jeden Tag nach Beendigung der Webarbeit aufgerollt und im Haus aufbewahrt.

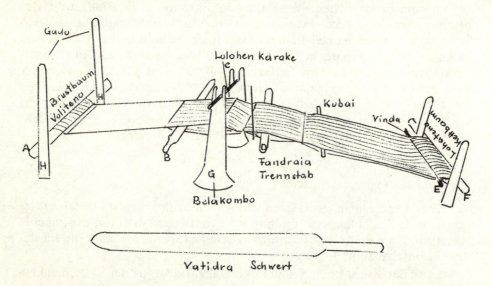

Der Brustbaum, *voliteno* wird ebenso wie der Kettbaum, *lohateno* mit einer Sisalschnur an den Pfählen festgebunden und straff gespannt. Zwei bewegliche Holzpflöcke, *belakombo* halten den Litzenstab, *lolohenkarake*. Mit Hilfe des Trennstabes *(fandraia)* werden zwischen Kettbaum und Litzenstab die oberen und unteren Fäden getrennt. Die Weberin, die auf einer Matte am Boden sitzt, beginnt, nachdem die Kettfäden gespannt und die Schnurschlingen am Litzenstab befestigt sind, mit dem Einschlag. Sie führt den Schußfaden der auf einem Rohr aufgewickelt ist, durch das Fach, hebt den Trennstab an und zieht ihn zu sich heran, dann zieht sie den Trennstab an den Litzenstab, wobei sich die Kettfäden hinter dem Schußfaden kreuzen und ein neues Fach gebildet wird. Der Schußfaden wird mit Hilfe des Schwertes *(vatidra)* an den vorhergehenden Faden angeschlagen. Für ein Lendentuch wird am Ende jedes Webstückes ein Muster mit verschiedenfarbigen Fäden eingeflochten: Sie heißen *angoty, vorinamindo, lianolitse* und *tomboko-tamboa-hatronga*. Die *Mandiavola*, ein Umschlagtuch, das früher nur die Mitglieder der königlichen Familie getragen haben, ist auf dem großen Webstuhl in drei Streifen gewebt. Früher war das Material Wildseide, schwarz und braun gefärbt, heute Baumwolle.

Perlen, die eingeflochten sind und aus Eisen bestehen *(firatse)* bilden verschiedene Muster wie z. B. das Muster „zwei Schlangen suchen ein Loch" *(batsy mila lavake)*.

Herstellung von Teppichen

In den dreißiger Jahren haben die Mahafaly-Frauen die großen Umschlagtücher statt aus Baumwolle und Seide aus der Wolle der Mohairziegen gewebt. Nach dem Krieg, als es billige Fabrikware aus Baumwollstoffen gab, haben die Mahafaly die Herstellung von Kleidungsstücken aus Mohairwolle aufgegeben. Die Wolle wird heute zu handgeknüpften Teppichen verarbeitet, doch nur die Madegassen vom Hochland verwenden diese Teppiche als Bodenbelag.

Nach der Gründung des Maison Mohair in Ampanihy 1946 durch den französischen Gouverneur Felix Martine und der Bildung der Genossenschaft der Cooperative Mohair 1949 hat sich eine kleine Heimindustrie entwickelt. Der Webstuhl ist nach einem einfachen Prinzip konstruiert und steht aufrecht meistens außerhalb des Hauses, sehr selten im Haus. Die Frauen arbeiten in den Dörfern zu zweit an einem Teppich, der nach der Fertigstellung und Kontrolle durch das Maison Mohair bezahlt wird. Viele alten Frauen verdienen sich in den Dörfern mit dem Spinnen der Angorawolle ein kleines Einkommen. 1970 haben nach der Statistik ungefähr 500 Mahafaly-Frauen die Mohairwolle für die Teppichknüpferei versponnen. Von den 1.485 eingeschriebenen Mitgliedern wurden 1.822 Teppiche hergestellt.

Flechten

Das Flechten ist heute noch weit verbreitet. Die Mahafaly verwenden zum Flechten der Bodenmatten und Vorratskörbe die Blätter der Satrapalme, die in der Gegend von Betioky wächst. Für Hüte, dekorative Körbe und Schlafmatten nimmt man das Vindagras (Cyperus Lati folius), das an den Ufern kleiner Flüsse wie Sakatovo, Andranotantely und Asiasimo wächst. Das Vindagras ist geschmeidiger als die Satrapalmblätter. Meistens schneiden die Männer von den Satrapalmen die sehr schweren Blattfächer ab, schälen die Mittelrippe heraus und lassen die Blätter an der Sonne trocknen. Gebündelt werden sie in großen Mengen auf den Märkten von Ampanihy und Ejeda und auch in Betioky verkauft.

Das Schneiden von Satrapalmblättern ist für schwangere Frauen verboten. Diese Arbeit gilt als zu gefährlich und zu anstrengend. Das Vindagras wird im August, wenn die Gräser hochstehen, geschnitten. Am frühen Morgen, wenn der Tau noch auf den Gräsern liegt, geht man zum *mifira vinda* (Grasschneiden). Jede Familie hat einen bestimmten Platz an einem Flußufer, wo sie Gräser schneiden darf. Die Gräser läßt man im Schatten trocknen. Für eine Schlafmatte braucht man ungefähr 10 Bündel *(Fethe)*. Im Dorf werden die Gräser am frühen Morgen, wenn die Luft noch feucht und kühl vom Tau der Nacht ist, mit dem Messer halbiert und dann in eine Matte eingewickelt. Bis zu ihrer Verarbeitung bleiben sie im Schatten liegen. Auch die Satrapalmblätter werden am frühen Morgen mit dem Messer gespalten, in eine Matte gewickelt und solange aufbewahrt bis an einem kühlen, feuchten Tag die Flechtarbeit begonnen werden kann. Es darf weder regnen, weil die Blätter sonst braune Flecken bekommen, noch zu trocken sein, damit das Flechtmaterial geschmeidig bleibt. Meist arbeitet die Flechterin vom frühen Morgen bis 9 Uhr vormittags. Jede Blattfaser der Satrapalme muß vor dem Flechten in drei Teile gespalten werden, *toria ty satra*, die der Vinda in zwei Teile.

Jede Flechtarbeit beginnt mit dem gekreuzten Diagonalmuster *(Lalalala* genannt), zwei oben, zwei unten, dann wird der Einschlag verschoben. Die Flechterin legt unter ihren linken Fuß, den sie auf ein Holzbrett gelegt hat, 5 Satrapalmstreifen. Dann schiebt sie einen Streifen im rechten Winkel rechts von den Zehen darunter. Nun folgen sieben weitere Streifen. Dann wird quer zum Fuß ein Streifen gelegt und das Ganze zusammengeschoben *(akeke)*. Rechts vom Fuß befinden sich nun die Längsstreifen und vor den Zehen die Querstreifen.

Matten werden in einzelnen Streifen geflochten und nach der Fertigstellung mit der Hand ohne Zuhilfenahme einer Nadel zusammengenäht, *mitrebeke*. Als Faden nimmt man eine zusammengedrehte sehr dünn gezwirnte Sisalschnur. Die Kanten klopft die Flechterin mit einem polierten Stein flach und weich.

Man benennt die Matten nach Art und Anzahl der Streifen, *lamba*, eine Schlafmatte besteht meist aus drei Streifen, eine Boden- oder Wandmatte aus fünf Streifen.

Hüte und Körbe werden von der Mitte des Bodens heraus geflochten. Das Muster in der Mitte heißt *tsamboa*.

Die Mahafaly kennen außer der Aschenlauge, in der die Satrapalmfasern gekocht werden, kein Färbemittel für Flechtwaren.

VII. Soziale und politische Organisation

1. Die Familie

Für die Kernfamilie haben die Mahafaly keinen eigenen Terminus, wenn man von der Verwandtschaftsbezeichnung *mianake* innerhalb der Kernfamilie absieht. (Siehe Verwandtschaftsterminologie) Bevor die Könige der Maroseranana das Mahafaly-Land eroberten und es in politische Einheiten aufteilten, kannten die Mahafaly nur den *tarike* (Familienverband), der gemeinsam ein Dorf mit seinem Umland bewohnte. Dieses Dorf mit seinem Umland hieß *tanin-drazana* (Land der Ahnen). Alle, die auf diesem *tanin-drazana* lebten, waren *lungo* (Verwandte).

Alle Nachkommen des noch lebenden Familienältesten gelten als *raza raike* (wörtlich: „ein Ahne"). Aber auch alle Nachkommen eines zwar verstorbenen aber noch dem Namen nach bekannten Familienältesten in der männlichen Linie werden als *raza raike* oder *razana raike* bezeichnet. Denn alle Ahnen in aufsteigender Linie, einschließlich des Großvaters heißen *raza*. Wenn die heutigen Bewohner des Mahafaly-Landes nach ihrem *karazana* gefragt werden, antworten sie entweder: „das weiß ich nicht" oder „*Mahafaly izahay*" – wir sind Mahafaly. Trotz meiner langjährigen Feldforschung bei den Mahafaly und den zuverlässigen Gewährsleuten war es für mich deshalb sehr schwierig, eindeutige und miteinander übereinstimmende Aussagen zu bekommen. So hat man mir erzählt, daß die Ahnen der Mahafaly unter dem Begriff *karaza* oder *karazana* verstanden haben, „daß man von einer gemeinsamen Art sei". Denn das Wort *ka-raza* oder *karazana* bezeichnet auch Tiere oder Pflanzen von einer Art, z. B. *Voankazo isak'karazane* (Früchte von jeder Art). Seit einigen Jahrzehnten sind die Begriffe *havana* und *fiakaviana* für Familie durch die Bewohner des Hochlandes und durch die katholischen und lutherischen Missionsgesellschaften im Mahafaly-Land bekannt geworden. Mahafaly, die in größeren Ortschaften wohnen und einer Religionsgemeinschaft angehören, verstehen unter *havana* die Kernfamilie (Vater, Mutter – in einer polygamen Ehe alle Mütter – und deren Kinder). Alle übrigen Verwandten nennen sie *lungo*, wie seit alters her Blutsverwandte bezeichnet werden. Mahafaly, die Schulen besucht haben und daher nicht nur die Hochlandsprache sprechen, sondern auch die Sitten der Hochlandbewohner kennen, verstehen unter *fiakaviana* die Großfamilie, die Großeltern, eventuell noch lebende Urgroßeltern, Eltern und deren Geschwister mit ihren Ehepartnern, eigene Geschwister und ihre Ehepartner, eigene Kinder, Kinder der eigenen Geschwister und alle Enkel umfaßt. Die Verwandtschaft des eigenen Ehepartners zählt jedoch nicht dazu. Von den Hochlandbewohnern Merina und Betsileo wird eine solche Großfamilie jedoch bereits als *foko* bezeichnet. Die Bezeichnung *foko* wird heute sowohl bei den Mahafaly als auch bei den Merina nur im Zusammenhang mit *olona* (Menschen) als *fokon'olona* verwendet, worunter man heute allgemein die Lokalgemeinschaft versteht. Der Begriff *fokon'olona* wurde bereits vor einigen Jahren von der madegassischen Regierung eingeführt. *Fokon-tany* (*tany* = Land) ist die kleinste politische Einheit in der heutigen Republique Democratique Madagasikara.

Die Mahafaly kannten *efa ela be* (seit alters her) den Ausdruck *befoko*, den sie heute kaum noch verwenden. Damit bezeichnete man alle Nachkommen der Urgroßeltern, sowohl in väterlicher wie auch in mütterlicher Linie. Die Bezeichnungen *fokon-arike* oder *mpiro-foko* werden kaum noch verwendet.

Von Soziologen und Ethnologen wie Linton[30], Bloch[5], Condominas[9], Lavondes[28] und Verin[49] wurde bei den Gruppen, die als Stämme *(tribu)* oder als ethnische Gruppen bezeichnet werden, wie die Tanala, Merina, Betsileo, Sakalava und Vezo, das Verwandtschaftssystem untersucht. So ergab sich zum Beispiel, daß die offizielle Bezeichnung Clan = foko bei den von den genannten Wissenschaftlern untersuchten Gruppen Gültigkeit hat. Nicht jedoch bei den Mahafaly, wie sich bei meinen langjährigen Untersuchungen, die ich mit zuverlässigen Gewährsleuten durchgeführt habe, herausgestellt hat. Für die Mahafaly existiert der Begriff Clan nicht. Die sogenannten Clannamen sind Namen für eine *fotorane*, eine politische und religiöse Einheit und sind nach Aussagen meiner Informanten von den Königen der Maroseranana im Mahafaly-Land eingeführt worden (siehe Kapitel Lineage und Clan). Es könnte sein, daß eine *fotorane* einmal ein größerer Familienverband war. Linton[30] versteht unter Lineage alle Nachkommen eines Mannes auch aus einer polygamen Ehe in der männlichen Linie. Dazu gehörten die angeheirateten Frauen und die Kinder der Frauen aus der Lineage, die matrilokal geheiratet haben. Ebenso die Sklaven und ihre Nachkommen. Bei den Mahafaly gehören zwar auch die Kinder der Frauen, die nach der Heirat mit ihrem Ehepartner im Familienverband bleiben oder nach der Scheidung dorthin zurückkehren, zur Familie der Mutter, nicht aber die Sklaven und ihre Nachkommen.

Lavondes[29] berichtet von den Masikoro, daß sie auf die Frage nach dem „Clan" immer den Clannamen der Mutter nennen, wenn der Clan des Vaters nicht so angesehen ist, wie der Clan der Mutter. Besonders aber dann, wenn die Mutter einem Clan angehört, der mit der Familie des Königs verwandt ist. Ich habe auch darüber mit den Mahafaly diskutiert, insbesondere über den von Lavondes[28] beschriebenen Fall, daß sich die Markierung der Rinderohren *(vilo)* nach dem Clan der Mutter richtet, wenn die Mutter einer Familie angehört, die angesehener ist als die Familie des Vaters.

Auch bei den Mahafaly kann es vorkommen, daß die Tochter wohlhabender Eltern einen Mann heiraten möchte, der weder Rinder noch Felder besitzt. Ist die Familie des Mädchens mit der Heirat einverstanden, so zieht meist der Ehemann nach der Heirat ins Dorf seiner Schwiegereltern, da er ja selbst keine Felder besitzt, die er bearbeiten kann. Die Rinderherde bleibt ebenfalls im Dorf der Schwiegereltern und behält die alte Rinderohrmarkierung. Der Ehemann übernimmt alle *fady* der Familie seiner Ehefrau. Die Kinder gehören mit ihren Nachkommen dadurch zur Familie der Mutter. Hat ein Mann zwar Felder, aber keine eigene Herde, so überlassen ihm die Schwiegereltern bei der Heirat einen Teil ihrer Herde, damit ihre Enkel „nicht als Bettler geboren werden", wie die Mahafaly sagen. Die *vilo* (Ohrmarkierung) wird aber auch auf die in dieser Herde neu geborenen Kälber übertragen, auch wenn sie bereits im Dorf des Ehemannes unter seiner Obhut sind. Das bedeutet, daß alle Rinder der Familie der Ehefrau gehören und der Ehemann nur Treuhänder der Herde für Frau und Kinder ist. Bei einer Ehescheidung geht die gesamte Herde, auch wenn sie sich in der Zwischenzeit sehr vermehrt hat, in den Besitz der Familie der Frau über. Es ist bei den Mahafaly selten, daß eine Familie innerhalb von drei Generationen so groß wird, daß sie „zerfällt" wie das von anderen madegassischen Gruppen berichtet wird. Wird das Umland zu klein für die Rinderherden des Dorfes, so gründet einer der jüngeren Söhne nach dem Tode seines Vaters mit seiner Familie ein eigenes Dorf, bleibt aber Mitglied seines Familienverbandes. Der Älteste in einer Dorf- und Familiengemeinschaft ist verantwortlich für die Organisation der Gemeinschaftsarbeit auf den Feldern, für die Viehhaltung, für die Wasserversorgung und die Ordnung innerhalb der Familie. Er führt auch kleinere Opferungen und religiöse Zeremonien durch und sorgt dafür, daß die Familien seiner Brüder oder Söhne unterstützt werden, wenn sie in Not geraten. Der Familienverband ist auch verantwortlich für die Bestattung der toten Familienmitglieder und der Bau der Gräber. Nach außen hin und der Verwaltung gegenüber vertritt er die gesamte Dorfgemeinschaft. Jeder Fremde, der mit seiner Erlaubnis in die Dorfgemeinschaft aufgenommen wird, muß sich wie ein Familienmitglied verhalten und sich seiner Autorität unterwerfen. Er gilt dann als *lungo* (Verwandter).

Genealogie der Familie in Retanso ambuny (siehe auch Lageplan S. 35).

Der älteste dem Namen nach bekannte Ahne ist Tahoze. Er war im Dorf Masumbaha bei Beloha (Androyland) geboren und dort auch gestorben. Seine Frau hieß Tongovelo. Sie hatten gemeinsam sechs Kinder. Drei Söhne Fandrike, Voalohane, Ikite und drei Töchter Ampelatoke, Irihiana, Tsikantene. Einer dieser Söhne, Ikite, verheiratete sich mit Isidrisy. Sie hatten nur einen Sohn Imaha. Imaha verheiratete sich mit Ikazy, sie bekamen einen Sohn Pilake. Das Ehepaar wanderte gegen 1930, als durch die große Hungersnot im Antandroyland viele Menschen starben, mit ihrem Sohn Pilake ins Mahafaly-Land und ließen sich in der Nähe des schon bestehenden Dorfes Retanso nieder. Sie nannten ihr eigenes Dorf nun „Retanso ambuny" (Oberretanso).

Pilake verheiratete sich mit Ramene und hatte sieben Kinder. Als seine Eltern Imaha und Ikazy starben, wurden sie in Gräbern beigesetzt, die in der Umgebung des Dorfes Retanso errichtet worden waren.

Nach dem Tod von Pilake wurde der älteste Sohn Velompaly Familienvorstand von Retanso. Seine Mutter Ramene lebte noch 1972 in einem eigenen Haus in Retanso. Auch ihre Tante väterlicherseits Korony (siehe Foto) lebte in einem eigenen Haus in Retanso. Von den sieben Kindern ist ein Sohn, Limbiraza, wegen eines Diebstahls aus der Familie ausgestoßen worden. Er ist in den Norden der Insel gegangen. Seine Frau ließ sich von ihm scheiden und kehrte in ihre Heimat nach Beloha zurück. Sie ließ ihre älteste Tochter aus dieser Ehe, Tsiambena, bei der Großmutter, in Retanso. Velompaly ist offiziell der Vormund von Tsiambena. In Retanso ambuny lebte Velompaly als Familienvorstand mit seinen drei Frauen und den gemeinsamen Kindern im südlichen Teil des Dorfes. Jede der drei Frauen hatte ein eigenes Haus, das sie gemeinsam mit ihren Kindern bewohnten. Labay ist der zweitälteste Sohn von Pilake und Bruder von Velompaly. Er bewohnte mit seiner einzigen Frau Ranotesane in der Mitte des Dorfes ein Haus. Seine beiden erwachsenen Söhne, Famoriane und Fanoerane hatten jeder nordöstlich davon ein eigenes Haus. Famoriane bekam, als ich in diesem Dorf von August 1965 bis August 1966 lebte, die Lepra und wurde von Dr. Rakotomavo in Ampanihy behandelt. Als ich 1968 wieder in das Mahafaly-Land kam, hörte ich, daß man ihn in ein Lepradorf in der Nähe von Tongobory bei Betioky gebracht hatte. Im nördlichsten Teil des Dorfes lebte der jüngste Sohn von Pilake und der jüngste Bruder von Velompaly mit seiner einzigen Frau Tsarane, sie hatten 1972 vier Kinder, die im gemeinsamen Haus lebten.

Nordwestlich von Asinera, dem jüngsten Bruder, hatte ich mein Haus, das für mich und Ansarongana, die jüngere Schwester von Velompaly gebaut worden war. Als Ansarongana im August 1969 starb, wurde das Haus zerstört wie es der Sitte entspricht. Westlich vom Haus des zweitältesten Sohnes von Pilake, Labay, wohnte die Frau des verstorbenen Pilake, Ramene. Sie wurde nur *nene* (Mutter) oder *raza* (Ahne) genannt. Sie lebte mit ihrer Enkelin Tsiambena in einem Haus. Nordwestlich wohnte die alte Korony, sie war die Tante väterlicherseits von Ramene. Ein Neffe von Ramene, Ravoy, lebte mit seiner Frau westlich von Korony. Er starb 1967. Im Nordosten, etwas abseits von diesen Häusern, hatte sich ein alleinstehender weit entfernter Verwandter niedergelassen. Tsiambena zog als Nebenfrau vorübergehend zu ihm. (Siehe Tsiambenas Hochzeit.)

Geschichte der Familie in Retanso
aufgenommen am 21.3.1966

Tahoze ♂ = Tongovelo ♀   geboren in Masumbaha bei Beloha Androyland

  Ampelatoka ♀
  Irihiane ♀
  Tsikantene ♀   alle geboren und gestorben in Masumbaha
  Fandrike ♂
  Voalohane ♂
6 Ikite ♂

6 Ikite ♂ = Itsidrisy ♀   in Masumbaha

  Imaha ♂ = Ikazy ♀   beide geboren in Masumbaha

    Pilake ♂   geboren in Masumbaha

Die Eltern Ikite und Itsidrisy wandern mit dem Sohn Pilake gegen 1930 aus dem Androyland aus (große Hungersnot) und gründen in der Nähe des Dorfes Retanso ein eigenes Dorf, das heute Retanso ambony (Oberretanso) im Gegensatz zum alten Dorf Retanso ambany (Unterretanso) genannt wird.

Pilake ♂ = Ramene ♀   (aus Retanso ambany)

1 Velompaly ♂
2 Labay ♂
3 Antsatsuane ♀
4 Limibiraza ♂
5 Asinera ♂
6 Ansarongane ♀
7 Limbaruta ♀

1 Velompaly = Fanira (Hauptfrau)

    Tsitonone ♂
    Retsitola ♂
    Gosy ♀
    Vonasane ♀
    Fialenga ♀
    Manantsoa ♂
    Ididy ♂
    Tsisasaha ♂
    Vombelo ♂
    Tsangosoa ♂ (geboren am 28. Februar 1966)

1 Velompaly = Ambovonga (zweite Frau)
    keine Kinder

1 Velompaly = Adifera (dritte Frau, ließ sich 1960 scheiden)
    Velo ♀
    Tadike ♂
    Lungondray ♂ (starb im Alter von 14 Tagen)

2 Labay = Ranotesane (aus dem Androyland)

    Drasange ♀ = Retsanganane in Tsiriboha
    Fanoerane ♂ = Inena (aus Besavoa) Mahafaly
    Famoriane ♂ = Vaha (aus Besavoa) Mahafaly
    Gorsoy ♀ = Remana in Masiadolo
    Tsebanga ♂ als dreijähriges Kind gestorben
    Ponongane ♀
    In(gn)arane ♀
    Redameane ♂
    Ranotobene ♀
    Sialia ♂
    Venakondro ♀ geboren 1965

3 Antsatsoane ♀ = Damosy ♂ (aus dem Androyland-Beloha)
    Robera ♂ = Fotike ♀ (aus Befasy)
(Nach der Trennung von Damosy heiratet
    Antsatsoana ♀ = Remiary) ♂
        keine Kinder

4 Limbiraza ♂ = Lema ♀ (aus dem Androyland)

    Tsiambena ♀   geboren in Retanso, adoptiert von Asinera, aufgezogen von Großmutter Ramene, Vormund ist Velompaly, weil Limbiraza ausgestoßen wurde und mit seiner Frau nach Nordmadagaskar zog

    Amberengane ♀
    Amberengane ♀
    Anefasane ♀   geboren in Nordmadagaskar
    Marinandro ♂

5 Asinera ♂ = Tsarane ♀
  (geb. 1926)   (geb. 1938?)

    Retsadingane ♂   geb. 25. Juli 1959
    Fumene ♀   geb. 10. Dez. 1961
    Vontsato ♂   geb. 1. Okt. 1963
    Ranoliane ♀   geb. 1. Okt. 1965 (nach den Geburtsscheinen)

6 Antsarongane   niemals verheiratet, keine Kinder, sie starb 1969

7 Limbarota = Polisaka   (aus Fort Dauphin)
    keine Kinder

Lineage oder Clan

Die Mahafaly erzählten mir, daß sie *taloha* (früher), bevor die Könige der Maroseranana ins Land kamen, den Begriff *fotorane* nicht kannten. Sie bewohnten als *raza* gemeinsam ein oder mehrere Dörfer mit ihrem Umland. Diese *raza* hatten keinen Namen. Die Könige teilten das Land in politische und religiöse Einheiten auf und gaben jeder dieser Einheit einen Namen. Diese Gruppen nannten sie *fotorane* wie den Pfahl, an dem der Opferochse festgebunden wird. Jede Fotoranegruppe bekam außer einem Namen auch noch eine bestimmte *vilo* (Ohrmarkierung) zugeteilt, mit der ihre Rinder gekennzeichnet werden mußten. Diese Rinderohrmarkierung hatte auch einen Namen. Jede Gruppe erhielt die Erlaubnis, einen *hazomanga* (Opferpfahl) aufzustellen, an dem alle Opferungen dargebracht werden mußten. *Mpisoro* (Opferpriester) war immer ein Verwandter des Königs. Es durften keine Opferungen mehr unter dem *kily masy* (heiligen Tamarindenbaum) vom *datybe* (Familienältesten) abgehalten werden, wie das vorher üblich war. Als mit dem Tode des letzten Mahafaly-Königs Tsiampondry 1912 die politische Macht der Maroseranana-Könige erlosch und die französische Kolonialverwaltung die Bevölkerung ermutigte, sich auch in anderen Gegenden als ihrem *tanindrazana* (Heimatland) anzusiedeln, wanderten viele Mahafaly aus den weniger fruchtbaren Gebieten, wie zum Beispiel dem Küstengebiet, ins Landesinnere und gründeten neue Dörfer mit Mahafaly-Familien, die aus dem benachbarten Androyland kamen.

Die Mitglieder einer *fotorane* sind heute im ganzen Mahafaly-Land verstreut. Sie treffen sich nur zu besonderen Anlässen in dem Dorf, in dem der *hazomanga* (Opferpfahl) ihrer Gruppe steht. *Folohazomanga* heißen die Gruppen, die dem König und seiner Familie gleichgestellt waren. Ihre Dörfer liegen im Gebiet von Ambalabanemba. Sie werden auch als *renitany* (Mutter des Bodens) bezeichnet.

Die *fotorane* haben heute nur noch religiöse Bedeutung. Es war für mich äußerst schwierig, herauszufinden wieviele Fotoranegruppen es im Mahafaly-Land tatsächlich gibt und wie sie heißen, denn die meisten Mahafaly kennen nur ihre eigene *fotorane* und wissen auch nur, wo ihre eigenen Ahnen lebten und wohin Nachkommen ausgewandert sind. Ich kann daher nicht sagen, daß ich alle Gruppen erfaßt habe.

Gruppen, die mit den Königen der Maroseranana liiert waren, sind folgende:

Andriambato	(Andrian – Vorsilbe für adelige oder edle Personen)
Andriantsilika	
Andriantombogoa	
Tsivè	(südlich vom Onilahy)
Zanakangà	
Antimangotakà	beide am Oberlauf des Menarandraflusses
Antisambahika	beide in der Nähe von Ampanihy, am Ursprung des Sakatovoflusses
Tsiandrà	am Ufer des Menarandra
Zafimarohatsà	Unterlauf des Menarandra
Antisamby	= Schmiede des Königs
Antambovo	
Antiserano	
Antisivalotse	waren die Ratgeber des Königs
Antivevola	waren Honig- und Tandrek- (Igelart)sammler für den König
Antambaha	
Antantinganà	am Oberlauf des Lintaflusses
Antisendra	südlich von Nosy Vè (eine Insel im Kanal von Mozambique)

Maroangolà	
Antsirarakà	an der Südwestküste
Tsivoky	östlich von Ampalaza
Heiarò	in der Nähe des Androylandes

Weitere *Renitany* (Mütter des Bodens), die nicht dem König unterworfen waren, sind:

Tevela, Tenimaho, Telambolahy, Tehesatse, Tehondritse, Tetifohitse, Tetsimengatse, Tatimo, Marofate.

Viele Familien flüchteten sich aus Furcht vor dem König und seiner Familie in die dichten und undurchdringlichen Wälder des Kalkplateaus. Man sagt, daß heute noch Nachkommen „halbwild" in den Höhlen leben sollen. Man nennt sie Waldmenschen *(Lampihazo)*. Auch die Tankara sollen „halbwild" auf dem Kalkplateau leben. Die Kotoke sind sicher Fabelwesen, denn sie werden als ungefähr 1 m hoch, klein und dick beschrieben.

Eine Gruppe, die Faloanombe, wohnte vor Ankunft der Maroseranana-Könige im fruchtbaren Tal des Menarandraflusses. Die Könige vertrieben sie von dort und ließen sie im heutigen Gebiet des Manakaravavy- und Manakaralahyflusses ansiedeln.

Die Familie der Maroseranana-Könige, die im Gebiet des Menarandra wohnen, haben eine Rinderohrmarkierung mit der Bezeichnung Tebefira. Viele Mitglieder dieser Familie wohnen heute in Dörfern, die nicht als Heimatland oder besser „Residenz" der Könige galten. So leben heute zum Beispiel im Dorf Bevoalavo an der Küste, Nachkommen der Könige, mit anderen Gruppen zusammen.

Folgende Gruppen *(fotorane)* haben das Recht auf einen *Hazomangalava* (langen Opferpfahl):

Tehatse	im Dorf Ankalagasy bei Androka
Tantsamivola	in Imana bei Samasy (Saodona)
Tevela	bei Mandrevanga (Ivango)
Tambaro	bei Amborompotsy
Tevataore	bei Ampasy
Tebefira	bei Bevoalavo (Verwandte der Königsfamilie, ihr Opferpfahl hat den Namen: *Vosonontsoa*)
Tatimo	bei Vevoalavo
Tetsivalotse	bei Mahatsandra atimo, nahe der Menarandramündung
Etsimoly	bei Antapitapike in der Nähe von Reniavy. Der Name ihres Opferpfahles ist: *Trokose*
Tetsifototse	bei Malanga
Satongay	bei Bemintsy in der Nähe von Kilibory
Tsimengatse	bei Esoleoke in Andriake, jetzt Belasa. Der Name des Hazomanga ist: *Tatakatse*

Tandroke	bei Ambalabè
Tsiarana	bei Kaboa
Tetirarake	bei Ampengomena. Der Name des Hazomanga ist: *Beleve*

Die Fotorane der Mahafaly, ihr Herkunftsland und ihr heutiges Wohngebiet:

Tandrika	in Bevoalavo
Temahaleotse	kamen von Efoetse nach Soalara
Tevondrony	kamen aus Ambovombe und zogen nach Soalara
Telanampoty	(oder Tanalampoty) kamen von Beraketa (bei Antanimoro) und wohnen jetzt nördlich von Itampolo bei Tanadranto
Tampohitse	kamen von Beraketa und aus dem Androyland, sie wohnen jetzt in Andranomasy, Betratratra, Tanandava und in Etrobeke
Temilabele	oder Temilahehe kamen von Beraketa und wohnen heute in Androhipano, Kaikarivo, Saodona und Androka
Tesendry	kamen von Manambary aus dem Land der Antanosy, sie wohnen jetzt in Vohombe Malantso
Temitongoha	kamen von Manambary (aus Antanosy) sind jetzt in Itampolo und Anloharano
Tesambe	aus dem Land der Antanosy, jetzt in Matsandry
Tevataory	kamen von Bevala, gehören zu den Folohazomanga (nach meinem Gewährsmann Andrombake)
Tevela	kamen aus dem Androyland, wohnen jetzt in Ankalagasy Amborombotsy-Androka
Tetsiraraka	sollen aus Farafangana gekommen sein, wohnen jetzt in Kilibory und in Befasy (besonderes Verbot beim Milchtrinken)
Temohita	jetzt in Behavoa
Tenimaho	jetzt in Behavoa Süd
Tebefira	(aus der Königsfamilie) in Evazy, Firanga, sollen aus Morombe von der Westküste gekommen sein
Telambolahy	jetzt im Osten von Bevoaloavo, sollen vom Kalkplateau gekommen sein
Tehisatse	kamen aus Lavadoke und wohnen jetzt östlich von Bevoalavo
Tehonditse	kamen nach dem Gewährsmann Sefaniha aus dem Westen, vom Sakalavaland, nach dem Gewährsmann Andrombaka aus dem Androyland
Tetsifototse	wahrscheinlich aus dem Land der Antanosy, wohnen jetzt im Osten von Bevoalavo

Tetsivalotse	jetzt in Beheva, Herkunft ungeklärt
Tetsimengatse	östlich von Bevoalavo, Herkunft unbekannt
Tatsimo	kamen von Sakatovo-Ejeda und wohnen jetzt in der Nähe von Bevoalavo
Tesambesa	sind bodenbeständig (reni-tany) und wohnen im Norden von Androka
Tefohe	sind bodenbeständig (reny-tany) und wohnen im Norden von Androka
Temarofaty	sind bodenbeständig (reny-tany) und wohnen im Norden von Androka
Temitongoa	sind bodenbeständig (reny-tany) und wohnen bei Beombe

Es wohnen in den einzelnen hier angeführten Dörfern Mitglieder folgender Fotoranegruppen:

Dorf Behavoa
Tebefira (Königsfamilie)
Tetsimihy
Tetsimipititse
Temaroraty
Temaroampela
Telohabotsake
Temarohira
Tekafeanga
Temaromainte

Dorf Bevoalavo-Süd
Tantimo
Tebesotraka
Tebekonko
Tetsimipititse
Teberimbo

Dorf Kilibory
Tetsirarake
Tetsirarabe
Tetsiraramasay
Temarofoty
Temarobe

Dorf Andrabidrabike
Tetsimoly
Temarobe
Temaromainte
Tainkie
Takomake
Teberimbo

Dorf Behavoa-Süd
Tenimaho
Temarofoty
Temarotivake
Temaroabo
Temaromalinike

Dorf Bemintsy
Tetsifototse
Tezazahoma
Tezazatomgoe

Dorf Beraketa (im Canton Amborompotsy)
Tehodamaly
Tesambaike
Tehodoambany
Temaroabo
Tebekonko

Dorf Itampolo
Tekopoke
Tesambeatimo
Tebefamata
Tebekonko
Temaroraty
Telohena
Tebeboda

Dorf Androka
Tebefira (Königsfamilie)
Tevavalinta
Temaromanite
Tehatsy
Tanday
Temaroabo
Temarotivake
Temaroraty
Temitongoa
Temilahehe

Dorf Ankiliabo (Canton Ampanihy)
Manindriarivo (Königsfamilie)
Tetsivalotse

Dorf Maniry
Telambolahy
Tesakavato
Tebevoalavo
Telifike
Teaboafo
Anranomanty
Bedaro

Dorf Ankilimamy (Canton Fotadrevo)
Tenimaho
Tehodo
Tesambaike
Teza
Tebeimere
Tehatakatake
Fondralambo
Telampavaha
Zambe
Tefasy

Dorf Elahitsitele (Canton Androka)
Tesaka
Tevohipaho
Tambolirano
Tantene
Temaroraty

Dorf Anaviamasy (Canton Androka)
Antandroka
Temaroraty
Tetsonihy
Tehotake
Tetsimisifitse
Temarofotsy
Tesakavato
Telasabolahy

Beispiele:
Koesa, ungefähr 60 Jahre alt lebt jetzt in Ambalatsiefa bei Ampanihy. Gehört zur Gruppe der Tenimaho.

Sein Vater hieß Osombelo.
Sein Großvater hieß Tsilitsaka.
Sein Urgroßvater hieß Efadriane.
Sein Ururgroßvater hieß Edrofe.
Retanso ambuny wird bewohnt von Tsiatike, stammen von Mutter Ramene ab und von eingewanderten Karimbola.
Retanso ambany von Tsiatike und Hatakatahe.

Verwandtschaftsterminologie

EGO (Mann oder Frau) in der Generation des EGO:

Verwandtschaftsbezeichnung	bei den Merina	bei den Mahafaly
Sohn oder Tochter des Vaterbruders	zana-drahalahindray	anadrahalahindray
” ” ” der Vaterschwester	zanak-anabavindray	anak-anabavindray
” ” ” des Mutterbruders	zanak-anabavindreny	anakolompirahavavy
” ” ” der Mutterschwester	zanak-drahavavindreny	anadrahavavindreny

Im Gegensatz zur Verwandtschaftsterminologie der Merina, wo in der Bezeichnung des Vaterbruders oder Mutterbruders zum EGO ein großer Altersunterschied durch den Zusatz „*lahimatoa*" = „der Ältere" zum Ausdruck gebracht wird, haben die Mahafaly keinen besonderen Terminus dafür.

Die Tochter des Vaterbruders zu (EGO) (Frau) *anakepirahavavy*
Der Sohn des Mutterbruders zu (EGO) (Mann) *anakepirahalahy*

Ist der Sohn oder die Tochter des Vaterbruders oder Mutterbruders um vieles jünger als EGO, so wird der Ausdruck *farasasa* (nachgeborenes Kind) hinzugefügt. Alle Töchter von Vaterbruder, Mutterbruder, Vaterschwester, Mutterschwester sind „Schwestern", alle Söhne sind „Brüder". Alle Enkel von Bruder und Schwester sind „*anak-olo-mpirahavavy-halay*".

Für EGO (Mann oder Frau) ist der Vaterbruder *ray*, ist er um vieles älter als der Vater, nennt man ihn *babatoa baba* oder *aba* (bei den Merina heißt er *dadatoa*). Der Mutterbruder heißt bei den Mahafaly wie der Sohn der Vaterschwester der Mutter und der Sohn der Mutterschwester der Mutter *renelahy*. Alle Söhne von Brüdern des Großvaters väterlicherseits bezeichnet man als *ray*-Vater und nennt sie *aba*. Bei den Mahafaly nennt EGO alle Geschwisterkinder *anake*. Um sie näher zu bezeichnen fügt man, wenn man von ihnen spricht, den Verwandtschaftsterminus dazu: Ein Mann sagt *anake-rahalahiko*, eine Frau *anake-anadahiko*, Sohn meines Bruders. Eine weitere Verwandtschaftsbezeichnung wie das bei den Geschwisterkindern bei den Merina auf dem Hochland üblich ist, kennen die Mahafaly nicht. Alle Enkel werden als *afy* bezeichnet, die Urenkel als *kitrone* und die Ururenkel als *dona*. *Kitrone* und *dona* werden im täglichen Sprachgebrauch kaum verwendet.

Alle Ahnen vom Großvater aufwärts nennt man *raza* oder *razana*. Alle Stiefmütter, zu denen auch die Nebenfrauen des Vaters in einer polygamen Ehe gehören, sind für EGO *renikele* (kleine Mütter), alle Stiefväter *rai-kele* (kleine Väter). Schwiegereltern heißen *rafoza*. Bei den Mahafaly gibt es zwischen dem Schwiegervater *rafoza* und der Schwiegermutter, ebenfalls *rafoza*, keinen Unterschied wie bei den Merina, die die Schwiegermutter *rafozambavy* und den Schwiegervater *rafozandahy* nennen. Alle Ehegatten, auch die einer polygamen Ehe, heißen *valy*. In der polygamen Ehe *(pirafe)* unterscheidet man zwischen

1. Frau oder Hauptfrau *valibè*
2. Frau *valianivo*
3. und allen weiteren ebenfalls *valianivo*, die letzte Frau *valimasay*. Hat ein Mann nur zwei Frauen, so nennt man die zweite Frau *valimasay*. Der Ausdruck *valikele* oder *vady-kely*, wörtlich „kleine Frau", ist bei den Mahafaly nicht gebräuchlich. Alle Kinder, die von einer Mutter geboren wurden, nennt man *reniraike* (von einer Mutter) oder *tapoetseraike* (von einem Nabel) oder *mihotroke* (aus dem gleichen Bauch). Alle Kinder eines Vaters und Mütter aus einer polygamen Ehe heißen *anakepirafe* oder *sambihafa*. Halbbrüder und Halbschwestern nennt man *mpinambundrene* oder *mpinambundray*, wenn sie entweder eine Stiefmutter oder einen Stiefvater haben, mit der oder dem sie nicht blutsverwandt sind. Die Frau des Bruders von EGO (Mann oder Frau) heißt immer *valilahy*, sie können sich gegenseitig als *ranaotse* (Schwager, Schwägerin) ansprechen. Auch EGO (Mann oder Frau) kann der Ehemann seiner oder ihrer Schwester mit *ranaotse* anreden. Schwägerinnen, die nicht miteinander blutsverwandt sind, nennt man *mpiravetru*. Der Schwiegersohn heißt *vinantolahy* und die Schwiegertochter *vinantovavy*, wenn eine Unterscheidung nötig ist, sonst nennt man sie nur *vinanto*. Die illegitime Ehefrau, die nicht durch eine traditionelle Heiratszeremonie zur Ehefrau gemacht wurde, nennt man *sakaiza*. Sie hat nicht die Rechte einer legitimen Ehefrau und kann weder für sich noch für ihre Kinder etwas beanspruchen, wenn der Ehemann sie verläßt. Die Kinder haben auch keinerlei Recht auf das Erbe des Vaters.

Jeder Ehemann nannte früher seine Frau *Ramatoa* (Ra = Herrin, matoa = Ältere), wenn er sie ansprach. Da alle Europäer während der Kolonialzeit ihre bei ihnen beschäftigten Dienstmädchen *Ramatoa* nannten, erhielt diese Bezeichnung eine abwertende Bedeutung. Heute nennt ein Mann seine Frau *Madame* oder *Ramadamo*.

Verin[49] ordnet das Verwandtschaftssystem der Merina, von dem sich das Verwandtschaftssystem der Mahafaly nur geringfügig unterscheidet, dem Hawaityp zu.

Das Verwandtschaftssystem

Die Terminologie	Verwandtschaftsbezeichnung		Rufname	
	Merina	Mahafaly	Merina	Mahafaly
Vater	ray	raihu	baba, dada	aba, dada
Mutter	reny	rene	neny, ineny	ene, inene
Sohn	zanakalahy	anakelahy	anaka	kulu
Tochter	zanaka vavy	anakampela	anaka	kisy tainè (besonders zärtlicher Kosename)

Verwandtschaftsbeziehung zwischen Vater und Kind oder Mutter und Kind = mianaka (Merina) und bei den Mahafaly = Mianake. Izahay mianake roe, wir zwei, Mutter und Kind oder Vater und Kind. Izahay mianaka telo = wir drei, Vater, Mutter, Kind. Izahay mianake lime: Wir sind fünf, Vater, Mutter und drei Kinder. Der Terminus mianake wird auch verwendet um zwei Personen zu bezeichnen, die zueinander eine Eltern-Kind Beziehung haben. Mit anake werden alle Personen vom EGO bezeichnet, die dem Alter nach seine Kinder sein könnten. Man kann sie auch Zazandaty nennen, wenn man ihren Eigennamen nicht kennt. Spricht man sie an, nennt man sie kulo oder kisy.

	Merina	Mahafaly	Merina	Mahafaly
Älterer Bruder eines Mannes	zoky lahimatoa	rauke	razoky	rauke gea
älterer Bruder einer Frau	zoky lahimatoa	rauke	razoky	rauke
ältere Schwester eines Mannes	zoky vavymatoa	rauke	razoky	rauke
ältere Schwester eines Mannes	zoky vavymatoa	rauke	razoky	rauke
jüngerer Bruder eines Mannes	zandry faralahy	faraza od. zay	ranzandry	nur Eigenname
jüngerer Bruder einer Frau	zandry faravavy	faraza od. zay	razandry	nur Eigenname
jüngere Schwester eines Mannes	zandry faravavy	faraza od. zay	razandry	nur Eigenname
jüngere Schwester einer Frau	zandry faravavy	faraza od. zay	razandry	nur Eigenname
Bruder in der Mitte	lahiaivo	ivonanake	ranaivo	nur Eigenname

Bei den Mahafaly bezeichnet EGO seinen älteren Bruder oder seine ältere Schwester Dritten gegenüber als raukeko = meine ältere (Schwester oder Bruder) und spricht sie oder ihn mit „rauke". EGO bezeichnet die jüngere Schwester oder Bruder Dritten gegenüber als Zay-ko = meine jüngere (Schwester oder Bruder) nennt sie aber beim Eigennamen aus Höflichkeit um nicht zu betonen, daß EGO als der Ältere Vorrechte hat.

Der Terminus ivoanake für Bruder oder Schwester in der Mitte von Geschwistern wird selten verwendet.

	Merina	Mahafaly	Bezeichnung für Geschwister (Merina und Mahafaly)
Ist EGO ein Mann			
ist Schwester	anabavy	anabavi-ko	mpianadahy
ist Bruder	rahalahy	rahalahi-ko	mpirahalahy
ist EGO eine Frau			
ist Schwester	rahavavy	rahavavy	mpirahavavy
ist Bruder	anadahy	anadahy	mpianadahy

Ist EGO eine Frau, kann sie alle Frauen, die ihre Schwestern sein könnten als rahavavy bezeichnen.
Ist EGO ein Mann, kann er alle Frauen, die seine Schwestern sein könnten als anabavy bezeichnen.
Ist EGO ein Mann, kann er alle Männer, die seine Brüder sein könnten als rahalahy bezeichnen.
Ist EGO eine Frau, kann sie alle Männer, die ihre Brüder sein könnten als anadahy bezeichnen.

Alle Kusinen und Vettern einer Familie werden wie Brüder und Schwestern genannt.
Nur die Kinder zweier Schwestern sind pisanampela. Heirat, auch unter den Nachkommen bis zum 3. oder 4. Grad, ist strengstens verboten. Auch Besuche, selbst im Krankenhaus, sind verboten. Stirbt eines von den pisanampela, darf das andere keine Trauer zeigen. Man glaubt, daß alle Erbanlagen und das ganze Blut nur von der Mutter auf das Kind übertragen wird, der Vater spielt keine Rolle. Deshalb gilt die Heirat von Kindern zweier Schwestern als Inzest der totgeborene Kinder zur Folge hat.

Scherzverwandtschaft *(mpisiva kilandaty)*

Sie hatte in früheren Zeiten große Bedeutung, als es noch keine Verkehrsmittel gab und es sehr wichtig war, in den Dörfern unterwegs Aufnahme zu finden. Die Bewohner vieler Dörfer, die weit voneinander entfernt lebten und nicht miteinander verwandt waren, hatten eine *mpisiva* (Scherzverwandtschaft) abgeschlossen.

War zum Beispiel das Dorf A mit dem Dorf B in Scherzverwandtschaft verbunden, so konnte jedes Mitglied aus der Dorfgemeinschaft von A jedes Haus im Dorf B betreten, auch wenn niemand im Dorfe anwesend war und sich herausholen, was er oder sie brauchte: Nahrung, Kleidung oder Arbeitsgeräte. Genauso konnte jedes Mitglied aus dem Dorf B im Dorf A verfahren. Heute hat die Scherzverwandtschaft nur noch symbolische Bedeutung. Es kann noch vorkommen, daß ein Mann aus dem Dorf A sich aus einem Haus im Dorf B ein Fahrrad herausholt, weil er gerade ein Fahrrad braucht. Dazu braucht weder die Erlaubnis des Besitzers, noch in seiner Abwesenheit die Erlaubnis des Dorfchefs eingeholt zu werden. Wäre er ein Fremder, so wäre dies ein schwerer Diebstahl.

Früher war es auch noch möglich, daß eine Frau aus dem Dorf A, (um bei diesem Beispiel zu bleiben), zu einer anderen im Dorf B sagte: „*Omeo sikinao*" (gib mir deine Kleidung) und die andere lachend antwortete: „hier, du kannst sie haben", auch wenn ihr dabei nicht zum Lachen zumute war. Ein Mann aus dem Dorf B konnte auch zu einem Mann im Dorf A sagen: „ich nehme mir deine Frau, *amboa riha*" (du Hund du). Das ist die größte Beleidigung für einen Mahafaly, die man sich denken kann. Für einen *mpisiva* hatte das keine Folgen. Man sagt heute auch nicht mehr zum Spaß: „*Mandeha an tranonao misy fatenao*" (geh nach Haus, jemand ist gestorben).

Ein Rest von Scherzverwandtschaft ist für die Mahafaly in folgendem Brauch zu finden: Sobald ein Todesfall bekannt gemacht ist, dürfen die „Scherzverwandten" kommen, die Leiche an den Haaren ziehen, lachen und Späße machen, sie dürfen die Kleider des Toten wegtragen und die trauernden Angehörigen dürfen nicht einschreiten. Das ist *Fomba* (Sitte), sagt man.

Blutsbrüderschaft *(fatidrà* oder *atehana)*

Zwei Menschen, die füreinander starke Sympathie empfinden, aber nicht miteinander verwandt sind, können durch die *atehana* (Blutsbrüderschaft) zu Blutsbrüdern oder Blutsschwestern werden. Auch zwischen einem Mann und einer Frau ist eine Blutsbrüderschaft möglich. Sie werden dadurch zu Geschwistern. Eine Ehe zwischen ihnen wäre ein Inzest. Tötet ein Blutsbruder einen anderen, so gilt das als Brudermord. Mit der Blutsbrüderschaft erwirbt man alle Rechte und Pflichten, die Geschwister haben, auch das Anrecht auf ein Erbe.

Das Königtum

Nur wenige Mahafaly kennen die Geschichte ihres Landes und wissen etwas über das Königtum.

Ein wichtiger Informant wäre Speyer gewesen, der als Schiffbrüchiger ungefähr 1892 an der madegassischen Küste bei Androka gelandet sein soll und 1943 in Tulear gestorben ist. Es gelang Speyer, das Vertrauen des damals mächtigsten Mahafaly-Königs Tsiampondry zu gewinnen. Er konnte nicht nur als bis dahin einziger Europäer das Land der Mahafaly betreten, das für Fremde streng verboten war, sondern wurde auch engster Berater des Mahafaly-Königs Tsiampondry. Es gelang Speyer, durch geschickte Vermittlung die Erlaubnis des Königs für die Errichtung von Militärstationen durch französische Kolonialtruppen zu bekommen. So wurde auch der Süden Madagaskars 1905 erobert und der König Tsiampondry entmachtet. Er starb 1912 in Ampanihy. Speyer blieb in Ampanihy und führte in der Folgezeit sorgfältig Tagebuch über alles, was sich im Distrikt ereignete. Damit machte er sich bei den französischen Kolonialbeamten sehr unbeliebt und nach seinem Tode 1943 verschwanden auf ungeklärte Weise seine Aufzeichnungen. Nur eine Genealogie der Maroseranana-Könige, eine politische Karte aus dem Jahr 1900 und ein kurzes Lebensbild von Tsiampondry konnte von dem französischen Kolonialbeamten Charles Poirier[31] gerettet werden, der diese Aufzeichnungen in einem Sitzungsbericht der Academie Malgache am 18. Juni 1953 veröffentlichte. Diese Liste ist eine Aufzählung von Namen, die den „Hütern der Tradition" im Gedächtnis geblieben sind, weil sie bei allen religiösen Zeremonien die Namen der verstorbenen Herrscher in der Reihenfolge ihrer Regierungszeit aufrufen mußten.

Mit Hilfe dieser Liste und einer anderen Genealogie (siehe Anhang), deren Autor mir unbekannt geblieben ist und bei dem es sich möglicherweise um Fagereng[19] handelt, habe ich Befragungen bei den Nachkommen des letzten Mahafaly-Königs Tsiampondry durchgeführt. Mein wichtigster Informant war Emalala, der älteste Sohn von Tovundray, Sohn von Tsiampondry. Seine Aussagen wurden mir bestätigt von Ratsimba, einer Adoptivmutter eines Prinzen, dem Nachkommen der Könige des Sakatovoreiches und von dem noch regierenden König des Lintareiches Tsihasoa in Ankazontaha. So erfuhr ich, daß nicht immer der Sohn dem Vater in der Regierung folgte, sondern auch der jüngere Bruder dem älteren oder der ältere Sohn einer Nebenfrau dem jüngeren Sohn der Hauptfrau, ebenso wie der Neffe dem Onkel. Auch die Regierungszeit der einzelnen Herrscher läßt sich nicht annähernd so genau bestimmen, wie es

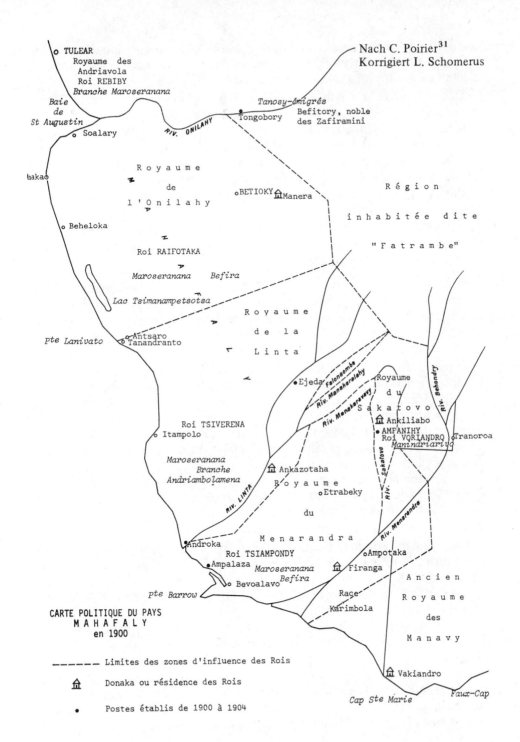

auf der Liste angegeben ist. Weitere Ungenauigkeiten entstanden dadurch, daß alle Könige (in ganz Madagaskar) nach ihrem Tode einen anderen Namen als zu ihren Lebzeiten annehmen.

Diese detaillierten Auskünfte habe ich erst erhalten, als Emalala der rechtmäßige Nachfolger des letzten Mahafaly-Königs und Enkel von Tsiampondry, mich zu seiner Mutter ernannt hatte und sich als mein *anake* (Kind) bezeichnete, obwohl er um einige Jahrzehnte älter war als ich. Nach alter Mahafaly-Sitte wurde ich zu seiner Mutter, weil ich ihm geholfen habe, als er krank und in Schwierigkeiten war.

Die einzigen schriftlich fixierten Anhaltspunkte sind historische Ereignisse während der Regierungszeit einzelner Könige, die von Flacourt[20], später von Drury[17] und Bastard[1] aufgezeichnet wurden und nur die Könige der Maroseranana betrafen, die im Androyland und im nordwestlichen Teil des Mahafaly-Landes lebten.

Geschichte der Maroserana-Könige erzählt von verschiedenen Gewährsmännern: Nach der Legende hat Ravola, eine Prinzessin aus dem Herrschergeschlecht der Zafimanary, die indischen oder arabischen Ursprungs sein sollen und im Südosten Madagaskars lebten, sich mit einem „Madegassen" verheiratet und wurde so die „Mutter des Geschlechts der Zafindravola"[57].

Für die Mitglieder der Königsfamilie der Maroseranana aus dem Menarandra-, dem Linta- und dem Sakatovo-Königkreich und für die Nachkommen der Zafindravola, die heute im Westen leben, ist Olombetsitoto der Gründer des Herrschergeschlechtes Maroseranana. Sein Vater hieß Andriamaro und kam von Andrianahary (Gott) gesandt auf diese Erde, nur um einen Sohn zu zeugen, nämlich Olombetsitoto und dann wieder zu Andrianahary (Gott) zurückzukehren. Weil die Könige der Maroserana von Gott abstammen, sei man ihnen die gleiche Ehrerbietung schuldig wie Gott, sagten deshalb die Mitglieder der Königsfamilie. Olombetsitoto hatte zwei Söhne mit seiner Frau Andriabelamena: Andriamitombovato war der ältere und Andriambalavato der jüngere.

Nach seinem Tod hieß Olombetsitoto Andriambetsitoto. Der in der Liste angeführte Andriamanafindanitre war nach Emalala kein Sohn, sondern Ratgeber des Königs Olombetsitoto. Die beiden Söhne Andriamitombovato und Andriambalavato sollen sich zerstritten haben. Der ältere Sohn vertrug sich nicht mit seiner Mutter und als die Mutter starb, wollte der jüngere Sohn nicht, daß der ältere Sohn die Bestattung der Mutter durchführte. Um die Streitigkeiten zwischen den Brüdern zu beenden, übernahm die Großfamilie die Bestattung der Toten. Die Rechte des älteren Sohnes gingen auf den jüngeren über und deshalb wurde Andriambalavato Begründer der Maroseranana-Dynastie. Von den beiden Brüdern Andriamanara und Andriamaroseranana, Söhne von Andriambalavato, erzählt man folgendes: Als sie eines Tages zum Menarandrafluß kamen, waren sie hungrig geworden.

Andriamaroseranana tötete ein Wildschwein, das er aus dem Busch aufgescheucht hatte und bat den älteren Bruder das Schwein zu braten, während er Wasser und *sonjo* (wildwachsende Knollen) suchen wollte. Als er zurückkam, war das Wildschwein noch nicht gebraten und auch noch kein Feuer angemacht. Andriamanara gestand, daß er mit dem Feuerbohrer nicht umgehen könne. Darüber geriet Andriamaroseranana so sehr in Zorn, daß er selbst Feuer anmachte und das Wildschwein darüber röstete. Andriamanara wollte sich nicht beschämen lassen und erklärte, daß er kein Wildschwein äße und für ihn und seine Nachkommen das Wildschwein von nun an *fady* (verboten) sei. Daraufhin ging Andriamaroseranana nach Ampasina (bei Ampotaka am Menarandrafluß) und gründete das Reich der Maroseranana.

Nach Emalala war Andriantsoho König im Menarandratal bevor die Maroseranana dort ankamen. Andriantsoho war König der Faloanombe und wurde mit ihnen von dort vertrieben. Die Onteafo, die das Gebiet um Betioky bewohnten, wurden im 17. oder 18. Jahrhundert wahrscheinlich von den Maroseranana unterworfen.

Unter dem König Miakala gründeten die Maroseranana ihr Königreich im Tal des Menarandraflusse und nannten sich Maroseranana-Befira, wie ihre Rinderohrmarkierung *(vilo)*. Nordwestlich im Temanatule-Tal des Lintaflusses hatten sich die Maroseranana-Andriambolamena niedergelassen und im Tal des Onilahyflusses die Maroseranana Tsitaila. Die Nachkommen von Andriamitombovato nannten sich nicht mehr Maroseranana sondern Manindriarivo.

Von den Maroseranana Tsitaila muß Orintany oder Herintany erwähnt werden. Er war der Sohn von Marie-Therese, die als Frau eines Kapitäns die einzige Überlebende eines 1790 vor der madegassischen Küste gesunkenen Schiffes war und von Itrimo, dem König der Maroseranana Tsitaila zur Frau genommen wurde. Ihr Enkel war Rafiay. Er blieb allen Europäern, im Gegensatz zu Tsiampondry, sehr freundlich gesinnt und schloß bereits 1859 einen Freundschaftsvertrag mit Frankreich.

1870 teilten die Herrscher Rafiay, Rabiby und Bahary das Land in drei Reiche. Auf Rafiay folgte Lahintafika oder Leitafiky und Refotaka. Auf Rabiby folgte Lahisalama und Tsiverenga und auf Behary Tsiampondry. 1900 versuchten die französischen Truppen die Pazifikation des Mahafaly-Landes. Die Bevölkerung lehnte die Europäer ab und auch Refotaka und Tsiverenga widersetzten sich energisch der Pazifikation.

Erst der schon erwähnte Speyer erreichte es, daß in Ampanihy, Ejeda, Itampolo und Androka Militärstationen errichtet wurden. Am 12. Mai 1902 unterwarf sich auch Refotaka und lieferte (so berichtete man mir) innerhalb von zwei Wochen alle Waffen ab, die sich in seinem Besitz befanden. Es sollen 4000 Speere und 500 Gewehre gewesen sein.

Die Könige waren politisch entmachtet. Sie blieben Hüter der königlichen Reliquien und religiöse Führer der Mahafaly. Tsiampondry starb 1912. Drei Monate sollen die Totenzeremonien gedauert haben. Sein Leichnam soll in vier Totentücher aus Seide *(Lamba mena)* gewickelt und in einen großen Baumsarg gelegt worden sein. In acht weiteren Särgen wurden Speere, Schmuck, Geld und Kleidung bestattet. Die Mahafaly sagen, daß man drei männliche Sklaven an seinem Grab getötet und ihre Leichen dem König ins Grab mitgegeben habe. Sein Enkel Emalala bestritt das ganz entschieden: Das sei nur „Leutegerede".

Beim Bau des Grabes wurden 700 Ochsen geschlachtet und 36 Totenpfähle *(Aloalo)* auf das Grab gesteckt.

Der Fotorane Antehisatra gilt als Hüter des königlichen Grabes, das im Wald von Ankirikirike liegt, der Begräbnisstätte aller Mahafaly-Könige aus dem Menarandrareich. Der Wald von Ankirikirike ist für alle Mahafaly und Fremde verboten. Der Weg ist schwer zu finden. Ich durfte diesen Wald betreten, weil ich die Erlaubnis der Familie hatte. Vor dem Betreten des Waldes mußte ich aber die Ahnen der Könige in einem kurzen Gebet um Erlaubnis bitten.

Geschichte der Mahafaly

Die wenigen Männer und Frauen aus dem Mahafaly-Land, die etwas über die Geschichte der Mahafaly wissen, sagten mir: „Ich weiß das nur, weil ich als Kind gehört habe, wie ältere Leute, die auf Verwandtenbesuch in den Dörfern waren, darüber gesprochen haben".

Meine Informanten stammten aus den Dörfern Ambalatsiefa, Ampanihy, Amkiliabo, Etrobeke und von der Küste (Bevoalavo und Ankilimanoy). Was sie erzählten, will ich hier in Deutsch wiedergeben, wie ich es in der Mahafaly-Sprache gehört habe:

„Als die Könige der Maroseranana in das heutige Wohngebiet der Mahafaly kamen, gaben sie den damaligen Bewohnern den Namen Mahafaly. Vorher nannten sich diese Bewohner nur *ndaty* oder *ondaty*, was Menschen heißt. Die Bauern, die an der Küste von Androka bis Soalara wohnten, nannte man Tanalana, die Fischer, die aufs Meer fuhren Vezo und die Bewohner im Inneren des Landes Masikoro, weil sie an einem Fluß lebten, der Masikoro heißt. Dann gab es noch die Faloanombe, die im fruchtbaren Tal des Menarandraflusses wohnten. Die Faloanombe waren sehr mächtig. Sie hatten Schmiede, die Eisen aus dem Eisenstein *(vatovy)* schmelzen und daraus Speerspitzen schmieden konnten. Ihr König oder Anführer soll Andriantsuhu gewesen sein.

Die Bevölkerung, die sich *ondaty* oder *ndaty* nannte, lebte in kleinen Gruppen unter einem Anführer, dem *Ondatybe* oder *Ndatybe*, das heißt großer Mensch. Fremde, die von auswärts kamen, hießen *Ambahiny*. Alle die miteinander verwandt waren, hießen *lungo*. Heute heißt es *lungo-karazana* (Stammesverwandte).

Damals gab es auch noch keine *mpisoro* (Opferpriester) und keinen *hazomanga* (Opferpfahl). Der *ondatybe*, auch *dada* genannt, opferte unter einem *kily-masy* (heiligen Tamarindenbaum). Nur *Andrianahary* (Gott) und die *razana* (Ahnen) wurden angerufen, es gab keine heiligen Seen oder Flüsse, nur einen einzigen heiligen Berg, den Vohitse mena. Auch die *pirafe* (Vielehe) war noch unbekannt, die Maroseranana haben die Sitte der Vielehe ins Land gebracht.

Die Toten wurden am Morgen, der dem Todestag folgte, kurz vor Sonnenaufgang bestattet. Der Leichnam wurde nur in Matten gewickelt. Es gab damals weder Särge noch Baumwolltücher für die Toten. Man hob eine längliche Grube aus, die gerade so groß war, daß der Leichnam darin Platz hatte. Darüber wurde zuerst Erde gehäuft und dann Steine darüber gelegt. Steinplatten waren der Abschluß. Heute werden nur arme Leute auf diese Weise bestattet. Es gab am Kopf- und Fußende weder einen *vatolahy* (männlichen Stein) noch einen *vatovavy* (weiblichen Stein) so wie heute.

War jemand nicht in seinem Heimatdorf gestorben, so wurde in der Nähe des Dorfes ein *atsiba* (Stein) errichtet. Ein Ochse wurde geopfert und die Hörner des Ochsen auf den Stein gesetzt. Man versprengte damals aber weder Blut noch Fett, wie das heute üblich ist. War jemand im Wald tödlich verunglückt und niemand in seiner Nähe, so wurde die Leiche von wilden Hunden gefressen. Davor hatten alle Angst. Bei einem *tafike* (Kriegszug) wurden deshalb alle Gefallenen sofort und ohne Zeremonien bestattet. Mit den Maroseranana kam die Sitte der großen viereckigen Gräber ins Land und die *aloalo*, die darauf gepflanzt wurden. Als die Maroseranana ins Land kamen, nahmen sie Besitz von den fruchtbaren Tälern der drei großen Flüsse: Menarandra, Linta und Onilahy und später noch vom Tal des kleineren Sakatovoflusses. Die im Menarandratal ansässigen Faloanombe unter ihrem Oberhaupt Andriantsoho oder Andrianjoho wollten die Maroseranana nicht als Könige haben. Da sie Schmiede hatten, die aus Eisenerz Speere schmieden konnten, durften sie zwar in Freiheit weiterleben, mußten aber das Gebiet des Menarandratales verlassen und zogen in die Täler der Flüsse Manakaralahy und Manakaravavy, wo sie heute noch leben. Die Maroseranana, die Feuerwaffen europäischer Herkunft hatten, unterwarfen die Bevölkerung und machten sie tributpflichtig. Alle Dörfer wurden in politische Einheiten aufgeteilt und ihre Bewohner in Fotorane zusammengefaßt (foto ist der Pfahl, an den der Opferochse gebunden wird). Jede Fotorane bekam einen Namen. Nur der König selbst durfte bestimmen, wer von diesen Fotorane einen *hazomanga* (Opferpfahl) haben durfte. Der König bestimmte auch den Opferpriester *(mpisoro)*, der fast immer ein Mitglied der königlichen Familie war. So hatte der König die ganze Bevölkerung unter Kontrolle. Wer sich dem König nicht unterwerfen wollte, flüchtete in die damals noch dichten Wälder auf dem Kalkplateau. Man sagt, daß es noch heute Nachkommen dieser „Waldmenschen" *(Lampihazo)* gäbe. Diese *Lampihazo*, auch *Mikea* genannt, lebten in den zahlreichen Höhlen des Kalkplateaus. Sie konnten nur kleine Pflanzungen anlegen und mußten ständig ihren Wohnsitz wechseln, um nicht von den „Spionen" des Königs aufgespürt zu werden. Viele lebten nur von Wurzeln, Honig, Wildfrüchten und den Tandrek (Igeln). Sie hatten keine anderen Kleider als die aus der Rinde des Vorybaumes *(hafotse)*, die sie mit einem Holzstück aus Katrafayholz weichklopften. Heute soll es noch diese Menschen auf dem Kalkplateau geben, die *Mikea* heißen. Diese Menschen sprachen zwar die gleiche Sprache wie die Mahafaly heute, aber sie leben nach den alten Sitten der Ahnen.

Man sagt, daß sie Honig gegen Kleidung eintauschen, auch gegen eine Identitätskarte, die jeder erwachsene Madegasse den Behörden auf Verlangen vorzeigen muß.

(Mir haben einige Mahafaly-Hirten erzählt, daß sie auf ihren Wanderungen mit ihren Rindern auf dem Kalkplateau auf solche Menschen gestoßen sind. Sie seien sehr scheu und wollen keinen Kontakt mit der übrigen Bevölkerung. Drury[58] spricht bereits von diesen Waldmenschen, die ihn auf seiner Flucht aus dem Antandroyland sehr freundlich bewirtet haben.)

Nicht nur einzelne Familien, die sich dem König nicht unterwerfen wollten, sondern auch ganze Dorfgemeinschaften haben sich damals in die dichten Wälder vor der Willkür des Königs geflüchtet. Denn der König und die männlichen Mitglieder der Königsfamilie waren im ganzen Land gefürchtet. Sie betrachteten sich als die „Besitzer von Menschen, Tieren und Land". Sie nahmen sich die Rinder von der Weide und jede Frau, die ihnen gefiel. Wehrte sich der Ehemann, so wurde er mit dem Speer durchbohrt. Auch alles, was auf den Feldern angebaut wurde, mußte dem König gegeben werden, wenn er es wünschte. Für die Bevölkerung des Mahafaly-Landes sind die Könige grausame Herrscher gewesen und viele waren froh, als die *Vazaha Frantsay* (Franzosen) den Königen die Macht genommen hatten.

Der *Mpanjaka* (König) lebte mit seiner Hauptfrau und seinen Nebenfrauen in einem Dorf, das nicht wie bei den gewöhnlichen Mahafaly *tanana*, sondern *antandonaka* hieß. Alles, was den König und seine Familie betraf, wurde mit besonderen Namen bezeichnet. Die einzelnen Körperteile des Königs, die Handlungen, die er vornahm und Gegenstände für seinen persönlichen Gebrauch hatten einen eigenen Namen. Sein Haus hieß nicht *trano*, sondern *antsomba* oder *anjomba* und seine Frauen „*tanantsomba*" (wörtlich: Hand des Königshauses). Der König war umgeben von seinen Sklaven, die alle Befehle, die vom König kamen, widerspruchslos und sofort auszuführen hatten. Es gab Haus- und Feldsklaven. Der König aß niemals am Tage, weil es dann zu viel Fliegen gab. Die erste Mahlzeit war um drei Uhr früh, wenn der Hahn zum ersten Mal krähte. Ein Sklave saß neben der Essensschüssel und mußte mit einem Fächer aus Palmblattfasern die Fliegen verjagen. Setzte sich aber doch eine Fliege auf die Eßschale, bekam der Sklave eine Ohrfeige. Das Essen bestand, wenn es kein gebratenes Fleisch gab, aus fein gestampftem Mais oder Hirse ohne Wasser nur in Milch gekocht und mit Honig gesüßt. Nach dem Essen mußte das Geschirr sofort von den Sklaven mit Wasser gereinigt werden. Die Eßschale des Königs war aus Holz und hieß *sabole*. Sein Eßlöffel, *fioke*, hatte eine besondere Form, damit er nicht mit den anderen Löffeln verwechselt wurde. Nach jeder Mahlzeit ging der König spazieren, *miavoa* hieß das. Wenn er zurückkam, wurden ihm die *hana* (Sandalen aus Rinderhaut) abgezogen und seine Füße, die man *fihitsake* und nicht *tompoke* wie bei den gewöhnlichen Mahafaly nannte, gewaschen und mit Ochsenfett gesalbt. Dann legte er sich auf seine Matte, die *kinta* und nicht *tihy* hieß und deckte sich mit einer *lambo nendo* zu. Die *lamba nendo* ist aus Baumwolle und schwarz gefärbt. Als Nackenstütze hatte der König die *onda* (einen geschnitzten und verzierten Holzklotz). Die Könige der Maroseranana haben Fleisch und Milch zusammen „gegessen"; nur Milch mit Salz vermischt war *fady*. Jeder König hatte 2—4 Frauen. Die erste Frau, die Hauptfrau, wurde dem jungen König vom Vater ausgewählt. Sie mußte nicht unbedingt aus der königlichen Familie sein, ihre Söhne und Töchter waren immer Prinzen und Prinzessinnen. Auch die Sitte der „Tötung eines Kindes an einem Donnerstag" soll von den Maroseranana-Königen gekommen sein. (Von vielen Mahafaly-Frauen habe ich erfahren, daß sich diese Sitte bis vor wenigen Jahrzehnten trotz des Verbotes der damaligen Kolonialverwaltung gehalten hatte. Die Frauen haben, wenn sie kurz vor der Entbindung standen, alles versucht, um die Geburt zu beschleunigen oder hinauszuzögern, damit das Kind nicht am Donnerstag geboren wurde. Nur in ganz abgelegenen Dörfern konnten die Frauen den Tag an dem ihr Kind geboren wurde, verheimlichen. Wenn eine Königin oder eine Prinzessin an einem Donnerstag ein Kind gebar, so wurde dieses Kind einer gewöhnlichen Mahafaly-Frau zur Adoption gegeben.)

Der König oder ein Bruder des Königs war der Opferpriester. Nur er hatte das Recht, einen Opferochsen zu töten. Früher durfte überhaupt kein Rind geschlachtet werden, wenn nicht ein Angehöriger des Königshauses anwesend war, der dann auch die besten Teile bekam. So behielt der König auch die Kontrolle über den Viehbestand. War eine Kuh oder ein Ochse tödlich verunglückt, so war der Hirte dafür verantwortlich und wurde vom König schwer bestraft. (Man soll ihm die Hoden abgeschnitten haben.)

Bei allen zeremoniellen Handlungen, die es in den Dörfern gab, mußte ein Mitglied der königlichen Familie anwesend sein. Die Familie der Maroseranana brachte auch die *fomba* (Sitte) der viereckigen Gräber und der aufgepflanzten Totenpfähle, die *aloalo* ins Land. Erst hatten nur die Mitglieder der königlichen Familie das Recht auf *aloalo*. Auch verstorbene Frauen und Töchter der Könige durften bis zu sechs *aloalo* auf ihren Gräbern haben. Später konnten sich alle reichen Mahafaly und solche, die in der Gunst des Königs standen, das Recht auf *aloalo* erkaufen. Jeder *aloalo* kostete drei Ochsen.

Starb ein Mitglied der königlichen Familie, so wurde der Leichnam sofort gewaschen. Einer Frau wurden die Haare neu frisiert und der Schmuck angelegt. Einem Mann wurden die Barthaare weggezupft und er wurde ebenfalls geschmückt. Man konnte den Toten nochmals sehen, wenn man sich nicht vor seinem Anblick fürchtete. Meistens aber wurde das unterlassen. Dann wurden dem Verstorbenen die Augen zugedrückt und das Kinn hochgeschoben. Fingernägel und Haare des Verstorbenen wurden nicht wie bei den Sakalava-Königen konsumiert. Dann wurde der Tote in den ersten Sarg gelegt, der aus zwei ausgehöhlten Stämmen des Mendorave-Baumes bestand. Sie wurden übereinander gelegt. Einen Tag nach dem Tode wurde die Leiche mit dem Sarg in einen zweiten größeren Sarg gelegt und in einer flachen Grube bestattet. Darüber wurde in Rechteckform ein Steingrab errichtet. Ins Grab wurden Kleidung und Schmuck, aber keine Nahrungsmittel mitgegeben, auf das Grab legte man das Eßgeschirr. Bei der Grablegung wurde eine ältere Kuh, die nicht gekalbt hatte, geopfert, die Hörner wurden zerbrochen und in den Wald geworfen, nicht aber auf das Grab gesteckt. Entgegen der allgemeinen Ansicht wird nur ein Rind bei der Grablegung geopfert. Es heißt *holitenga* (Abschied). Die Hörner der Ochsen, die beim eigentlichen Grabbau geschlachtet werden und als Nahrung für die Grabbauer *mpahandovato* bestimmt sind, werden auf das Grab gesteckt. Außerdem bekommt jeder Grabbauer einen lebenden *ombyteloay* (dreijährigen Ochsen) von der Familie des Verstorbenen.

Im vorigen Jahrhundert wurden die Bestattungszeremonien für die toten Könige mit immer mehr Feierlichkeiten und Opferungen verbunden. Beim Tode von Tsiampondry hat man 2000 Ochsen geschlachtet und die Bestattungszeremonien haben über ein Jahr angedauert. Zahlreiche Trauergäste, auch aus dem Gebiet des Onilahy, kamen und brachten viele Rinder als Opfertiere. Die Mahafaly behaupten, daß auch Sklaven lebendig oder getötet ins Grab gelegt wurden, aber Emalala, der Enkel bestreitet das. Nach dem Tode des Königs Tsiampondry, der nun Andrianmandakale-Andriarivo heißt, folgte Tsiosa, der jüngere Bruder als König und Opferpriester. Er hatte zwar alle politische Macht verloren, trotzdem aber noch viel Einfluß auf die Bevölkerung. Seine Hauptfrau hieß Vongemamy (süße Blüte) und stammte aus der Gruppe der Faloanombe. Tsiosa bekam nach seinem Tode den Namen Andriamanintsi-arivo. Ihm folgte Tovundray. Als im Jahr 1930 im Antandroyland eine große Hungersnot herrschte und viele Antandroy an Entkräftung starben, baten die Karimbola, eine Untergruppe der Antandroy, den Mahafaly-König um Aufnahme in sein Land. Er gab ihnen den Namen Tambola und siedelte sie im heutigen Umland der Dörfer Retanso ambany und Retanso ambuny an.

Der rechtmäßige Nachfolger von Tovundray wäre Emalala oder Remalala, weil er der älteste Sohn der Hauptfrau von Tovundray ist. Rapanafane wurde als Sohn einer Nebenfrau aber früher geboren und beanspruchte daher alle Rechte eines Erstgeborenen. Er wurde Bürgermeister von Ampanihy und betrachtete sich als Besitzer des ganzen fruchtbaren Menarandratales einschließlich eines Stausees und der Brunnen, die von der Verwaltung für die ganze Bevölkerung errichtet wurden. Obwohl die Tributpflicht schon längst nicht mehr existiert, verlangte er von der Bevölkerung noch immer Rinder und hatte auch die Möglichkeit, auf die Bevölkerung den nötigen Druck auszuüben. Obwohl er wenig Sympathien hatte, wollte niemand etwas gegen ihn unternehmen, nicht einmal während des Aufstandes 1971, weil er Mitglied der Königsfamilie ist.

So erzählten mir meine Informanten die Geschichte ihres Landes.

Von den fünf Frauen, die mit Tsiampondry verheiratet waren, wurden nur zwei erwähnt: Zame, die zweite Frau, die einmal als Mutter von Tovundray bezeichnet wurde, dem Nachfolger von Tsiampondry, während die erste Frau Hiliange (Tangantsomba-be) von anderen Gewährsmännern als die Mutter von Tovundray angegeben wurde. Langene, die vierte Frau von Tovundray bekam vor der Hauptfrau Tsiandrohe (vom Clan der Falianombe) einen Sohn: Rapanafane. Der erste Sohn der Hauptfrau, Emalala wäre der rechtmäßige Nachfolger von Tovundray. Aber Rapanafane bezeichnete sich den Kolonialbehörden gegenüber als erstgeborenen Sohn und rechtmäßigen Nachfolger von Tovundray. Er wurde als Bürgermeister von Ampanihy eingesetzt, obwohl ihn die ganze Bevölkerung ablehnte, weil er aber Sohn eines Königs ist, darf nichts gegen ihn unternommen werden, erzählte mir sein Bruder Emalala.

Soziale Schichtung

Die Mahafaly erzählten mir, daß es in ihrem Land vor Ankunft der Könige keine Sklaven gegeben habe. Erst die Könige haben die Bevölkerung des Mahafaly-Landes in drei Klassen eingeteilt:

Roandria = zu denen alle Mitglieder der Königsfamilie gehörten
Vohitse = Bauern. Sie waren freie Menschen, aber dem König gegenüber tributpflichtig

Familie des Königs Tsiampondry

Tsiampondry ♂ = Hiliange ♀   1. Frau (Tangantsomba-bè)

1. Tovundray ♂ = Tsiandrohe ♀ = Tsilentah ♀ = Natseta ♀ = Langènè ♀
   (Andriamanintsi-   Teuke ♂   Semene ♂   Torungane ♀   Rapananafane ♂
   arivo)   Miatonge ♂   Montuke ♂
                       Ambunemana ♂   3. Kind adoptiert von Ratsimba, weil
                       Emalala ♂   am Donnerstag geboren

2. Aferaza ♂
3. Rahanongana ♀
4. Volahange ♀

Tsiampondry ♂ = Zame ♀ (Antesambaike) 2. Frau
                Talivelo ♂
                Tsikutra ♂
                Zapanafe ♂

Andevo oder = Sklaven. Sie wurden bei kriegerischen Auseinander-
Ndevo setzungen aus den überfallenen Dörfern geraubt, weiterverkauft oder gegen Vieh und Waren eingetauscht.

Nur die Mitglieder der königlichen Familie hatten das Recht auf Sklaven. Sie wurden für die Arbeit im Haus und auf dem Feld verwendet. Kinder von Sklaven waren Eigentum des Sklavenbesitzers, waren es Mädchen, hat man sie sofort nach der Geburt mit einem Halsschnitt getötet, weil „sie nichts anderes taten, als essen" wurde mir gesagt. Größere Kinder, die bei Kriegszügen erbeutet wurden, haben die Könige weiterverkauft. Für ein Mädchen bekam man 2 Ochsen, für Jungen etwas mehr, je nachdem wie alt und kräftig sie waren. Ein männlicher Sklave wurde für 5 Ochsen verkauft, eine kräftige weibliche Sklavin für 4 Ochsen. Viele Sklaven wurden an die Küste gebracht und auf die Schiffe verladen, die in der Bucht von St. Augustin ankerten, die mit dieser Fracht nach Afrika und Amerika fuhren.

Der letzte Sklavenhändler soll ein Europäer mit Namen Tombarely gewesen sein, der noch zu Beginn dieses Jahrhunderts Sklaven aufgekauft habe, behaupteten mir gegenüber viele Mahafaly. Auch heute gäbe es Sklaven, die ohne Lohn bei den Mitgliedern der Königsfamilien arbeiten müßten. Sie hätten keine persönliche Freiheit und könnten keine eigenen Entscheidungen treffen. Sie hätten aber Angst, dies der Verwaltung zu melden.

Die Sklaven im benachbarten Androyland hatten ein besseres Leben, wenn ihr Besitzer eine *soa fanahy* (gute Seele) war. Sie durften eigene Rinder besitzen, sich Ersparnisse machen und konnten sich freikaufen. Sie durften untereinander heiraten. Doch ihre Kinder blieben Sklaven und Eigentum des Besitzers.

Gerichtsbarkeit

Heute wird nach dem aus der Kolonialzeit stammenden französischen Gesetz offiziell Recht gesprochen. Da diese Gesetze aber für viele Mahafaly als zu milde gelten, wird der Fall auch heute noch vor den Dorfrat *(fokonolona)* gebracht. Früher war es ausschließlich der König oder ein Verwandter des Königs, der vor einer Versammlung das endgültige Urteil fällte. Die Strafen waren damals sehr hart. Bei Diebstahl eines Rindes mußten mindestens zwei Rinder zurückgegeben werden. Wurde ein Mann oder eine Frau ermordet, die nicht der königlichen Familie angehörten, sondern Bauern waren, so mußte der Mörder und seine Familie 30 Stück Vieh als Buße *(loanetsy)* bezahlen. Bei versuchtem Mord einen Ochsen. Bei Kindesraub, wenn das Kind nicht getötet wurde, 30 Stück Vieh. Konnte das „Bußgeld" nicht zur Gänze aufgebracht werden so wurde der Dieb getötet. Wurde ein Mann beim Diebstahl eines Rindes von einem Rinderhirten mit dem Speer getötet, so ging der Hirte straffrei aus, wenn der versuchte Rinderraub oder Diebstahl einwandfrei erwiesen war. Mord und Totschlag aus heimtückischen Beweggründen waren bei den Mahafaly jedoch selten. Auch der Diebstahl eines Kindes war eine Seltenheit. Während meines letzten Aufenthaltes im Mahafaly-Land trug sich jedoch ein solcher Fall zu. Es war im Jahr 1969, als aus der Entbindungsstation in Ampanihy ein nur wenige Tage altes Kind nachts, während die Mutter schlief, verschwand, obwohl das Baby in ihren Armen lag. Die Gendarmerie nahm sofort Nachforschungen auf und fand eine Woche später das Kind wohlbehalten in einem entlegenen Dorf, bei einer Frau, die behauptete, es sei ihr eigenes Kind, das sie wenige Tage zuvor von den Wehen überrascht am Ufer eines Flusses geboren hätte. Die Frau wurde von den Gendarmen in das Krankenhaus gebracht, wo sich herausstellte, daß sie niemals ein Kind geboren hatte. Das Kind wurde von der Hebamme und der Mutter als das gestohlene Kind identifiziert. Die Frau, die das Kind gestohlen hatte, kam in das Gefängnis der Provinzhauptstadt. Ebenso der Ehemann, seine Schwester und deren Ehemann, angeklagt wegen Beihilfe zum Kindesraub. Die Verwandten nahmen sich einen Rechtsanwalt, damit die Familienmitglieder, die ihrer Ansicht nach unschuldig waren, freigesprochen werden konnten. Die Frau, die das Kind gestohlen hatte, wurde von der Familie jedoch fallengelassen, denn sie hätte etwas „sehr Schlechtes" getan, sagte die Familie. Niemand berücksichtigte, daß diese Frau mildernde Umstände verdiente: Sie war kinderlos geblieben und hatte aus Angst, ihren Mann zu verlieren, den sie sehr liebte, eine Schwangerschaft vorgetäuscht. Sie ging regelmäßig nach Ampanihy, angeblich um sich dort bei der Hebamme der vorgeschriebenen Schwangerschaftsuntersuchung zu unterziehen. Sie stopfte sich ihre Kleider aus, damit jeder in ihrem Dorf sehen konnte, daß sie ein Kind erwartete. Als der vorausberechnete Tag der Entbindung kam, verschwand sie heimlich aus dem Dorf, damit niemand von der Familie sie ins Krankenhaus begleiten konnte, wie es die Sitte verlangt. Nachts war sie dann heimlich in die Entbindungsstation gegangen, die damals weder durch ein Tor noch durch eine Tür abgeschlossen war und nahm der schlafenden Mutter so leise und vorsichtig das Kind aus dem Arm, daß niemand aufwachte und auch das Baby nicht zu schreien begann. Sie hatte in einem Busch bereits eine Säuglingsmilchflasche, Nestlémilch und Windeln versteckt und nahm auf dem Nachhauseweg alles an sich. Im Dorf angekommen, erklärte sie, daß sie ihr Kind unterwegs bekommen habe und sie verhielt sich wie eine Frau im Wochenbett. Niemandem von der Familie konnte es auffallen, daß das Baby schon einige Tage alt war. Die Familie der Frau wurde vom Dorfrat *(fokonolona)* dazu verurteilt, 60.000 FMG oder 30 Ochsen an die Familie des geraubten Kindes zu bezahlen.

VIII. Lebenslauf

1. Altersgruppen

Die Mahafaly kennen im allgemeinen nur ihr ungefähres Lebensalter. Sie zählen nicht nach Jahren, sondern schätzen einen Menschen nach seinem Aussehen ein.

Bei den Mahafaly unterscheidet man sechs Lebensaltersstufen:

	für Jungen	und Mädchen
Neugeborene *(Terabao)*		
Kinder bis zur Pubertät *(zaza)*	*atsatsalahy* (männliches Kind)	*atsatsavavy* (weibliches Kind)
15–20 Jahre	*satuwu, tuwulahy*	*sumundrara*
ab 20 bis ca. 35 und 40 Jahre	*lehilahy*	*ampela*
ab 40 Jahre	*nahoda*	*rakemba*
ab 70 Jahre (mit weißen Haaren)	*roandria-antitse*	*rakemba-antitse rafotsy*

Ein angesehener Mann in mittleren Jahren heißt *Roandria*, auch wenn er nicht Mitglied einer Königsfamilie ist. Eine angesehene Frau nennt man *Roakemba*.

Das Alter eines Mannes wird auch nach dem Alter seiner Söhne eingeschätzt. Um nicht als *antitse* (Greisin) zu gelten, färben sich viele Frauen ihre grauen Haare schwarz. Wenn dem ältesten Sohn der Schnurrbart wächst, wird sein Vater zum *nahoda* und darf bei Bestattungszeremonien Alkohol trinken.

2. Schwangerschaft und Geburt

Als ich bei den Mahafaly lebte, hatte ich gute und sehr freundschaftliche Beziehungen zu den Frauen in den Dörfern des Mahafaly-Landes, weil ich jederzeit bereit war, ihnen bei Krankheitsfällen und bei familiären Schwierigkeiten zu helfen. Von allen, die ich kannte, wurde ich als Schwester oder Mutter betrachtet. Es gab daher kein Verbot *(fady)* für sie, mit mir über Themen zu sprechen, über die man sonst nur mit der eigenen Schwester oder einer guten mütterlichen Freundin reden darf.

Im allgemeinen „schämt sich" *(mahamengatse)* eine junge Mahafaly-Frau, ihre eigene Mutter oder Tante in sexuellen Dingen um Rat zu fragen und Mütter und Tanten wollen sich nicht „in die Angelegenheiten ihres Kindes einmischen, auch wenn es einen guten Rat nötig hätte", sagt man. Viele junge Frauen sind kaum über Empfängnis, Schwangerschaft und Geburt aufgeklärt. Doch wissen die meisten jungen Mädchen, daß man kein Kind bekommen kann, wenn man nicht mit einem Mann „zusammengewesen ist" wie die Mahafaly sagen. Ein uneheliches Kind ist keine Schande für die Familie der jungen Mutter, doch Mutter und Kind entstehen wirtschaftliche Nachteile, deshalb versucht man mit verschiedenen Mitteln, ungewollte Schwangerschaften zu vermeiden oder Fehlgeburten herbeizuführen. Für die Mahafaly, wie für alle Madegassen, ist es ein Unglück, wenn sie kinderlos bleiben. Da weder Männer noch Frauen glauben, daß auch ein Mann steril sein kann und nicht nur eine Frau, kommt es oft vor, daß sich ein Mann von seiner Frau trennt, wenn sie kinderlos geblieben ist und sich nacheinander mit einer zweiten, dritten oder gar vierten Frau verheiratet, weil er unbedingt Kinder haben möchte. Auch wenn aus allen diesen Ehen keine Kinder hervorgehen, glauben er und seine Familie, daß es das Schicksal ist, das ihm keine Kinder gönnt.

Glücklich verheiratete Frauen wünschen sich Kinder, um den Ehemann „zu erfreuen" und zu verhindern, daß er sich eine andere Frau nimmt. Frauen, die in einer schlechten Ehe leben und unverheiratet sind, wollen meist keine Kinder, weil ein Kind ein Hindernis für eine neue Ehe bedeuten kann. Man hört von europäischen Reisenden oft die Bemerkung, daß eine junge Madegassin erst dann zu einer begehrten Ehefrau wird, wenn sie schon vor der Ehe Kinder geboren und damit den Beweis gebracht hat, daß sie fruchtbar ist. Ich muß dieser Ansicht nach dem, was ich selbst beobachtet habe, widersprechen. Bei allen Bevölkerungsgruppen, die ich besucht habe, ist es zwar kein Unglück, wenn ein unverheiratetes Mädchen ein Kind bekommt, das meist vom Bruder der jungen Mutter adoptiert wird oder bei den Großeltern im Dorf aufwächst. Aber ein Kind ist ein Hindernis für eine neue Ehe, denn es gibt viele Männer, die kein Kind ernähren wollen, das nicht ihr eigenes ist, wie sie sagen. Auch bei den Mahafaly werden Männer, die zu ihrer zukünftigen Frau sagen: „Dein Kind sei auch mein Kind, ich kann es miternähren", als außergewöhnlich gute Menschen, *soa fanahy*, angesehen.

Sind die ersten Jahre einer Ehe kinderlos geblieben, versucht die Ehefrau durch Massage ihres Leibes und durch Einnehmen von Medizin schwanger zu werden. Bleibt auch das erfolglos, so geht sie allein zu einem *kily masy* (heiligen Tamarindenbaum), pflückt einen *ravetsehetay* (Zweig) ab und betet:

„Segne mich o Gott, segne mich, der Du im großen Tamarindenbaum bist, denn ich möchte ein Kind haben". *„Tahio Andrianahary, tahio-ra ankilibe, hana-anake Andrianahary."*

Erst wenn nach diesem Bittgang die *miliutse* (Menstruation) drei oder viermal ausbleibt, wenn sich Erbrechen und Magenschmerzen einstellen oder Kindesbewegungen zu spüren sind, erzählt die Frau ihrem Ehemann, daß sie ein Kind erwartet und ein Dankopfer dargebracht werden muß. Nun geht die Frau in Begleitung ihres Ehemannes zum gleichen heiligen Tamarindenbaum, opfert Honigwein (heute kauft man im indischen Laden auch gewöhnlichen Rum) und betet: „Ich bin glücklich, weil ich ein Kind erwarte, ich habe Rum als Opfergabe gebracht." *(Faly raho, fa bevoka raho, manesse toaka)*. Sind Schwangerschaft und Geburt glücklich verlaufen, geht die junge Mutter mit dem Kind acht Tage nach der Entbindung begleitet von dem Ehemann und ihren Verwandten zum gleichen Tamarindenbaum. Nun wird ein Ochse geopfert. Für diese Art der Danksagung wird der Ochse nicht am Opferpfahl *(Hazomanga)* geopfert.

Diese Bitt- und Danksagungen werden nur von Frauen durchgeführt, die um Kindersegen gebetet haben.

Ist auch dieser dritte Bittgang erfolglos geblieben, so findet sich die Frau mit ihrem Schicksal ab. Sie gilt dann als *betsiteraka* oder *tsimanaanake* („alt und noch nichtgeboren" oder „hat keine Kinder"). Dies ist keine Schande, denn sie teilt ihr Schicksal mit vielen Mahafaly-Frauen. Im Alter aber ohne Kinder und Enkelkinder zu sein, gilt als Unglück.

Jede Frau, ob sie nun verheiratet oder nicht verheiratet ist, berichtet dem Vater des werdenden Kindes erst von der Schwangerschaft, wenn ihre Menstruation mindestens dreimal ausgeblieben ist. Sie sagt dann „in einem Jahr werden wir ein Kind haben, wenn Gott es will". Dann erst erzählt der Mann seiner Familie von dem bevorstehenden Ereignis und die Frau unterrichtet ihre eigene Familie. Dadurch wird bei den Mahafaly die Schwangerenfürsorge erschwert, die vom staatlichen Gesundheitsdienst eingerichtet ist und die jede Mahafaly-Frau bereits vom 2. Schwangerschaftsmonat an in Anspruch nehmen sollte.

Bei den Mahafaly ändert eine gesunde Frau, die nicht unter den bekannten Schwangerschaftsbeschwerden leidet, ihre normale Lebensweise nicht. Sie muß nur einige Verbote und Gebote *(fady)* beachten: das Holzspalten und das Sitzen auf Steinen sind verboten, weil die Geburt dann mit Komplikationen verbunden ist. Wasserholen, Maisstampfen und weite Tagesmärsche bis zu 20 km gelten als unerläßlich für eine leichte Geburt. Verboten ist der Genuß von *voakazohamba* (Zwillingsfrüchten), z. B. zusammengewachsene Bananen, damit keine Zwillinge zur Welt gebracht werden, von *habobo* (Sauermilch), *ronon-ose* (Ziegenmilch), *kapike* (Erdnüssen), *henavondrake* (fettem Fleisch) und allem Fleisch von Tieren, die an einer Krankheit oder an einem Unfall verendet sind. Empfohlen wird der Genuß von frischen Gemüsen und Früchten, wie *voasavo* (Wassermelonen) und Zitrusfrüchten wie Orangen, Zitronen und Pampelmusen, weil sie das Blut des

Kindes reinigen. Eine werdende Mutter darf an keiner Totenbestattung teilnehmen und muß sich von allem fernhalten, was sie zum Weinen bringen könnte, damit das Kind kein „krankes Herz" bekommt.

Die meisten Mahafaly-Frauen glauben, daß sich der Embryo nur deshalb bildet, weil sich das Blut des Mannes mit dem Blut der Frau mischt. Der Embryo soll bis zum 5. Schwangerschaftsmonat nur aus Blut bestehen und erst später (im 6. Monat) entwickeln sich die Arme, Beine und der Kopf. Die Mutter spürt nun wie sich das Kind bewegt. Im 7. Monat sind Augen, Ohren und Nase vorhanden, sagen die Mahafaly.

Wenn der Mond zum zehnten Mal an der gleichen Stelle am Himmel steht, an der er zur Zeit der letzten Menstruation war, weiß die werdende Mutter, daß sie vor der Entbindung ist. Nur Frauen, die nicht intelligent sind, sagen die Mahafaly, werden von den einsetzenden Wehen überrascht. Heute müssen alle Frauen zur Entbindung ins Krankenhaus gehen. Früher fand die Entbindung im Wald statt, damit das Haus vom vielen Blut nicht verunreinigt wurde. Kein Mann durfte seine Frau in den Wald zur Entbindung begleiten und auch heute noch ist es für ihn verboten, seine Frau im Krankenhaus in der Entbindungsstation zu besuchen. Nur weiblichen Familienmitgliedern ist dies gestattet.

Es kommt auch heute noch vor, daß eine Frau auf dem Weg ins Krankenhaus von den Wehen überrascht wird. Die Entbindung findet dann auf die gleiche Weise statt wie es früher üblich war. Dreimal habe ich eine solche Entbindung miterlebt und sie unterschied sich in ihrem Verlauf nicht viel von dem, was man mir bereits berichtet hatte: Wenn die Wehen beginnen, *avy mandrorutse*, erzählten die Frauen, setzt sich die Geburtshelferin, eine ältere erfahrene Verwandte, auf den Boden, spreizt ihre Beine, legt ein Stück Stoff dazwischen, setzt die Gebärende auf ihre Oberschenkel und massiert ihr den Bauch mit Ochsenfett, wenn die Schmerzen sehr groß sind. Manchmal sagt sie auch „Wenn es Gott gefällt, so soll die Geburt schnell von statten gehen" *(Tahio Andrianahary mivututse masika)*. Dann drückt sie mit den Händen auf den Rücken der Mutter. Wenn der Kopf des Kindes erscheint, springt die Hebamme auf, hilft der Mutter beim Aufstehen und fängt das Kind mit beiden Händen auf. Das Neugeborene legt man auf eine saubere, neue Matte und wartet bis die Nabelschnur blutleer ist. Dann erst wird sie soweit wie möglich vom Nabel des Kindes entfernt mit einem kleinen silbernen Messer, dem *kelilahy* durchtrennt. Dieses Messer darf nur für diesen Zweck verwendet werden. Andere Verwandte haben in der Zwischenzeit ein Holzfeuer angefacht. Über dieses Holzfeuer wird das Neugeborene vorsichtig mehrmals hin und herbewegt. Bei den Mahafaly bleibt die Nabelschnur lose hängen (im Gegensatz zu den benachbarten Antandroy, die sie an einer Schnur festbinden und dem Kind um den Hals legen). Dann wird das Kind mit Tüchern abgetrocknet.

Die Mutter muß aufstehen, einige Schritte gehen und sich dann wieder hinhocken, damit die Nachgeburt schnell abgeht. Die Nachgeburt wird an Ort und Stelle vergraben. Nach der Entbindung geht die Mutter zu Fuß entweder in ihr Dorf zurück oder, wenn das Krankenhaus nahe ist, setzt sie ihren Weg dorthin fort. Sobald der Vater erfährt, daß sein Kind ein Junge ist, tanzt er mit dem Speer und singt: „Ich bin glücklich" *(faly r-aho drrrrrrr . . .)*

Heute bleibt die Frau 5–6 Tage im Krankenhaus und kehrt dann zu Fuß in ihr Dorf zurück. Hier zieht sie sich in ihr Haus zurück mit ihrem Kind und nun beginnen alle Zeremonien, die seit alters her für die Frau im Wochenbett üblich sind. Ein Feuer brennt Tag und Nacht im Raum, selbst bei der größten Hitze. Auf das Gesicht der Wöchnerin wird eine Maske aus Tonerde und dem Saft von Tamarindenfrüchten- oder -blättern aufgelegt. Sie muß viel warmes Wasser trinken und Reis in viel Wasser gekocht, *vary soso*. Sie darf nichts Kaltes trinken, sonst könnte die Milch versiegen. Der erste *tay* (Kot) des Säuglings wird in ein Stück Stoff eingewickelt und vier Monate später in ein Feuer geworfen, das für diesen Zweck entzündet wird. Die Fontanellen des Kindes bestreicht man mit einem Brei aus zerstoßenen Wurzeln und Blättern des Lamotybaumes. Etwas Holzasche von der Feuerstelle wird mit Wasser verrührt und dem Säugling als erste Nahrung eingeflößt.

Die junge Mutter darf sich niemals kalt baden (wie das von den Betsimisaraka berichtet wird), denn „das macht krank". Das Neugeborene *(terabao)* nennt man, solange die Haut hell ist auch *azaza mena* (rotes Kind) und die junge Mutter nennt man *ampela misamake*, was bedeutet: „nicht ich habe das Kind geboren, sondern meine Schwester".

Michel Guerin[24] berichtet von den benachbarten Antandroy, daß ein Säugling noch nicht als menschliches Wesen angesehen wird, „Le nourrisson n'est pas consideré comme un être humain. Le mot terabao designe le veau et l'enfant qui vient de naitre". Ich habe mich eingehend bei den Mahafaly und auch bei den Antandroy danach erkundigt, wie es zu dieser Annahme gekommen sein könnte. Sie muß auf einem Mißverständnis beruhen: Das Wort „Terabao" heißt wörtlich „neugeboren" (von miterake = geboren und vaovao = neu). Alle neugeborenen Tiere wie Kälber, Katzen, Hunde, Ziegen und Schafe werden ebenso wie neugeborene Menschenkinder als „terabao" bezeichnet. Der menschliche Säugling ist aber in keiner Weise dem Kalb gleichgestellt wie Guerin glaubte, und ist durchaus ein menschliches Wesen mit einer Seele, *fiay*.

Das Wochenbett dauert bei Frauen, die einen Jungen geboren haben drei Monate, ist das Kind ein Mädchen, zwei Monate und starb das Kind gleich nach der Geburt, dann nur einen Monat. Stirbt ein Kind kurz nach seiner Geburt, so wird es am nächsten Morgen in einem einfachen Steingrab ohne Zeremonie beerdigt. Die Mutter darf nicht lange trauern. (Siehe auch Kapitel Tod und Begräbnis)

In der Zeit des Wochenbettes müssen die weiblichen Verwandten alle Arbeit im Haushalt besorgen, die Wäsche der Mutter und des Kindes waschen, das Essen kochen und Wasser holen. Der Ehemann muß für besonders gutes Essen sorgen. Für alle Männer, auch für den eigenen Ehemann und für Frauen, die nicht mit der Mutter verwandt sind, ist es in dieser Zeit verboten, das Haus zu betreten. Sie dürfen auch nicht die Wäsche der Mutter oder des Kleinkindes waschen. Die weiblichen Verwandten der Mutter dürfen erst dann das Haus betreten, wenn sie ihre Hände über ein Feuer gehalten und die Stirn mit verbrannter Holzkohle eingerieben haben.

Die Mutter darf nur das Haus verlassen, wenn sie in dicke wollene Tücher gehüllt ist und auch nur, um abseits und nicht weit vom Haus entfernt ihre Bedürfnisse zu verrichten.

Der Ehemann muß in dieser Zeit bei einer seiner Nebenfrauen übernachten oder im Haus seiner Mutter, wenn er keine Nebenfrauen hat. Hat er auch keine Mutter mehr, so darf er seinen Schlafplatz in der gemeinsamen Hütte neben seiner Frau haben, wenn er am Boden schläft und seine Frau auf einem erhöhten Bett. Sexueller Verkehr ist streng verboten und erst vier Monate nach der Entbindung für die Ehefrau wieder erlaubt. Mahafaly-Männer, die mehr als eine Frau haben, vermeiden jeden sexuellen Verkehr mit der jungen Mutter solange sie ihr Kind stillt. Das kann bis ins dritte Lebensjahr des Kindes dauern. Es ist *fady*, ein Jahr später wieder ein Kind zu gebären. Tritt jedoch ein solcher Fall ein, so sagen die Eltern, das Kind sei zu früh geboren. In den ersten Tagen des Wochenbettes dürfen keine Besuche gemacht werden. Nur ganz nahe weibliche Verwandte dürfen die Hütte betreten, wenn sie die Hände über ein Feuer gezogen und sich die Stirn mit etwas Asche aus dem Herdfeuer bemalt haben. Niemals darf man sagen, das Kind ist schön, weil sonst die bösen Geister auf das Kind aufmerksam gemacht werden. Man muß sagen: *raty ty zaza, soa ty volo* (das Kind ist häßlich, aber die Haare sind schön). Es gibt keine besonderen Stillzeiten. Sobald das Kind schreit, legt die Mutter es an die Brust, die sie mit der Hand zur Brustwarze hin massiert, bis der erste Tropfen Milch sichtbar wird. Kein Tropfen Milch darf woanders hinfallen als in den Mund des Säuglings. Hat eine Frau selbst zu viel Milch, darf sie auch ein anderes Kind nähren, aber weder Geld noch andere Geschenke dafür nehmen (bei den benachbarten Antandroy darf die Mutter nur ihr eigenes Kind stillen). Hat eine Frau nicht genügend eigene Milch für das Kind, gibt sie ihm Ziegenmilch und wenn es älter ist Kuhmilch. Ist keine Milch im Dorf vorhanden, was in früheren Zeiten oft der Fall war, dann verrührt man etwas Maniok mit Wasser und flößt es dem Kind ein. Heute kaufen auch Mahafaly, die ihr Kind nicht lange genug stillen können, Kondensmilch, die mit

Wasser vermischt dem Kind mit Hilfe der Kapila (Schnabelschälchen) eingeflößt wird.

Der Tag, an dem die junge Mutter zum ersten Mal nach zwei oder drei Monaten Wochenbett ihre Hütte verläßt, ist ein Festtag. Die Mutter nimmt vorher in der Hütte ein warmes Dampfbad. In einem großen Kochtopf wird Wasser mit Blättern vom Pisakepisakestrauch und von der Aloe Vahombe zum Kochen gebracht. Eine große Matte wird so um den Kochtopf und die Wöchnerin gelegt, daß sie in einem Dampfbad sitzt. Dann wird sie mit einer Kalebasse lauwarmen Wassers von den weiblichen Verwandten abgeduscht. Ihr Körper wird mit Parfüm oder wohlriechenden Pflanzen und das Gesicht, von dem man die Maske abgenommen hat, mit Fett eingerieben.

Der erste *tay* (Kot) des Kindes, den man in einem Korb für diesen Tag aufbewahrt hatte, wird nun ins Feuer geworfen. Alle Familienmitglieder, auch entfernte Verwandte und Freunde dürfen kommen und das Kind betrachten. Auch jetzt darf niemand sagen: „Wie hübsch ist das Kind", jeder muß entsetzt rufen: „Wie häßlich ist das Kind, es hat ja gar keine Haare". Der Vater tanzt mit seinem Kind auf dem Rücken und mit dem Speer in der Hand um ein Feuer, das im Freien entzündet wurde. Dann reicht er seiner Frau das Kind, die es erst der Großmutter und dann dem Großvater in den Arm legt. Die Mutter bekommt neue Kleidung, Ochsen und Ziegen, zahlreiche Hühner und oft auch noch Silberschmuck und Geld zum Geschenk. Das Kind hat noch immer keinen Namen, es heißt nur *kulu* (Junge) oder *kisy* (Mädchen). Jeden dritten Tag wird es mit einer handwarmen Abkochung von Katrafayrinde abgeduscht. Windeln gibt es keine. Der After wird mit den entkernten Maiskolben gereinigt. Erst wenn das Kind beginnt auf allen Vieren zu kriechen, bekommt es einen Namen. Es darf aber kein Name sein, den es bereits im Dorf gibt und auch kein Name, den ein verstorbenes Familienmitglied, an das man sich erinnern kann, gehabt hat. Die Mutter trägt das Kind, wenn sie auf das Feld, zum Wasserholen oder auf den Markt geht, immer auf dem Rücken, festgebunden durch ein Tuch *(Lamba)*. Nur im Dorf unter der Aufsicht der Mutter oder den weiblichen Verwandten darf das Kind auf dem Boden kriechen. Wenn es sich zum ersten Mal aufrichtet, wird es von den Erwachsenen gehalten und man übt mit dem Kind „Laufen". Nicht nur die Väter, auch die übrigen männlichen Verwandten beschäftigen sich mit dem Kleinkind, sie tragen es im Dorf auf der Hüfte herum, spielen und liebkosen es. Hat eine Familie zwei Kleinkinder, so trägt der Vater das ältere auf der Schulter, wenn die Familie unterwegs ist. Die Mutter ist in erster Linie für das Kind verantwortlich, aber sie kann es jederzeit einer anderen weiblichen Verwandten, die im Dorf lebt, in Obhut geben.

Kindererziehung *(minene)*

Es ist genau festgelegt, in welchem Alter Kinder lernen müssen, was sie tun und lassen dürfen. In erster Linie ist die eigene Mutter dafür verantwortlich. Wenn Mütter sich diese Mühe nicht machen, gelten ihre Kinder als „schlecht erzogen". Die Mahafaly unterscheiden bei den Kindern:

Schnellentwickler *(misy malaka)* und Spätentwickler *(misy malao).* Die Schnellentwickler bekommen im 8. Monat ihren ersten Zahn und haben im 12. Monat alle Zähne. Die Spätentwickler bekommen ihren ersten Zahn im 10. Monat.

Die Schnellentwickler lernen im 9. Monat Laufen, die Spätentwickler beginnen damit im 18. Monat, manchmal auch erst nach dem vollendeten 2. Lebensjahr.

Die Schnellentwickler beginnen mit 15 Monaten einzelne Wörter auszusprechen und beherrschen im 3. Lebensjahr das zusammenhängende Sprechen. Die Spätentwickler sprechen erst mit 2 Lebensjahren einzelne Wörter.

Sobald das Kind einzelne Wörter aussprechen kann, muß es lernen, seine Körperteile zu bezeichnen. Damit beginnt man bereits nach Vollendung des ersten Lebensjahres. Die Mutter oder eine Tante fragt, „*Eia ty maso?*" (Wo sind deine Augen?) und zeigt dabei auf die Augen, *Eia ty nify?* (Wo sind deine Zähne?), *Eia ty vava?* (Wo ist dein Mund?) Auch die Geschlechtsteile des Kindes werden dem Kind gezeigt und benannt: *isy* (weiblich), *voto* (männlich), *voly roe* (Popo). Ist das Kind ungefähr sechs Jahre alt geworden, darf es diese Bezeichnungen nicht mehr verwenden. Die weibliche Brust, *nono*, darf man nur im Zusammenhang mit dem Stillen erwähnen.

Bereits nach dem 3. Lebensmonat wird das Kind zur Sauberkeit erzogen. Jeden Morgen und jeden Abend gegen 5 Uhr klopft man dem Baby zwei- bis dreimal auf den *voly* (Popo) bis es Harn läßt, *mamany*. Die Mutter hockt sich auf den Boden, streckt ihre Beine etwas gespreizt und angewinkelt aus und legt das Baby so auf ihre Schienbeine, daß es von ihren Füßen gehalten wird, bis es Stuhlgang gehabt hat. Der Kot wird sofort mit einem Stück Holz vergraben. Wenn das Kind ein Jahr alt ist, muß es sich selbst melden. Die Mutter fragt nur *hamany?* (pipi) oder *hangere?* (kaka), dann muß es entweder mit Kopfschütteln antworten oder „*eka*" (ja) sagen.

Die ersten Worte, die ein Kind lernt sind: *inene* (Mutter), *baba* (Vater) und *tay nene*, das heißt: ich muß . . .

Ein Kind, das älter als ein Jahr ist, darf nur morgens, aber nicht mehr untertags Stuhlgang verrichten. Nur wenn es Durchfall hat, wird es nicht mit einem Klaps auf den Popo dafür bestraft, wenn es untertags „muß". Solange es noch nicht laufen kann, nimmt es die Mutter abseits, später muß es sich allein ins Gras hocken und anschließend alles vergraben.

Auch ein kleines Kind muß wissen, daß es nicht betteln darf. Niemals darf es sagen „*omeo* (gib), wie eine Katze, die um Futter bettelt". Wenn die Kinder noch sehr klein sind, sagt man zu ihnen, wenn alle um die Essensschüssel auf dem Boden herum sitzen: „Wenn ihr um Essen bettelt, bekommt ihr nichts". Dann fragt man sie: „Habt ihr Hunger?" Sie müssen antworten: „nein, wir haben keinen Hunger, wir sind satt". Erst dann werden sie aufgefordert, sich etwas aus der Schüssel zu nehmen oder werden von den Erwachsenen mit dem Löffel gefüttert. Will sich ein Kind etwas aus der Schüssel nehmen, ohne daß es dazu aufgefordert wurde, so klopft man ihm auf die Finger.

Wenn Gäste kommen, dürfen keine Kinder bei der Bewirtung anwesend sein, damit sich die Gäste nicht veranlaßt fühlen, ihnen etwas zu geben. Will man einem Kind ein Geschenk machen, so sagt man „*Tana roe*" (beide Hände) und legt das Geschenk in die beiden nach oben gerichteten Handflächen.

Bis zum 6. Lebensjahr braucht ein Kind im allgemeinen keine Pflichten zu übernehmen. Jungen und Mädchen dürfen gemeinsam spielen. Nur manchmal werden sie aufgefordert etwas zu tun, wie z. B.: „hol den Korb", „bringe das hinaus" und ähnliches. Erst wenn sie älter als sechs Jahre sind, begleiten sie die Eltern oder größeren Geschwister auf das Feld und helfen bei der Aussaat von Körnern und bei der Ernte oder beim Ziegenhüten. Sind die Kinder zwölf Jahre alt geworden, haben sie bestimmte Pflichten. Die Jungen und auch Mädchen helfen beim Hüten der Rinder- und Ziegenherden. Manche Mädchen helfen im Dorf ihren Müttern und Tanten bei der Zubereitung der Mahlzeit, holen Wasser oder Feuerholz und betreuen die kleineren Kinder.

Der erste Haarschnitt *(volaveta)*

Früher wurde einem Kind das Kopfhaar erst geschnitten, wenn es volle drei Jahre alt war, denn die *ambune hevu* (Fontanellen) sind noch nicht geschlossen und das Gehirn muß durch das Haar vor den starken Sonnenstrahlen geschützt werden, sagen die Mahafaly. Heute werden dem Kind schon im 6. Lebensmonat die Haare geschnitten, weil die Läuseplage sehr verbreitet ist, und ihm als Sonnenschutz eine Wollmütze oder ein Hut aus Stoff oder Stroh aufgesetzt.

Fast immer ist es der *Hombiasa* (Medizinmann), der mit dem *Sikily* (Orakel) den Tag bestimmt, der für den ersten Haarschnitt geeignet ist. Vor dem Schneiden des Haares bestreicht der Vater oder die Mutter die Stirn des Kindes mit zerriebener Holzkohle und sagt: „*Tahio andrianahary tsimanahy, ka tsinihamboake fa manome an Andrianahary ahike*" (Gott sei es gedankt, daß dem Kind, das mir Gott geschenkt hat, an nichts gebricht). Mit dem *fiheratse kelilahy* (kleinen Messer) werden alle Haare bis auf einen Schopf abgeschnitten und am Fuße eines Tamarindenbaumes vergraben. Bei einem zweijährigen Kind heißt der Haarschopf *tsilamokane* „die Scheitelnaht ist noch nicht geschlossen", bei einem älteren Kind *tsukuntsu*.

Die Beschneidung *(savatse)*

Bei den Mahafaly soll es vor Ankunft der Maroseranana-Könige keine Beschneidung gegeben haben, wurde mir erzählt. Woher die Sitte der Beschneidung kam, läßt sich nicht genau sagen. Viele Madegassen meinen, die Araber, die den Osten der Insel im 8. Jahrhundert besiedelten, hätten diese Sitte nach Madagaskar gebracht. Auch heute noch seien nicht alle jungen Männer beschnitten. Eine Beschneidung der Mädchen hat es nie gegeben.

Die Mahafaly erzählten:
In früheren Zeiten wurde nur der älteste Sohn eines beschnittenen Mannes beschnitten, damit er der Erbe sein konnte. Weil viele von den in der Kindheit beschnittenen Söhne starben, war der eigentliche Erbe zwanzig Jahre alt geworden, wenn er beschnitten werden mußte, damit er das Erbe des Vaters übernehmen konnte. Da die Beschneidung in diesem Alter sehr gefährlich ist, haben viele Väter, die selbst beschnitten sind, beschlossen, alle Söhne bereits im Alter von 6 Monaten während der kühlen Jahreszeit vom Infirmier (Krankenpfleger), der dem staatlichen Gesundheitsdienst angehört, beschneiden zu lassen.

Der Tag für die Beschneidung wird aber immer noch vom Medizinmann, *hombiasa*, oder Wahrsager, *mpisikidy*, vorherbestimmt. Am Abend vor der Beschneidung werden in das Dorf des mütterlichen Onkels *(renilahy)* Gäste und alle Familienmitglieder eingeladen. Heute muß die Familie den Gästen außer Reis und Fleisch auch Wein und gebratenes Geflügel anbieten können und Musikanten zur Unterhaltung engagieren. Die Beschneidungsfeste sind deshalb sehr teuer und nicht jede Familie kann es sich leisten, ihre Söhne beschneiden zu lassen.

Bei Einbruch der Dunkelheit nimmt der älteste Bruder der Mutter *(renilahy)* den zu beschneidenden Jungen auf seine Schultern und läßt ihn dort sitzen bis zum Morgengrauen. Meistens schläft das Kind dabei ein und muß vom Onkel festgehalten werden. Ist der Junge zu groß, um noch auf den Schultern sitzen zu können, so muß er sich ständig an einem Zipfel des Überwurfes oder des Lendentuches festhalten, mit dem der mütterliche Onkel bekleidet ist. Die ganze Nacht muß getanzt, gesungen und getrommelt werden. Um 5 Uhr morgens nimmt der mütterliche Onkel den Jungen von seinen Schultern, hockt sich hin und nimmt den Jungen zu sich, spreizt ihm die Beine, mit einem einzigen Schnitt trennt der Beschneider die Vorhaut ab. In manchen Gegenden wird die Vorhaut vom Vater des Jungen in die Luft geblasen oder mit einem Gewehr in die Luft geschossen. Sehr oft wird die Vorhaut auch auf ein Stück Holz aufgespießt und 2–3 Monate später, wenn die Wunde abgeheilt ist, zum Opferpfahl gebracht. Es gibt besondere Pfähle für die Beschneidungen bei den Antanosy, die in das Mahafaly-Land ausgewandert sind. Im Mahafaly-Land selbst habe ich selten diese Pfähle gesehen. Man sagte mir, sie werden nur dort aufgestellt, wo viele Jungen beschnitten werden, wie z. B. bei den Antanosy in Bezaha, deren Vorfahren arabischer Herkunft sein sollen.

Der mütterliche Onkel muß für die Opferung am Opferpfahl ebenfalls einen Ochsen geben, der *Ofo boto* genannt wird.

Beschneidungsfeste sind im Mahafaly-Land selten. Meist sind es die vom Hochland eingewanderten Betsileo oder Merina, die sich mit Mahafaly-Frauen verheiratet haben oder im Mahafaly-Land lebende Antanosy, die ihre Kinder beschneiden lassen und ein Familienfest veranstalten, wie Rabé, der als Betsileo vom Hochland stammte und in der Nähe von Ampanihy wohnte. Im Juli 1966 ließ er den ältesten Sohn seiner Mahafaly-Hauptfrau beschneiden. Der Junge war drei Jahre alt und der Bruder der Mutter *(renilahy)* war der Pate des Kindes. Rabé hat für das Fest 5000 FMG ausgegeben, damals umgerechnet knapp 100 DM. Alle Eingeladenen gaben mindestens einen Hundertfrancschein als Geschenk, damit ein Teil der Unkosten gedeckt werden konnte.

Adoption *(Zaza-atsangana)*

Als *bodo* (Waisen) gelten nur Kinder, deren Vater und Mutter verstorben sind. Ein Kind, dessen Vater gestorben ist und dessen Mutter noch lebt, gilt nicht als Waise. Es wird, wenn die Mutter damit einverstanden ist, von der Familie des verstorbenen Vaters aufgenommen und ist erbberechtigt.

Sind Vater und Mutter gestorben, so muß das Waisenkind offiziell adoptiert werden, meistens vom ältesten Bruder der verstorbenen Mutter, sonst von den Verwandten der mütterlichen Familie. Vor versammelter Dorfgemeinschaft erklärt der Adoptivvater: „*asuroko fahoanako fa tsimisy baba*" (Ich nehme dieses Kind als mein eigen an, denn es hat keinen Vater).

Ein *anakemantsahe* (uneheliches Kind) wird vom Bruder der Mutter adoptiert, wenn dessen Frau einverstanden ist. (Sie ist nicht immer einverstanden, weil dadurch das Erbe ihrer eigenen Kinder geschmälert wird.)

Nimmt eine verwitwete Frau das uneheliche Kind ihrer Tochter zu sich, muß einer ihrer Söhne, der mütterliche Onkel des Kindes, *renilahy*, die Vormundschaft übernehmen.

Kinder, die keine Adoptiveltern fänden, müßten als Bettler durch das Land ziehen, sagte man mir. Das sei jedoch noch nie vorgekommen.

Jeder Mahafaly-König hat früher die Kinder adoptiert, die durch Kriege oder Epidemien ihre Eltern und ihre Verwandten verloren hatten. Sie wurden durch diese Adoption nicht den Kindern der königlichen Familie gleichgestellt, sie waren aber auch keine Sklaven. Kinderlose ältere Frauen konnten im Einverständnis mit dem König ein Kind adoptieren, wenn sie einen älteren Bruder hatten. Der ältere Bruder übernahm die Vormundschaft und die Adoptivmutter die Pflege.

Heute müssen alle Adoptionen offiziell von der madegassischen Regierung genehmigt werden.

Es kommt vor, daß eine alleinstehende Frau, deren Verwandte alle gestorben sind und die selbst nicht mehr heiraten will (daher keine Schwiegermutter bekommen kann) ebenso wie ein alleinstehender Mann eine angesehene Person oder (wie in alten Zeiten) den König darum bittet, an Kindesstatt angenommen zu werden. Er oder sie verhalten sich dann wie Kinder ihren Eltern gegenüber, auch wenn es kaum einen Altersunterschied zwischen ihnen und den Adoptiveltern gibt.

(Ich war selbst Adoptivmutter von drei Söhnen, die mindestens 20 Jahre älter und von zwei Töchtern, die nur acht und zehn Jahre jünger waren als ich.)

Verstoßung eines Kindes *(manasaha ty ray ty azaza* oder *tsi misanumbola)*

Es müssen schwerwiegende Gründe sein, die einen Vater veranlassen, sein Kind zu verstoßen. Als schwerwiegende Gründe gelten sehr großer Ungehorsam den Eltern gegenüber oder Diebstahl. Das Kind muß mindestens 14 oder 15 Jahre alt geworden sein.

Die Mahafaly berichteten über die Verstoßung:

Der Vater sagt in aller Öffentlichkeit vor dem Ältestenrat zu seinem Kind: „Du bist nicht mehr mein Kind" *(„tsianako riha")*. „Verzeih mir Vater, ich habe Unrecht getan", *(izaho mifuna baba manenga raho)* antwortet es. Läßt sich der Vater noch umstimmen, ist alles wieder in Ordnung, sagt er aber „Nein, es geht nicht mehr, ich bin böse" *(mbui tsimety, mbui meloke be raho)*, so bedeutet das den endgültigen Entschluß, *volanasarotse* (wörtlich – strenges Wort), für die Ausstoßung des Kindes aus der Familie. Ist es ein noch vierzehnjähriges Mädchen, so geht es zu einer Tante in einem entfernten Dorf, die es immer aufnehmen muß. Ist es ein älterer Sohn, so geht er aus dem Mahafaly-Land entweder in den Norden der Insel oder in die Provinzhauptstadt, um sich dort Arbeit zu suchen. Die ausgestoßenen Kinder haben jedes Recht auf das Erbe, *tsimahazo lova*, verloren, ebenso ihre Kinder und Kindeskinder. Auch diese bleiben vom Familienverband ausgeschlossen. Sie bekommen niemals Land zum Kultivieren, *tsimisy tany*, keine Rinder aus der Herde, *tsimisy omby*, und werden auch nicht nach ihrem Tode von der Familie beerdigt, *tsimilitse ankibory*. In früheren Zeiten haben sich die Ausgestoßenen in die damals noch dichten Wälder zurückgezogen, manchmal haben sie sich auch zu Banden zusammengeschlossen und gemeinsam Dörfer überfallen und ausgeraubt. Heute können sie in den großen Städten unterkommen. Sie bleiben aber immer unglückliche Menschen ohne Familie, deshalb fürchten die Mahafaly das Ausgestoßenwerden aus dem Familienverband mehr als den Tod.

Pubertät

Es gibt in ganz Madagaskar keine Reifefeiern oder sonstige Zeremonien. Wenn sich bei einem *sakanzaza* (jungen Mädchen) die Brust entwickelt oder einem *bekany* (Jungen) die Barthaare sprießen, wissen die Mahafaly, daß die Pubertät beginnt. Diese Kinder schlafen nun nicht mehr gemeinsam im Haus der Mutter, sondern bekommen jeder für sich eine eigene Hütte oder ein Haus. Sie dürfen sich gegenseitig weder tagsüber noch nachts in dieser Hütte besuchen. Bruder und Schwester dürfen zwar die Hütte des anderen betreten ohne anzuklopfen, aber nicht mehr das Haus der Eltern, aus dem sie ausgezogen sind. „Mädchen dürfen niemals allein zum Wasserholen gehen und so haben sie wenig Gelegenheit, sich heimlich mit jungen Männern zu treffen", sagten die Mahafaly. „Auch junge Männer, die mit einem Mädchen sprechen wollen, können dies nur in Gegenwart der sie begleitenden Verwandten tun oder müssen die Eltern des Mädchens fragen, ob sie das Mädchen untertags im Dorf besuchen dürfen. Sagt der Vater: „Meine Tochter ist noch zu klein, sie ist noch ein Kind, so bedeutet das, daß der Vater den Umgang seiner Tochter mit jungen Männnern nicht wünscht." Haben die Eltern den Verdacht, daß ihre Tochter nachts heimlich von einem Mann besucht wird, so stellen sie nicht erst das Mädchen zur Rede, sondern schicken es unter einem Vorwand zu einer Verwandten in ein anderes Dorf. Ist das nicht möglich, so versucht der Vater, die Tochter zu verloben. Da das Ehrgefühl der Söhne und Töchter leicht verletzt werden kann und Anlaß zu Selbstmord gibt, vermeiden Eltern, ihren Kindern Vorwürfe zu machen. Auch das erste Auftreten der Menstruation (*mileotse*) ist nicht mit besonderen Riten verbunden. Das Mädchen kann 15, oft auch schon 18 oder 19 Jahre alt sein und wird erst dann von den weiblichen Verwandten aufgeklärt. Alle Gebote und Verbote werden ihm mitgeteilt. Früher mußten Frauen und Mädchen während ihrer Menstruation allein in der Hütte auf einer alten Matte sitzen, die das Menstruationsblut aufnahm und die anschließend ins Feuer geworfen wurde. Menstruierende Frauen galten als unrein (*weta*) und mußten sich häufig die Hände waschen. Sie durften den Rinderkraal nicht betreten und auch keinen Geschlechtsverkehr haben *(milele)*. Um Bauchkrämpfe zu lindern, legte man im Feuer geröstete Kakteenblätter auf den Leib, die krampflösend wirken. Gegen zu starke Blutungen trank man Kräutertee.

„Heute ist das alles anders", sagten mir die Mahafaly-Frauen. Sie hätten genügend Mittel, um das „Menstruationsblut auffangen zu können" und können deshalb auf den Markt gehen, den Haushalt besorgen und auch Wasser holen, wenn sie sich nicht krank und elend während der Menstruation fühlen.

Es ist für die Mahafaly (im Gegensatz zu den im Norden benachbarten Bara) verboten, ein Mädchen zu verheiraten, das noch nicht *masake* (reif) ist. Viele Mädchen, so sagten mir die Mahafaly-Frauen, seien zu einem sexuellen Verkehr vor ihrem 20. Lebensjahr auch nicht bereit, weil sie die Schmerzen fürchten, die dabei entstehen.

Verlobung und Heirat

Die große persönliche Freiheit der madegassischen Frau führte zu der häufig von Europäern vertretenen Ansicht, daß die Ehe als Institution im Leben der Madegassen nur eine geringe Bedeutung hat. Man glaubt auch heute noch, daß die madegassischen Männer und Frauen nur für kurze Zeit zusammenleben, um sich bald darauf wieder zu trennen und dies zu wiederholten Malen.

Von Soziologen durchgeführte Untersuchungen haben den Eindruck meist noch verstärkt, wie ich aus eigener Erfahrung weiß, weil die Madegassen aus Höflichkeit die Antworten gaben, die ihrer Ansicht nach von den Interviewern gewünscht wurden, auch wenn sie nicht den Tatsachen entsprachen.

Für alle Madegassen, auch für die Mahafaly, sind Brautwerbung, Verlobung, Heirat und Ehescheidung, ebenso wie die Frage der sexuellen Beziehungen in einer Vielehe wichtige und familiäre Angelegenheiten, über die mit Fremden nicht gesprochen wird. Ich habe alles, was ich in den folgenden Kapiteln anführe, auch nur erfahren können, weil ich lange bei den Mahafaly gelebt und an ihrem Familienleben teilgenommen habe.

Die Vielehe *(pirafe)*

Man hat mir erzählt, daß die Vielehe erst durch die Könige der Maroseranana in das Mahafaly-Land eingeführt wurde. Die vielen kriegerischen Auseinandersetzungen verminderten die Zahl der heiratsfähigen Männer. Um jedoch allen Frauen eine wirtschaftliche Sicherheit zu geben, wurde die Sitte der Verheiratung eines wohlhabenden Mannes mit mehreren Frauen eingeführt. Es gibt auch heute noch reiche ältere Mahafaly-Männer, die sagen: „Ich kann mehr als eine Frau ernähren" und sich mit weiteren Frauen, meist aus armen Familien, verheiraten. Viele Mahafaly-Könige hatten bis zu acht Frauen. Der König des Lintareiches Tsihasoa, den ich mehrere Male besuchte, hatte sich 1970 noch ein junges Mädchen als achte Ehefrau genommen. Seine Hauptfrau war bereits gestorben, aber keine seiner Nebenfrauen hat deren Platz eingenommen.

In früheren Zeiten war es üblich, daß sich ein junger Mahafaly-Mann zuerst eine gleichaltrige Ehefrau nahm. Lebten sie jahrelang in gutem Einvernehmen und erlaubte es ihnen ihre wirtschaftliche Situation, so war es die Ehefrau, die ihren Mann veranlaßte, sich eine zweite Frau zu nehmen, damit die Hauptfrau eine Hilfe bei der täglichen Hausarbeit, vor allem zum Wasserholen bekam. Denn in vielen Dörfern muß das Wasser oft von einer 20 km weit entfernten Wasserstelle geholt werden. Da die zweite Frau meist um zehn bis zwanzig Jahre jünger ist als die Hauptfrau, können ihr diese Anstrengungen zugemutet werden.

Ich kannte einen sehr wohlhabenden Mahafaly, der 1970 ungefähr 60 Jahre alt war und sich seit Jahren vergeblich darum bemühte, in seinem Dorf einen Brunnen bohren zu lassen. Schließlich nahm er sich zu seiner ersten und langjährigen Ehefrau mit ihrem Einverständnis sieben jüngere Frauen. Alle konnten von ihm hören, daß er dies nur tat, weil er von seiner Frau nicht mehr verlangen könne, die Strapazen des täglichen Wasserholens auf sich zu nehmen. Er könne es sich leisten, so viele Mädchen als Nebenfrauen zu haben, wie die Woche Tage hätte. So müßte nur jede seiner Frauen einmal in der Woche den weiten Weg zur nächsten Wasserstelle gehen. Er fühle sich so mächtig wie die Könige in den früheren Zeiten, deshalb habe er auch das Recht auf acht Frauen, wie die Könige in alten Zeiten, sagte er. Jede dieser Frauen hatte in seinem Dorf ein neues, gut eingerichtetes Haus bekommen, wie es der Mahafaly-Sitte entspricht.

Gegen den Willen der ersten Frau kann sich kein Mann eine zweite Frau nehmen, denn das wäre ein Scheidungsgrund. Die zuerst geheiratete Frau heißt nur „*Valy*" bis der Mann sich eine zweite, eine Nebenfrau nimmt. Dann ist die erste Frau die Hauptfrau oder *Valy-bè*. Es ist unmöglich, die später geheiratete Frau an die erste Stelle zu setzen und die zuerst geheiratete Frau als Nebenfrau zu behalten. Da müßte sich ein Mann erst offiziell von allen seinen Frauen trennen und die als Hauptfrau in Aussicht genommene Nebenfrau zuerst heiraten und dann erst die ehemalige Hauptfrau zur Nebenfrau nehmen. Die Hauptfrau hat mehr Rechte als die Nebenfrauen und kann diesen Befehle erteilen; alle Anordnungen der Hauptfrau müssen von den Nebenfrauen ausgeführt werden. Deshalb will keine Mahafaly-Frau als Nebenfrau eine Ehe eingehen. „Lieber die einzige Frau und die Hauptfrau eines nicht so wohlhabenden Mannes als die Nebenfrau eines Reichen", sagten die Mahafaly-Frauen.

Die Vielehe ist heute jedoch bereits selten geworden. Man hat mir erzählt, daß sich 1964 alle Hauptfrauen in Behavoa mit Ausnahme eines Ehepaares von ihren Männern getrennt haben und in die Dörfer ihrer eigenen Familie zurückkehrten. Wenn sich heute ein Mann eine Nebenfrau nimmt, trennt sich die erste Frau (Hauptfrau) meist von ihm.

Die Hauptfrau eines Königs hieß *tangantsomba* und nicht *valy*, sie war immer aus einer königlichen Familie. Die Nebenfrauen waren meist aus Familien, die nicht mit der königlichen Familie verwandt waren, ihre Kinder hatten den Status von Prinzen und Prinzessinnen.

Stirbt die Hauptfrau, so rückt nicht automatisch die Nebenfrau an den Platz der Hauptfrau. Erst nach Ablauf der Trauerzeit kann sich der Witwer eine neue Hauptfrau nehmen.

Die Hauptfrau muß immer aus einer guten Familie kommen und charakterlich einwandfrei sein. Bei der Wahl der ersten Ehefrau haben die Familien der zukünftigen Eheleute ein großes Mitspracherecht. Die Nebenfrauen kann sich jeder Mann selbst wählen, ohne das Einverständnis seiner eigenen Familie.

Die Heiratszeremonien sind bei der Heirat einer Nebenfrau fast die gleichen wie bei der Heirat einer Hauptfrau. Der Unterschied liegt nur darin, daß der Bräutigam selbst und nicht sein Vater bei den Eltern der zukünftigen Ehefrau vorspricht. Ein Mann kann sich auch zwei Schwestern als Haupt- und Nebenfrau nehmen. Ist die ältere die Hauptfrau, ergeben sich daraus keine Probleme, ist es die jüngere, dann entstehen meist Konflikte, weil die ältere Schwester bisher gewohnt war, ihrer jüngeren Schwester Befehle zu erteilen, die sie nun von ihr entgegennehmen muß. Ein Witwer kann auch die Schwester seiner verstorbenen Frau heiraten, wenn sie noch unverheiratet ist und selbst auch diese Ehe wünscht. Er muß jedoch mindestens ein halbes Jahr mit der Wiederverheiratung warten. Ein Mann kann auch die Witwe seines verstorbenen Bruders zu seiner ersten Frau nehmen, wenn er noch unverheiratet ist oder zu seiner Nebenfrau, ihr Einverständnis vorausgesetzt.

Die Ehefrauen (und in einer Vielehe auch alle Nebenfrauen) haben jede für sich das Recht auf ein eigenes Haus und ein eigenes Feld, das der Ehemann mit seiner Frau an einem dafür bestimmten Tag gemeinsam bearbeiten muß.

Hat ein Mann zwei oder mehr Frauen, so geht er am Abend in das Haus der Frau, deren Feld er am nächsten Tag bearbeiten will. Sowohl am Abend zuvor, als auch am nächsten Tag wird er von der betreffenden Frau, die er besucht, verköstigt. Am Abend des nächsten Tages betritt er dann das Haus der nächsten Frau, die an der Reihe ist. Die Reihenfolge dieser Besuchstage, die gleichzeitig auch Arbeitstage sind, ist streng geregelt. Ausnahmen sind die Tage der Menstruation einer Ehefrau, das Wochenbett (zwei bis drei Monate und noch länger) oder Krankheit. Der Mann übernachtet dann entweder im Haus seiner Mutter, wenn sie alleinstehend ist oder bei einer seiner anderen Frauen. Dies enthebt ihn aber nicht von seiner Verpflichtung für die Frau zu arbeiten, die an dem betreffenden Tag Anspruch auf seine Mitarbeit hätte.

Da sich auch in einer polygamen Ehe die Ehefrauen nicht über ihre ehelichen Beziehungen unterhalten, ist es für sie fast unmöglich herauszufinden, ob der Ehemann eine *sakaiza* (Freundin) hat. Es wäre für eine Mahafaly-Frau unmöglich, die Nebenfrau ihres Mannes zu fragen, ob sie die betreffende Nacht mit dem Ehemann verbracht hat. Erfahren die Frauen es durch einen Zufall, so kann jede von ihnen für sich *avake* (Bußgeld) für diesen Ehebruch verlangen.

In vielen Mahafaly-Ehen werden heute die Pflichten, die früher Nebenfrauen hatten wie Wasserholen, Maisstampfen, Wäschewaschen, Rinderhüten und die Feldarbeit von armen Verwandten übernommen. Die Tätigkeit der Ehefrauen beschränkt sich auf das Kochen und die Kinderpflege.

Jüngere Mahafaly-Männer haben heute meist nur eine Frau, die sie sehr verwöhnen, besonders wenn sie jung und hübsch ist. Obwohl es Aufgabe der Frau wäre, Wasser und Brennholz zu holen, erledigen sie das alles für ihre Frau. Sie bearbeiten allein das Feld und bringen auch noch allein die Ernte auf den Markt.

Herimbelo, ein junger Holzschnitzer aus Behavandra meinte aber, es sei nicht gut, wenn ein Mann nur eine Frau habe, denn „beim geringsten Streit kann es passieren, daß man mittags müde vom Feld nach Hause kommt und essen möchte und findet das Haus leer vor, die Feuerstelle ist kalt und im Kochtopf ist auch nichts zu finden. Dann muß man erfahren, daß die Ehefrau ins Dorf zu ihren Eltern zurückgekehrt ist. Viel besser ist es dann, wenn man noch eine zweite Frau hat, bei der man etwas zu essen bekommt".

Eine Ehefrau, die alt und krank geworden ist, wird immer geschont. Hat sie keine Kinder, so veranlaßt der Ehemann, daß jüngere Verwandte den Haushalt versorgen und seine Frau betreuen.

Heiratsverbote

Streng verboten ist die Heirat von Kindern zweier Schwestern. Sie gilt als Inzest und kann durch keine wie immer geartete Opferung ermöglicht werden.

Die Heirat zwischen dem Sohn einer Schwester und der Tochter eines Bruders ist möglich, wenn vor der geplanten Eheschließung eine Opferung am Opferpfahl durchgeführt wird.

Eine Ehe zwischen Angehörigen verschiedener Generationen ist verboten. Zum Beispiel darf die Nebenfrau des Vaters auch wenn sie gleichaltrig ist und keine Kinder hat, nicht geheiratet werden.

Die Ehe zwischen Adoptivkind und Adoptivelternteil ist ebenfalls verboten. Die Heirat eines Großonkels mit seiner Großnichte väterlicherseits kann durch eine Opferung ermöglicht werden. Die Heirat eines Großonkels und seiner Großnichte mütterlicherseits ist streng verboten.

Auch die Ehe zwischen einem Mann und einer Frau, die durch Blutsbrüderschaft miteinander verbunden sind, ist verboten. Sie wäre ebenso wie eine eheliche Verbindung zwischen Geschwistern ein Inzest und hätte den Tod zur Folge.

Verlobung von Kindern

Armen Eltern bleibt oft keine andere Möglichkeit, als ihre Tochter im Alter von acht oder neun Jahren einem Mann als zukünftige Ehefrau zu versprechen. Sie ist dann bereits eine *valy fofo* (versprochene Ehefrau), bleibt aber bis zu ihrem 16. oder 18. Lebensjahr bei ihren Eltern, denn es ist bei den Mahafaly streng verboten, ein Mädchen vor Abschluß der Pubertät zu verheiraten. Eine „versprochene Ehefrau" hat kaum noch die Möglichkeit, sich für einen anderen Mann zu entscheiden, weil die zukünftigen Schwiegereltern oder der zukünftige Ehemann in den Jahren der Verlobungszeit bereits für den Lebensunterhalt aufgekommen sind und den Eltern des Mädchens Geschenke gemacht haben, die nicht mehr zurückgezahlt werden können. Viele Väter, die nicht darauf angewiesen sind, den Unterhalt ihrer Töchter von fremden Menschen bestreiten zu lassen, lehnen daher eine frühzeitige Verlobung ab und lassen ihre Kinder selbst entscheiden, wann sie sich verheiraten wollen und wen sie zum Ehemann erwählen.

„Eltern, die ihre Kinder lieben", sagen die Mahafaly, „drängen nicht zur Heirat, sondern lassen ihre Kinder selbst wählen". Wenn sich ein junger Mahafaly-Mann für ein Mädchen interessiert, versucht er über die Mutter des Mädchens Kontakt zu bekommen. Er geht zu Besuch in das Dorf, in dem das betreffende Mädchen wohnt. Sind Vater oder Brüder des Mädchens zu Hause, so gibt er vor, nur „spazieren zu gehen" *(tsangatsanga avao)*. Ist die Mutter jedoch mit der Tochter allein im Haus und gibt das Mädchen zu erkennen, daß sie nicht abgeneigt ist, von dem jungen Mann besucht zu werden und ist auch die Mutter mit dem jungen Mann als möglichen Schwiegersohn einverstanden, so fordert ihn die Mutter des Mädchens auf, sie öfter zu besuchen, jedoch nur in Gegenwart der Mutter. Vater und Brüder werden vorher unter einem Vorwand weggeschickt. Erst wenn die Mutter den Eindruck hat, daß die Tochter und der junge Mann sich wirklich gerne haben und einer Ehe nichts im Wege steht, ermutigt sie ihn, seinen Vater zu veranlassen, offiziell um ihre Tochter zu werben.

Ich habe eine solche offizielle Brautwerbungsrede auf Tonband aufgenommen und aus der Mahafaly-Sprache übersetzt. Sie wird hier auszugsweise wiedergegeben:

Brautwerbung *(manengavaly)*

Der Vater des Bräutigams *(ray-lehilahy-mpandranto)* hieß Soende und kam in das Dorf des Brautvaters *(ray-ty ampelarantove)*. Der Brautvater hieß Fanoane.

Vater des Bräutigams: „*Sikadre*" (Ausruf, um sich bemerkbar zu machen).
Vater der Braut: „Was gibt es Neues bei Euch?" *(Taliliu riha)*.
Vater des Bräutigams: „Ich kann Euch keine Neuigkeit bringen, denn ich will Euch um (das) „Saatgut" bitten, das Ihr habt. Ich möchte um Eure Tochter bitten, die schon erwachsen ist. Selbst, wenn sie noch klein wäre, würde ich den Vater um die Tochter bitten. Ich hätte Euch immer darum gebeten, selbst wenn der Vater sein Kind sehr liebt. Man muß immer zuerst die Älteren, Vater und Mutter bitten. Selbst wenn das Mädchen noch klein wäre, würde ich zu Euch kommen und um das „Saatgut" bitten."

Vater der Braut: „Du weißt gut, daß ich eine Tochter habe, die Du als „Saatgut" erbittest. Oder hast Du mit einer Frau gesprochen, die Dir von einer heiratsfähigen Tochter berichtet hat?"

Vater des Bräutigams: „Ich habe mit keiner Frau gesprochen. Es ist Euer Kind, das wir jetzt schon lieben, wie wir auch unser eigenes Kind lieben. Deshalb möchten wir es zum Ehepartner für unseren Sohn. Wir haben noch nicht mit ihr selbst (dem Mädchen) gesprochen, weil sie dazu noch zu klein ist und Eltern hat, die zuerst gefragt werden müssen. Selbst wenn wir (mein Sohn und wir Väter) diese Ehe wünschen, können wir nichts machen, wenn Gott es nicht will."

Vater der Braut: „Wir wissen nicht, was Kinder wollen und vorhaben. Heute folgt niemand mehr dem Rat der Eltern. Verloren ist das Land, die Sitten unserer Ahnen, die Sitten unserer Väter. Selbst wenn wir beschließen, daß unsere Kinder einander heiraten sollen, werden sie uns nicht mehr gehorchen. Wenn unsere Kinder beschließen, ihr Dorf zu verlassen und weit weg zu gehen, so heißt das, daß sie den Sitten der Fremden folgen. Sie verpflichten sich zur Zwangsarbeit *(karamangana)* und dann sind sie verloren für die Gebräuche der Vorfahren. (Karamanga-Zwangsarbeit wurde von der Kolonialverwaltung eingeführt. Jeder junge Mann wurde für drei Wochen rekrutiert, um Straßen zu bauen oder zu reparieren. Die jungen Männer waren begeistert von dieser Gemeinschaftsarbeit und viele kehrten dann nicht mehr in ihr Dorf zurück, sondern gingen z. B. nach Tulear oder auf die Plantagen, um bezahlte Arbeit anzunehmen.)

Wenn sie wie Vögel wären, kämen sie wieder zu uns zurück, da sie aber keine echten Vögel sind, bleibt uns nichts anderes, als in Verzweiflung im Dorf zu bleiben.

Unsere Söhne gehen nach Tulear, nach Nosy Bè, nach Majunga, nach Tananarive und in das Zuckerland Namakia (Zuckerplantagen). Man kann sie nicht mehr verheiraten mit wem man möchte."

Vater des Bräutigams: „Ich weiß, daß diese Rede keine Ausrede ist und kein Vorwand meine Werbung nicht anzunehmen, ich weiß, daß Ihr ehrlich mit mir seid."

Vater der Braut: „Wenn ich nun meiner Tochter sage, daß ich sie mit Eurem Sohn verheiraten möchte, kann es sein, daß sie auf und davon geht und Ihr dann sagt, ich sei ein schlechter Mensch, weil ich meine Tochter Deinem Sohn nicht zur Frau geben möchte. Ich kann daher nichts versprechen, bevor ich nicht mit der Mutter des Mädchens gesprochen habe, sie wird erst morgen zurückkommen, weil sie zum Vindaschneiden gegangen ist."

Der Vater des Bräutigams blieb über Nacht zu Gast im Dorf. Am nächsten Tag, als die Mutter des Mädchens mit der Tochter kam, wurde sie begrüßt:

„Was gibt es Neues an dem Ort, in dem Du warst Roakemba?" *(Taliliu ty nombanao Roakemba?)*

„Es war alles in Ordnung, aber was gibt es hier Neues?"

Vater der Braut: „Auch hier ist noch alles in Ordnung, es hat sich nichts geändert, seit Du weggegangen bist."

Mutter der Braut: „Dort, wo ich war, habe ich auch alles in Ordnung gefunden, aber ich hatte noch einiges zu tun, ich wollte noch Vinda schneiden (Riedgräser), deshalb bin ich so lange fortgeblieben."

Vater der Braut: „Man kennt das ja, wenn ihr Frauen einmal weggeht ... jetzt wo alle in ihre Häuser und Dörfer zurückkehren, soll man keine langen Reisen machen, Du bist drei Wochen weggeblieben. Eine Woche hätte doch genügt, um die Gräser zu schneiden und zu trocknen."

Mutter der Braut: „Ja hätte ich denn sollen die Vinda noch schwer von der Feuchtigkeit mit mir schleppen? Ich mußte sie doch erst trocknen lassen."

Vater der Braut: „Ja, Du hast recht, obwohl mir die Zeit, in der Du weg warst, sehr lange vorkam. Ja, es gibt Neuigkeiten hier. Deine Tochter kennt jemanden, der um sie wirbt. Selbst wenn er gekommen wäre in Deiner Abwesenheit und ich hätte seine Werbung ablehnen wollen, hätte ich damit gewartet, bis Du, ihre Mutter, zurückgekommen wärst, denn ich kann nichts allein entscheiden. Daher habe ich gewartet, um zu wissen, ob Du als Mutter des Mädchens die Werbung annimmst, ich als Vater nehme die

Werbung an, das sollst Du wissen. Auch wenn wir die Werbung nicht annehmen sollten, würde ich Dich das wissen lassen. Wir werden nicht mehr anderswo nach einem Ehemann für unserer Tochter suchen, denn nun ist ein Bewerber für unsere Tochter gekomen. Wir können heute aber unsere Kinder zu nichts mehr zwingen."

Mutter der Braut: „Hast Du unsere Tochter schon nach ihrer Meinung gefragt?"

Vater: „O, das ist doch an Dir, der Mutter, mit Deiner Tochter zu sprechen, wenn Du ihre Antwort hast, dann berichte Du als ihre Mutter, mir ihrem Vater, was unsere Tochter gesagt hat."

Mutter: „Gut, rufe sie, ich werde sie fragen."

Das Mädchen wurde gerufen und sagte: „Ich komme, hier bin ich."

Mutter: „Hier ist jemand, der gekommen ist, um mit Deinem Vater zu sprechen. Ob Du ihn liebst oder ob Du ihn nicht liebst, Du mußt es sagen."

Mädchen: „Wie kann ich das entscheiden, wenn es nicht meine Eltern sind, Vater und Mutter, die ihn kennen, die mir sagen, ob sie ihn lieben. Denn wenn sie ihn lieben, dann liebe ich ihn auch. Ich weiß, daß ich mit ihm zufrieden sein werde, weil es ihr, meine Eltern, ward, Vater und Mutter, die ihn mir vorgeschlagen haben."

Mutter: „Selbst wenn wir ihn lieben und Du liebst ihn aber nicht, möchten wir Dich nicht zwingen, so aber sind wir froh, daß Du ihn liebst. So müssen wir uns nicht schämen, wenn wir die Werbung ablehnen."

Tochter: „Ich liebe ihn, weil ich mich nicht gegen Euch, meine Eltern, auflehnen kann."

Mutter: „So ist es. Wir müssen uns jetzt nicht schämen, denn wenn wir nun etwas annehmen und Du ergreifst die Flucht und fährst mit einem Auto weg, dann bleiben uns die Auseinandersetzungen und die Schande."

Tochter: „Es ist nicht wegen der Schande, die ich Euch machen könnte, selbst wenn ich ihn nicht liebe, würde ich sagen, daß ich ihn liebe. Ich sage aber, daß ich ihn wirklich liebe."

Mutter: „Ich danke Dir, daß Du mir keine Schande machen willst. Du hörst, Vater des Mädchens, was Deine Tochter geantwortet hat, um Dich vorzubereiten."

Vater: „Ja, so ist es, deshalb habe ich auch Dir, ihrer Mutter, gesagt, Du sollst zuerst mit ihr sprechen, ob sie ihn, der um sie wirbt, liebt.

Die Ehe meiner Tochter ist nicht für einen Tag, für heute, sie ist für lange Zeit, für das ganze Leben, das kann zehn Jahre dauern oder zwanzig Jahre, das kann auch dreißig Jahre dauern. Deshalb achte darauf, daß Du uns nicht entehrst, daß Du uns nicht Schande machst. Du sollst (aber) nicht nur mich die Werbung annehmen lassen, weil Du uns keine Schande machen willst. Deshalb habe ich auch Deiner Mutter gesagt, sie soll Dich um Deine

Meinung fragen. Das sollte sein, um Deine Antwort zu kennen und nun ist es an mir zu sprechen, ich werde Dein Einverständnis weitergeben."

Mädchen: „Ja, so soll es sein."

Eine Woche später kam der Bräutigam zu den Eltern.

Bräutigam: „*Sikadreh*" (Ruf, um sich bemerkbar zu machen)

Vater des Mädchens: „*Taliliu nareo*" (Was gibt es Neues . . .?)

Bräutigam: „Es gibt nichts Neues zu erzählen, aber ich halte noch immer an meiner Werbung fest und ich komme heute darauf zurück. Nicht deshalb, weil man mich hier kennt. Wer könnte mich davor zurückhalten, selbst, wenn man mich nicht kennt."

Vater des Bräutigams: „Man hat mir gesagt, daß Ihr eine Tochter habt, die ich lieben möchte, die die Frau meines Sohnes werden soll, meine Verwandte, wie ich hoffe. Deshalb bin ich gekommen, um meine Werbung zu wiederholen."

Vater der Braut: „Ho, (Ausruf) gut, wenn Du das nun nicht gesagt hättest, so hätte ich gesagt, daß ich zufrieden bin, wenn meine Tochter die Ehefrau Deines Sohnes wird, denn man kann heute die Kinder zu keiner Heirat mehr zwingen.

Sie fahren einfach in ein anderes Land mit dem Autobus weitweg von hier.

Ich habe gesagt, ich werde auf ihre Mutter warten, ich habe auf ihre Mutter gewartet, die nun angekommen ist.

Was man heute Kindern sagt, wird nicht befolgt, wenn sie nicht wollen. Eine erwachsene Person wie die Mutter meiner Tochter, hat eine Woche gebraucht, bis sie nach Hause zurückkam, auch sie läßt sich nicht zwingen. Sie muß tun können, was ihr gefällt."

Vater des Bräutigams: „So sind wir alle einverstanden und wir bringen am Freitag das Geschenk für die Mutter 2000 FMG und 5000 FMG für die Tochter, damit sie davon für sich kaufen kann, was sie sich wünscht. Wir werden unserer Familie und allen Leuten in unserem Dorf sagen, daß wir eine Verwandte bekommen werden. In zwei Monaten, an einem Freitag, werden wir kommen und unsere Tochter und Ehefrau holen."

(Andere günstige Tage für die Verheiratung sind Dienstag und Donnerstag.)

Dann verabschiedeten sich der Bräutigam und sein Vater.

Auf die Brautwerbung *(manengavaly)* folgt die eigentliche Verlobungszeit, sie kann zwei bis drei Monate dauern. In dieser Zeit baut der Bräutigam das Haus und die Braut bereitet ihre Aussteuer wie z. B. Matten, Körbe und Kleidung vor. Sie bekommt auch Geschenke von ihrer eigenen Familie.

Eine Verlobung kann rückgängig gemacht werden, wenn das Mädchen für längere Zeit krank geworden ist oder wenn sie „*tromba*" hat, d. h. von *kokolampy* (Geistern) besessen ist.

Es kann auch vorkommen, daß die Familie des Bräutigams mit dem Benehmen der Schwiegertochter nicht einverstanden ist und deshalb die Verlobung löst. Die älteste Tochter von Refato aus Retanso machte 1966 einen Besuch im Dorf ihrer zukünftigen Schwiegereltern. Da niemand im ganzen Dorf anwesend war, setzte sie sich in das Haus der Schwiegereltern und nahm sich etwas aus dem Kochtopf, der auf dem Feuer stand. Damit hatte sie gegen zwei strenge Regeln verstoßen:

1. „Man darf sich nichts ungefragt nehmen, sondern muß warten bis man etwas angeboten bekommt."
2. Man darf nicht den *sotro* (kleinen Eßlöffel) in den Kochtopf tauchen und davon essen. Man darf nur mit dem großen Löffel im Kochtopf umrühren und in eine Schüssel herausschöpfen, aus der man ißt.

Das war für die Familie des Bräutigams Grund genug, die Verlobung zu lösen.

Heiratszeremonien *(Sintake)*

Am Tag der Hochzeit, es war gegen 11 Uhr, als die Sonne ihren höchsten Stand erreichte, erwartete die Braut mit ihren Eltern und ihrer Familie festlich geschmückt den Bräutigam.

„Heute ist Freitag und ich bin gekommen, meine Frau zu holen. Hier ist ein kastrierter Hammel."

(Ein Priester oder der Familienälteste wird am Opferpfahl dieses Schaf opfern.)

Dann sagte der Vater: „Hier ist Deine Frau, mache sie glücklich, lasse sie tanzen mit ihrer Trommel, nimm sie mit in Dein Dorf, alle sollen sie achten als Deine Frau. Sie soll Deine Eltern (ihre Schwiegereltern) respektieren und alle älteren Frauen, die Sitten der Ahnen in Deinem Dorf und Andrianahary (Gott). Mit Gott seid ihr wie Vögel, die immer zu ihrem Nest zurückfinden. Ich gebe Euch den Rat: folgt immer dem Rat Eurer Väter, folgt immer dem Rat Eurer Mütter. Gott soll Euch segnen, daß Du Dich mit allen Frauen im Dorf gut verstehst und auch mit Deinem Mann. Hast du Schwierigkeiten, rufe nicht alle herbei und erzähle es allen, sondern rufe Deinen Vater. Höre gut zu, wir wollen Euch Kinder segnen, wendet Euch gegen Osten. Unsere Tochter wird uns nun verlassen aus den gleichen Gründen, wie es schon unsere Ahnen getan haben. Unsere Tochter wird nun in das Dorf gehen, in dem diese Familie wohnt, die heute gekommen ist, unsere Tochter zu holen. Du sollst acht Jungen und sieben Mädchen gebären, Du sollst in Frieden leben und immer genügend Nahrung haben, für Dich wird es in jenem Dorf Himmel und Erde geben, die Dich reich machen. Hier in diesem Dorf gibt es nicht genügend Platz, um Dir alles das zu geben, was Du im Dorf jener Familie haben kannst. Gott soll Dich, unsere Tochter, segnen, Dich und uns alle, die Mutter, den Vater, alle Mütter und alle Väter, die hier versammelt sind, lasse sie Kinder haben, acht Jungen und sieben Mädchen.

Heilig heilig heilig." *(Masy masy masy)*

Dann folgt die eigentliche Heiratszeremonie, die in ganz Madagaskar üblich ist und zu jeder legalen Heirat gehört. (Wenn diese Rede nicht gehalten wird, so sagte man mir, sei es keine gültige Ehe.)

Brautvater: „Alle sollen es hören, die ihr hier versammelt seid: *A tsy iaby va izay ie, fa io toe te meiko tsy meiko ty masoe tsy meiko ty lohae ho vakie, tsy meiko ty fiaie ho vonoe tsy meiko ty nifine to renae tsy meiko tie ho mey tsy lily tsaka ahy, tsy meiko tie tsy hanao ontane ahy, fa omeko amin tsy ho tanga ho maiko amin ty hananako anake omeiko amin ty ananako.* (Gebt mir mein Kind nicht wieder zurück mit blinden Augen, gebt es mir nicht wieder zurück mit zerschmettertem Kopf, gebt es mir nicht zurück mit einer Seele, die Ihr ermordet habt, gebt es mir nicht zurück mit ausgeschlagenen Zähnen und mit gebrochenen Armen und Beinen. Gebt mir mein Kind zurück, wie es die Sitte verlangt, so wie ich es Dir anvertraut habe.)"

Der Vater des Bräutigams antwortete: „Die ganze Familie ist hier versammelt und wir danken Euch. Wir möchten Euer Kind, weil wir es lieben, weil wir es als Ehefrau für unseren Sohn haben wollen und nicht, weil wir Dein Kind schlagen, ihm die Zähne ausreißen oder die Augen und die Seele zerstören wollen. Nein, wir wollen Dein Kind, weil wir es lieben."

Vater der Braut: „Wir danken Euch. Wenn Ihr aber unser Kind nicht mehr haben wollt, weil Ihr sie nicht (mehr) liebt, wenn niemand in Eurem Dorf sie achten will, dann bringt sie wieder zu uns zurück."

Mutter der Braut: „Nun gehe, mein Kind, nun werden Dich Deine Schwiegereltern in Deinem (zukünftigen) Dorf beraten und nicht mehr wir."

Vater des Bräutigams: „Hört, es ist nicht gut, daß Ihr Eurer Tochter den Rat gebt, nicht mehr auf Euch zu hören. Niemand soll sich von seinem eigenen Vater und von seiner eigenen Mutter lösen müssen. Die Worte des Vaters und die Worte der Mutter müssen erhalten bleiben."

Es folgten noch kleinere Ansprachen. Die Familie des Bräutigams führte die junge Frau noch am gleichen Tag aus dem Dorf ihrer Eltern in das Dorf ihres Ehemannes.

Das Betreten des Hauses, das der Bräutigam während der Verlobungszeit gebaut hat, durch die Braut heißt: *mampitilike valy* (die Frau betritt das

Haus des Gatten). Die junge Ehefrau muß drei Monate im Dorf ihres Mannes bleiben, um sich „einzugewöhnen". Erst dann darf sie das Dorf ihrer Eltern aufsuchen, begleitet von ihrem Ehemann, der ihren Eltern kleine Geschenke mitbringt.

Nicht immer geht die Verlobung und Verheiratung eines Mädchens so glatt und reibungslos von statten. Ein Beispiel:

Als ich in den Jahren 1965 und 1966 in dem Mahafaly-Dorf Retanso lebte, war nur Tsiambena eine *valy fofo* im Alter von 7 Jahren. Sie war einem Verwandten, der im gleichen Dorf lebte, als Ehefrau versprochen worden. Tsiambena war unehelich geboren und vom ältesten Bruder ihrer Mutter adoptiert worden, als sie drei Monate alt war. Damals verließ ihre Mutter das Dorf und ging in den Norden Madagaskars, wo sie sich bei Nosy-Bè verheiratet haben soll. Tsiambena blieb im Dorf der Großmutter, die Witwe geworden war. Als Tsiambena 12 oder 13 Jahre, vielleicht auch schon 15 Jahre alt (das Alter läßt sich nicht so genau bestimmen) und sehr groß und kräftig geworden war, stellte die Familie fest, daß die jungen Männer, die den Musikbogen spielend das Dorf besuchten, nur Tsiambena's wegen kamen. So beschlossen sie, Tsiambena mit dem Mann zu verheiraten, dem sie seit ihrem 7. Lebensjahr versprochen war und der seit dieser Zeit für ihren Unterhalt aufkam. Tsiambena und er hatten zwar den gleichen Großvater, aber eine Heirat zwischen ihnen war nicht verboten. Tsiambenas Verlobter hatte bereits eine Frau und Tsiambena sollte die *vady-kely* (Nebenfrau) werden.

Da ihre Kusine und Freundin Gosy im gleichen Alter war, suchte man auch für Gosy einen Bräutigam, um sie beide gleichzeitig zu verheiraten. Ein junger Mann aus dem Antandroy-Land, der in einem Dorf am Menarandrafluß lebte, bewarb sich um Gosy. Da er noch nicht verheiratet war, sollte sie seine *vady-be* (Hauptfrau) werden. Beide Mädchen wurden nochmals eindringlichst gefragt, ob sie auch wirklich diese für sie in Aussicht genommenen Männer heiraten wollten. Beide Mädchen waren einverstanden.

Nun begannen die Verhandlungen zwischen beiden Familien über die Geschenke und Mitgift, die sich über Wochen und Monate hinzogen und die ich mit erlebte. Tsiambena war ein eigenwilliges Mädchen und suchte dauernd Streit mit ihrem Bräutigam, so wurde die Heirat aufgeschoben. Bald verletzte sich Gosy's Bräutigam beim Ringkampf *(ringa)* so schwer, daß auch ihre Heirat verschoben werden mußte. Gosy bekam von ihrem Verlobten 3000 FMG und Tsiambena 1500 FMG als Geschenk, außerdem silberne Armreifen. Auch von den eigenen Verwandten bekamen die Mädchen Geschenke, Silberschmuck, Geschirr und Kleidungsstücke.

Während der Verlobungszeit baute der Bräutigam das Haus für seine zukünftige Frau, denn jede Frau hat das Recht auf ein eigenes Haus. Tsiambena bekam noch vor der Hochzeit 3 Ziegen und Gosy 3 Ochsen zum Geschenk.

Da es ungewiß war, wann Gosy's Bräutigam wieder gesund sein würde, wurde der Termin für Tsiambenas Hochzeit nun endgültig festgelegt. Obwohl der Bräutigam ein Verwandter war, der im gleichen Dorf lebte, mußte an dem vom *mpisikily* (Wahrsager) bestimmten Tag, als die Sonne am höchsten stand, der Bräutigam in Begleitung eines Freundes zum Haus von Tsiambenas Großmutter gehen.

Sie grüßten: „Was gibt es Neues bei Euch?" *(Taliliunareo)*
„Noch ist alles gut" *(Mbui soa)*.
„Wir kommen, um Tsiambena als Ehefrau zu holen."
„Hier ist sie, sie sei Deine Ehefrau. Schlage sie nicht, verletze ihre Hand nicht, verletze ihre Zähne nicht, wenn sie nicht kochen kann, schicke sie wieder zurück."

„Verheirate Dich gut" *(Manambaly soa)*, rief man Tsiambena nach, als sie aus dem Haus der Großmutter trat und in Begleitung ihrer Familie zum Haus ihres Verlobten ging. Sie trug einen Korb auf dem Kopf, den traditionellen Hochzeitskorb, ihre Freundinnen kamen mit dem Geschirr, den Schlafmatten und den Kleidungsstücken zum Haus des Bräutigams, wo ein Feuer angezündet worden war. Eine Ziege wurde geopfert und damit war die Heirat vollzogen.

Tsiambena änderte ihre Lebensweise nicht. Die meiste Zeit verbrachte sie im Hause der Großmutter und war mit Gosy unterwegs, um die Ziegenherde zu hüten, wie sie das immer getan hatte. Das ging einige Wochen gut, bis die Familie erfuhr, daß die beiden, Gosy und Tsiambena, auf der Weide beim Ziegenhüten für die jungen Männer, die sie besuchten, das Essen kochten. Tsiambenas Ehemann war sehr ärgerlich und verlangte alle Geschenke zurück, ebenso die Familie von Gosys Bräutigam, was schwierig war, denn das Geld war bereits ausgegeben worden.

Die Frauen im Dorf erzählten mir, daß Tsiambena nachts den Mann von sich gestoßen und zu ihm gesagt hätte, sie könne seine Nähe nicht ertragen. Das wäre der Familie sehr unangenehm. Sie hatten versäumt, was sie eigentlich schon vorher hätten unternehmen sollen: Will man ein junges Mädchen als Nebenfrau mit einem älteren Mann verheiraten und ist sich nicht sicher, ob das Mädchen eine physische Abneigung gegen diesen Mann hat, so verbringt unter einem Vorwand eine weibliche Verwandte gemeinsam mit den beiden Verlobten eine Nacht in einer Hütte auf einer Matte, die auf dem Boden liegt. Merkt sie, daß das Mädchen, das zwischen ihr und dem Verlobten liegt, von ihm abrückt und sich in ihre Nähe legt, so ist das für die Familie ein Beweis für die Ablehnung und die Verlobung wird rechtzeitig unter einem Vorwand rückgängig gemacht.

Stößt ein Mädchen in der Hochzeitsnacht den ihm angetrauten Mann von sich, so erklärt er am nächsten Morgen, daß seine Frau noch zu jung und nicht *masaka* (reif) für die Ehe sei. Entweder bleibt der Ehemann von nun an bei seiner Hauptfrau oder er läßt das Mädchen zu den Eltern zurückgehen. Dann müssen allerdings alle Geschenke, die der Bräutigam den Brauteltern für die „Erziehung der Tochter" gemacht hat, zurückgegeben werden.

Tsiambenas Ehemann ließ dem Mädchen noch ein Jahr Zeit, bis er sich von ihr endgültig wieder trennte.

Auch Gosy wurde verheiratet und sie verließ weinend das Dorf der Eltern, begleitet von der Familie des Bräutigams.

Es ist allgemein üblich, daß die Frau bei der Eheschließung zum Mann zieht. Entweder gründet er ein neues Dorf oder er bleibt im Dorf seines Vaters. Die Ehefrau muß nun alle Verbote *(fady)* übernehmen, die für die Familie des Mannes gelten. Selten bringt sie ihre Ochsenherde ins Dorf ihres Mannes. Meistens bleibt ihre Herde in der Obhut ihres Bruders. Denn ihre Rinderherde erben in jedem Fall die Kinder ihrer Brüder.

Es kann aber sein, daß der zukünftige Ehemann selbst keine Rinder hat und als armer Mann gilt. Sind die Eltern des Mädchens trotzdem mit der Heirat einverstanden, dann geben sie der Tochter eine größere Anzahl von Rindern mit, damit die Kinder aus dieser Ehe nicht Kinder eines „armen Mannes" sind. Die Rinderherde behält aber die *vilo* (Ohrmarkierung) der Familie der Mutter, und alle in dieser Herde geborenen Kälber bekommen die gleichen *vilo*. Stirbt die Ehefrau, so gehören alle Rinder aus dieser Herde den Kindern, der Ehemann erbt nichts, er hat nur das Nutzungsrecht, solange die Kinder klein sind. Hat eine wohlhabende Familie nur eine Tochter und ist sie das einzige Kind, so zieht der Ehemann in das Dorf seiner Schwiegereltern. Hier bearbeitet er die Felder. Der Ernteertrag gehört ihm und seiner Ehefrau zur Hälfte.

Die ersten drei Ehejahre gelten als *tama* (Probezeit). Der Ehemann muß drei Tage im Jahr umsonst auf den Feldern seines Schwiegervaters arbeiten. Fühlt sich die Ehefrau vom Ehemann nicht gut behandelt, so kann sie in dieser Zeit ohne große Schwierigkeiten ins Dorf ihrer Eltern zurückkehren. Dann nimmt sie die Kinder mit sich.

Ist diese Probezeit zur Zufriedenheit beider Eheleute abgelaufen, bekommt die Ehefrau von der Familie des Ehemannes wieder drei Ziegen oder drei Ochsen zum Geschenk. Diese Tiere müssen aber in der Herde des Ehemannes bleiben und dürfen nicht zur Herde des Mutterbruders gebracht werden.

Stirbt die Ehefrau vor Ablauf der Probezeit, so wird sie von der eigenen Familie beerdigt.

Viele Frauen beklagten sich bei mir, daß sich ihre Ehemänner nicht mehr an die Verpflichtungen halten, die ihnen durch die *fombandrazana* (Sitten der Ahnen) auferlegt seien. Nach diesen Sitten ist jeder Ehemann verpflichtet, für Nahrung, Kleidung, Medikamente und andere Bedürfnisse seiner Ehefrauen und der gemeinsamen Kinder zu sorgen. Nicht immer ist dies der Fall, wie folgende Beispiele zeigen:

Mbuerane ist mit der Familie aus Retanso verwandt. Sie ist die Hauptfrau eines Antandroy, aus der Gegend von Beloha. Mbuerane hatte damals 3 Kinder, einen Jungen und zwei Mädchen, im Alter von 2–9 Jahren. Mbuerane verdiente durch den Verkauf von Granatsteinen etwas zum Familieneinkommen. Dieses Geld hat sie nicht ihrem Mann gegeben, wie es eigentlich die Sitte verlangt, denn sie mußte für ihre Kinder Nahrung und Kleidung kaufen. Ihr Mann verwendete sein Geld ausschließlich für den Ankauf von Ziegen und Rindern. So sagte er eines Tages zu ihr: „Du mußt noch 1500 Franc haben, die Du für die Granatsteine bekommen hast, denn jeden Tag verdienst Du mindestens 200 bis 300 Franc. Sicher hast Du das Geld unter der Matte versteckt." Sie hatte das Geld zwar nicht unter der Matte, sondern in ein Plastiktuch eingewickelt, in einem hohlen Baum versteckt. Doch der Ehemann setzte ihr solange zu, bis sie das Geld herausgab. Er kaufte mit diesem Geld einen Ochsen für seine Herde. Mbuerane ist eine Kusine von Velompaly, der in Retsano lebt, und ihre Verwandten in Retanso verlangten deshalb, daß Mbuerane das Geld von ihrem Mann zurückfordern soll, da nun genug Ochsen gekauft worden seien. Aber Mbuerane lehnte das ab, sie mochte sich nicht mit ihrem Mann streiten und sich auch nicht von ihm trennen. Wie alle Frauen in Madagaskar, die selbst Geld verdienen, hätte sie zur Gänze Anspruch auf das von ihr verdiente Geld. Sie müßte es nur, so will es die „Sitte der Ahnen", ihrem Mann vorweisen und sagen, womit sie es verdient hat. Jede Frau, die auf dem Markt Eier, Hühner, Gemüse oder Matten verkauft hat, legt dem Ehemann mit beiden Händen den Geldbetrag in seine Hände. Er muß es ihr wieder zurückgeben mit den Worten: „Geh und kauf Dir für dieses Geld etwas das Dir gefällt. Für unsere Kinder ist gesorgt." Versteckt sie das Geld vor dem Ehemann, so wäre das ein Scheidungsgrund für den Ehemann, denn er müßte annehmen, daß dieses Geld ein Geschenk von einem Freund oder nicht ehrlich verdient ist. Ist es eine größere Summe, die eine Frau durch eigene Arbeit verdient hat, so kann sie dafür Ziegen kaufen, die sie zu ihrem Bruder bringt, wo sie in seiner Herde bleiben.

Die Nebenfrau von Mbuerane ist viel „ärmer" als Mbuerane selbst, wie die Leute sagten. Ich habe davon nur durch einen Zufall erfahren:

Mbueranes Kinder Marivelo und Marisoa kamen eines Tages, es war im Oktober 1969, mit einem kleinen Jungen zu mir, der beide Augen verschwollen und auf der Stirn eine offene, tief vereiterte Wunde hatte. Die

Mädchen baten mich, dem Jungen *fanafody* (Medikamente) zu geben. Die Mutter hätte sie geschickt. Ich brachte den Jungen in das Krankenhaus von Ampanihy, wo der Arzt nach einer Untersuchung feststellte, daß das Kind einige Tage lang stationär behandelt werden muß. Ich kehrte mit den Kindern in ihr Dorf zurück. Dort erfuhr ich, daß die Mutter schon vor längerer Zeit in ein weit entferntes Dorf gegangen sei, zu ihrer eigenen Familie, um dort um „Geld zu bitten" *(angalake dalla)*. Mbuerane, die Hauptfrau erzählte mir, ihr gemeinsamer Ehemann arbeite schon seit Wochen in einer Granatmine bei Amborompotsy und denke gar nicht daran, das viele Geld, das er mit den von ihm geförderten Granatsteinen verdiene, für die Kinder seiner Nebenfrau auszugeben. Da sich niemand für die Kinder verantwortlich fühlte, habe ich mich dann um sie gekümmert, was mir erlaubt war, da ich ja Verwandte aus dem Dorf Retanso und für das Kind eine *renekely* (kleine Mutter oder Tante) war.

Antsatsoane, eine Schwester von Velompaly aus Retanso war noch 1968 mit Remiary in Ampanihy verheiratet. Sie verdiente monatlich 3000 FMG. Früher hat sie für den größten Teil des Geldes Ziegen gekauft und sie zu ihrem Bruder nach Retanso gebracht. Remiary war damit nicht einverstanden, obwohl es Sitte ist, daß die Frau ihre eigenen Rinder und Ziegen ihrem Bruder in Obhut gibt. Er befürchtete, daß er nach dem Tode seiner Frau nichts erben könnte. So hatten sich Antsatsoane und Remiary geeinigt, daß von den Ziegen, die Antsatsoane von ihrem Lohn kaufte, die Hälfte nach Retanso käme, die andere Hälfte aber bei Remiary bleibe. Remiary wollte erst alle Ziegen für sich haben, da er aber auf das Einkommen seiner Frau angewiesen war, hatte er schließlich nachgegeben. Als seine Frau kein eigenes Einkommen mehr hatte, trennte er sich von ihr und sie ging in ihr Heimatdorf zurück.

Ansarungana war eine jüngere Schwester von Velompaly und Antsatsoane. Sie war nicht verheiratet und wollte auch nicht mehr heiraten, denn „ich möchte keinem Mann Rechenschaft schuldig sein" sagte sie „und meine Freiheit behalten". Sie lebte bis 1966 in Ampanihy als Wäscherin und verdiente damals monatlich ungefähr 3000 FMG, die sie fast zur Gänze für den Kauf von Ziegen ausgab. Auch diese Ziegen kamen nach Retanso in die Obhut ihres Bruders.

Litsoke war 1968 ungefähr 50 Jahre alt und mit Silys Vater Famoa in Ambalatsiefa verheiratet. Sie ist Silys Stiefmutter. Beide Eheleute hatten ein Lehmhaus in Ambalatsiefa, das ungefähr 5 Jahre alt war. Sie verdiente durch das Maison Mohair, das ihr die Herstellung von Teppichen in Auftrag gab. Der Ehemann zupfte die Wolke und seine Frau Litsoke verspann sie. Er half ihr auch beim Waschen der Wolle, die nach dem Trocknen in kurze Fäden zum Knüpfen geschnitten werden mußte. Für den Teppich bekamen sie 12.000 Franc. Famoa verkaufte im Jahr 1968 für 6000 Franc

Erdnüsse und für 4000 Franc Maniok. Den Mais, den er geerntet hatte, behielt er für die Familie. Dieses Ehepaar hat alles Geld, das sie in diesem Jahr eingenommen hatten, nachdem die dringendsten Ausgaben für die Familie gemacht worden sind, untereinander aufgeteilt, wie es die Sitte verlangt.

Die Mahafaly-Frauen sagten: „Unsere Männer glauben, es genügt, wenn man den Müttern Maniok, Mais und Bataten gibt, damit das Kind satt ist. Daß ein Kind aber auch noch Kleidung, Seife und Medikamente braucht, scheinen sie nicht zu wissen." Es käme auch vor, daß die Frauen, die von ihren Männern Geld verlangen, Schläge bekämen. Früher sei das alles anders gewesen. Da habe der Familienälteste dafür gesorgt, daß Recht und Ordnung herrschte und später war es die französische Verwaltung. Heute seien die Männer aber große Egoisten geworden, sie dächten nur noch an sich und nicht mehr an die Pflichten, die sie ihrer Familie gegenüber haben.

Auch Adifera, die dritte Frau *(Vady masay)* von Velompaly, dem ältesten der Brüder, die im Dorf Retanso leben, beklagte sich über ihren Mann: Als ihr drittes Kind 1965 wenige Tage nach der Geburt starb, weinte Adifera tagelang. Sie konnte sich trotz des Zuspruchs der Frauen nicht beruhigen und nahm keine Nahrung mehr zu sich. Der Ehemann Velompaly wurde ärgerlich und sagte: „Jetzt ist genug der Trauer, es ist nicht Sitte, daß man solange um ein neugeborenes Kind weint." Eine Mutter darf nur um ihr verstorbenes Kind weinen, solange es nicht beerdigt ist. Später darf sie nicht mehr trauern. Ich lebte damals in Retanso und habe Adifera vergeblich zu trösten versucht. Als Adiferas Vater vom Kummer seiner Tochter erfuhr — er wohnte im Nachbardorf in Retanso ambany — wollte er sie vorübergehend ins Elternhaus zurückholen. Velompaly lehnte aber ab. Hier in seinem Dorf habe sie alles was sie brauche, und seine beiden anderen Frauen, Fanira und Ambovonga, würden sie schon trösten.

Ein Jahr später hat Adifera endgültig Velompaly verlassen. Sie ließ sich scheiden und hat sich mit einem anderen Mann verheiratet, ein Kind bekommen und sie sei nun sehr glücklich, sagte sie mir, als ich sie 1968 auf dem Markt von Ampanihy wiedergesehen habe.

Andrombake war zehn Jahre alt, als sein Vater starb. Der jüngste Bruder seines Vaters nahm ihn als sein Kind auf. Im Juni 1969 verunglückte der Onkel tödlich. Seine Frau mit sieben Kindern, von denen der Älteste, ein Junge, erst dreizehn Jahre alt war, hatte keine eigene Familie. Sie hatte nie auf einem Feld gearbeitet, alles hatte ihr Mann gemacht. So mußte Andrombake für seine Tante das Feld bearbeiten und Geld verdienen, damit die Familie genügend zu essen hatte. Andrombake wollte sich Geld leihen, um einen Ochsenkarren zu kaufen. Damit sollte das älteste von den Kindern Holz vom Küstengebiet auf den Markt nach Ampanihy bringen und von dort Lebensmittel an die Küste. Obwohl Andrombake sich sehr um seine Tante, die er „Mutter" nennt und um seine Neffen und Kusinen kümmerte, glaubte er nicht, daß sie auch ihm helfen würden, wenn er selbst krank werde oder in Not gerate. Andrombake hatte, so sagte er jedenfalls, durch mich viel gelernt. Mehr als lesen, schreiben und rechnen, damit hoffte er unabhängig zu werden und eine eigene Familie gründen zu können. Nun ist er, wie ich aus seinen Briefen weiß, Vorstand einiger Dorfgemeinschaften in der Küstenregion des Mahafaly-Landes geworden.

Refato war 1965 ca. 36 Jahre alt. Er bewohnte mit seiner einzigen Frau, die aus Ankiliabo stammte, ein kleines Dorf, in der Nähe von Retanso. Die beiden hatten sieben Kinder. Der älteste Junge war 10 Jahre, das älteste Mädchen 14 Jahre alt. Ich kannte die Familie, weil sie nur 20 Minuten Fußmarsch von dem Dort entfernt wohnte, in dem ich lebte. Alle Leute in der Umgebung sagten, Refato hätte nur eine Frau, weil er zu geizig sei, um sich mehr als eine Frau zu leisten. Seine Frau war unbeliebt. Man sagte, sie sei ein *ratsy fanahy* (schlechter Mensch) und der einzige Mensch in der ganzen Umgebung, der sie liebe, sei ihr Mann Refato. Zu mir war diese Frau immer sehr liebenswürdig und freundlich und ich weiß bis heute nicht, warum Refatos Ehefrau abgelehnt wurde. Es war im August 1965, als ich eines Morgens viele Frauen im Kreise sitzen sah, die laut weinten und klagten. Als ich nach dem Grund fragte, antworteten sie mir, Refato sei aus dem Provinzkrankenhaus Tulear zurückgekommen, wo man seine Beule, die er schon jahrelang auf dem Kopf habe, aufgeschnitten hätte. Der Arzt habe gesagt, Refato soll in sein Dorf zurückgehen und alles für seine Beerdigung vorbereiten, denn er hätte nur noch vier Wochen zu leben. Da ich dies nicht glaubte, habe ich persönlich Erkundigungen eingezogen und mir wurde die Auskunft gegeben, daß er einen bösartigen Tumor habe und seine Lebenserwartung höchstens vier Wochen betrage. Als die vier Wochen vergangen waren, ohne daß sein Ende sichtbar nahe gekommen wäre, habe ich ihn im Einverständnis mit dem madegassischen Arzt Dr. Rakotomavo aus seinem Dorf bei Ampanihy in das Krankenhaus der Hauptstadt Tananarive gebracht, wozu damals vier Tage Autofahrt notwendig waren. Es war ein großer Vertrauensbeweis uns gegenüber, daß er sein Heimatdorf verließ. Denn er hatte wenig Hoffnung, sein Dorf und seine Familie wiederzusehen. Ich brachte ihn persönlich in die medizinische Klinik, Befelatanana. Ein Spezialist für Radiumtherapie übernahm die Behandlung und drei Monate später kam Refato allein und gesund nach Ampanihy zurück. Nach intensiven Bestrahlungen und medikamentöser Behandlung hat man die Geschwulst entfernt und auf die nackte Schädeldecke einen großen Hautlappen vom Oberschenkel übertragen, der auch gut anwuchs.

Während er nun tausend Kilometer von seiner Heimat entfernt in der Hauptstadt Tananarive im Krankenhaus lag, wurde seine Frau nach der

Geburt ihres achten Kindes lebensgefährlich krank. Niemand kümmerte sich um sie, die ich abgemagert und hochfiebernd in ihrer Hütte fand, als ich aus der Hauptstadt zurückkam, um ihr die gute Nachricht zu bringen, daß der Arzt ihren Mann zu retten hoffe.

Ich konnte es mir als *lungo* (Verwandte) erlauben, den übrigen Familienmitgliedern heftige Vorwürfe wegen ihrer Lieblosigkeit einer Verwandten gegenüber zu machen. Trotzdem wollte niemand mitkommen, um die Frau im Krankenhaus zu betreuen, wohin ich sie wegen ihres Gesundheitszustandes bringen wollte. Sogar ein junges Mädchen aus der Verwandtschaft weigerte sich. So blieb mir nichts anderes übrig, als die Frau und ihren Säugling mit dem Wagen ohne Begleitung nach Ampanihy zu fahren. Sie wurde im Krankenhaus zu einer stationären Behandlung aufgenommen und ich mußte eine Frau bezahlen, die für sie das Wasser holte, das Essen kochte und ihre Wäsche wusch.

„Ja, wenn Refato nun eine Nebenfrau hätte, so wäre die Nebenfrau verpflichtet, für die Hauptfrau zu sorgen", meinten die Leute in Ampanihy. „Das kommt davon, wenn man so geizig wie Refato ist."

Als Refatos Mutter im Dorfe erfuhr, daß ihr Sohn eine Operation brauche, glaubte sie, ihr Sohn müsse dafür bezahlen und verkaufte aus seiner Herde einen Ochsen zu einem damals sehr ungünstigen Preis, denn es war November und durch die lange Trockenheit waren die Preise auf 3500 FMG für einen Ochsen gefallen. Refatos Mutter schickte das Geld mit einer Postanweisung in die Hauptstadt in das Krankenhaus. Für die Mahafaly, die nicht lesen und schreiben können und 25 km zu Fuß nach Ampanihy gehen müssen, um dort auf dem Postamt Geld aufzugeben, ist das eine langwierige Angelegenheit. Gerade an dem Tag, an dem sie vom Postamt zurückkam, war auch Refato eingetroffen. Statt der erwarteten Wiedersehensfreude gab es jedoch nur Ärger und Verstimmung in der Familie. Refato hörte von der Krankheit seiner Frau und daß niemand zu ihrer Betreuung mitgekommen war. Dann hörte er, daß seine Mutter einen Ochsen verkauft habe und machte ihr deswegen heftige Vorwürfe. Die Mutter erklärte, sie bliebe keinen Tag länger mehr mit ihrem Sohn im Dorf, der sie, seine Mutter, die ihn geboren habe, so zurechtweise. Sie sagte weiter, daß er viel zu geizig sei, um an das Wohl seiner gesamten Familie zu denken, er sehe nur seine Ochsenherde und denke Tag und Nacht darüber nach, wie er sie vergrößern könne. Es gab Streit und Auseinandersetzungen. Es dauerte lange, bis sich wieder alle beruhigten und Refato erklärte, daß er seine Rinderherde vergrößern wolle, damit alle seine acht Kinder genügend Rinder hätten, wenn sie erwachsen seien und das elterliche Dorf verließen.

Rabé ist der Herkunft nach Betsileo, er lebt seit Jahrzehnten in Ampanihy und arbeitet als Chauffeur. Von ihm sagt man, daß er sich schon mit vielen Frauen kurzfristig verheiratet habe. Jedesmal, wenn er sich eine

„neue Frau" nähme, verlange er von seiner ehemaligen Frau, daß sie ihm alles herausgibt, was er in der Zeit ihrer gemeinsamen Ehe angeschafft habe. Deshalb will Adaifasana, die das weiß und sich mit ihm offiziell verheiraten will (sie leben schon seit einigen Wochen gemeinsam im Dorf Belasa), das Geld, das er mit ihr teilt, nur für Essen, Petroleum und Seife ausgeben und nicht für Haushaltsgeräte wie ihre Vorgängerinnen. In Ampanihy sagt man, das Verhalten von Rabe sei „Sitte der Betsileo und nicht Sitte der Mahafaly".

Wenn eine Frau anläßlich ihrer Verheiratung Geschenke von ihren Eltern bekommt wie Schmuck, Geschirr und Kleidungsstücke, so gehören sie ihr ganz persönlich und bleiben auch im Fall einer Scheidung ihr Eigentum. Tsiambena bekam z. B. von ihren Tanten und ihrer Großmutter silberne Armreifen, von ihrem Onkel Flanell für ein Umhangtuch (*lamba*), von mir Geschirr und Löffel, Thermosflasche und einen Milcheimer mit Deckel (den sie sich gewünscht hatte), weil ich damals als „ältere Schwester" ihrer Tante zur Familie gehörte. Das alles durfte sie aber für sich behalten, als sie sich von ihrem Mann scheiden ließ und in das Haus der Großmutter zurückkehrte.

Seit die Ambaniandro (Merina vom Hochland) im Mahafaly-Land leben, hat sich auch manches für die Mahafaly geändert. Die Mahafaly haben gesehen, daß die Ambaniandro-Frau sich dem Mann nicht so unterordnet wie die Mahafaly-Frau. Gibt es Meinungsverschiedenheiten unter den Eheleuten wegen des Geldes und sie trennen sich, so behält die Ehefrau das Haus, die Möbel, Schmuck und Kleidung. Nimmt sich ein Ambaniandro eine zweite Frau, so bleibt die erste Frau im Haus; sie läßt sich deswegen nicht scheiden, wenn sie sich aber scheiden läßt, muß sie nicht das Haus verlassen.

Viele Ambaniandro, die im Süden bei den Mahafaly leben, wollen, daß ihre Ehefrau zum Familieneinkommen durch eigenen Verdienst beiträgt. Manche zwingen ihre Frauen dazu und setzen sie unter Druck. Es kommt daher vor, daß sich Ambaniandro-Frauen deshalb scheiden lassen und sagen: „Dann hätte ich auch bei meinen Eltern bleiben können", und zu ihren Eltern zurückgehen.

Gründe für Ehescheidung

Hat ein Mann Ehebruch begangen oder sich etwas zuschulden kommen lassen, das seine Frau verärgert hat, so muß er seiner Frau ein Geschenk geben, damit sie wieder versöhnt ist. Das kann ein Ochse sein, manchmal auch Schmuck.

Für alle Mahafaly bedeutet es bereits Ehebruch, wenn der Ehemann nicht wie vorgesehen, die Nacht im Hause seiner Frau verbracht hat, sondern bei einer anderen Frau. So verlangte Tsiambena von ihrem Mann einen Ochsen als Sühnegabe, weil er, nachdem er von ihr in der Hochzeitsnacht abgewiesen wurde, bei seiner ersten Frau blieb. Da es aber Tsiambenas Schuld war, hatte sie mit ihrer Klage keinen Erfolg. Um zu beweisen, daß ein Mann mit einer fremden Frau die Nacht verbracht hat, muß man ein Stück, das dem Manne gehört, noch in der gleichen Nacht in Gegenwart von zwei Zeugen aus dem Haus holen, das der Mann besucht hat. Begeht eine Frau Ehebruch, so ist das ein Scheidungsgrund für den Ehemann der Frau. Wenn er sich aber nicht scheiden lassen will, so muß der Mann, mit dem die Frau die Ehe gebrochen hat, Bußgeld an den betrogenen Ehemann zahlen. Die Frau hat keine weitere Bestrafung zu erwarten. Früher wurden solche Angelegenheiten unter Ausschluß der Öffentlichkeit vom Dorfchef oder dem Familienältesten diskutiert und dann wurde das Urteil gefällt.

Heute bringt man die Angelegenheit vor den Bürgermeister, der manchmal auch bestechlich ist, wie der Bürgermeister von Ampanihy, ein Sohn des verstorbenen Mahafaly-Königs, Tovundray. Ein verheirateter Mann aus Ampanihy wurde nachts vom Ehemann einer Ehefrau überrascht, die er besuchte. Sein Hut galt als Beweisstück, daß er im Hause der Frau gewesen war. Der Schuldige wurde des Ehebruchs bezichtigt, er mußte 40.000 FMG bezahlen und der Frau, mit der er die Ehe gebrochen hatte, ein goldenes Armband und eine Nähmaschine schenken. Der Bürgermeister bekam einen Korb mit 20 Liter Rotwein. Die Leute waren empört darüber und sagten, die ganze Sache sei abgesprochen worden. Sie beklagten den Verfall der guten alten Sitten der Ahnen, denn niemals habe eine Frau, die ihren Mann betrogen hat, auch noch dafür ein Geschenk bekommen.

Als Avitsara, die Frau des Silberschmiedes Retolany im Jahr 1969 ihr Haus in Andranomamy unter Protest verlassen hatte, weil sie glaubte, ihr Mann hätte eine jüngere Freundin, ging Retolany wiederholt nachts nach Antanambao, wo sich Avitsara eine neue Wohnung genommen hatte. Er klopfte an die Tür und Avitsara fragte: „Wer ist da?". „Ich, Retolany". „Ich habe Besuch", antwortete sie (obwohl es nicht stimmte). Sie wollte ihren Mann nur eifersüchtig machen. „Dann gehe ich wieder nach Hause", sagte Retolany. Das wiederholte sich einige Male und als Retolany hörte, daß seine Frau Männer zu sich einlud, die keine Verwandten waren, war er genauso gekränkt wie seine Frau und nahm sich eine junge Frau ins Haus. Avitsara hatte aber durch ihr Verhalten jeden Anspruch auf Entschädigung durch ihren Ehemann verloren.

Avitsara wurde sehr krank; ich brachte sie, da ich mit ihr befreundet war, ins Missionskrankenhaus, wo der Arzt mir sagte, daß Avitsara sich in die Krankheit geflüchtet habe. Sie war kinderlos geblieben und meinte, daß ihr Mann sich deshalb eine andere Frau genommen hätte. Sie hatte ihren

Mann sehr geliebt, durch die Trennung war sie vollkommen aus dem seelischen Gleichgewicht gebracht. Erst drei Jahre später hat sie sich mit einem Mahafaly-Bauern vom Lande verheiratet und war bei meiner Abreise 1972 eine gesunde und glückliche Frau.

Kinderlose Frauen werden oft krank, sagt man. Sie flüchten sich in eine Krankheit, damit der Ehemann sich nicht scheiden läßt, denn eine kranke Frau darf von ihrem Ehemann nicht verlassen werden, er muß besonders gut für sie sorgen, ihr Medizin und einen Arzt verschaffen und genügend Nahrung, damit sie wieder gesund wird. Er holt Holz aus dem Wald oder Wasser für seine Frau, wenn sie krank ist und keine Nebenfrau diese Arbeiten für sie besorgen kann. Er wäscht sogar ihre Wäsche, obwohl das für einen Mann *fady* sein soll. Ich habe auch schon Männer gesehen, die den Mais für die Mahlzeit stampften, wenn sich ihre Frau nicht gesund fühlte.

Hat der Mann aber den Verdacht, daß seine Frau nicht wirklich krank sei, sondern nur „klagt", so kann er des „Klagens müde werden" und sich eine zweite Frau nehmen, wenn er nur diese eine hat, besonders dann, wenn seine Liebe zur Ehefrau nicht mehr da ist, wie die Mahafaly sagen.

Ehescheidung *(Tsipirana)*

Eine Ehescheidung, die ich miterlebt habe und aufzeichnen konnte, will ich hier auszugsweise wiedergeben:

Eine Ehefrau wollte sich scheiden lassen, weil sie sich von ihrem Mann beleidigt fühlte. Sie mußte aber erst ihren Schwiegervater in Begleitung ihres Ehemannes aufsuchen und ihm vortragen, was sie veranlaßte, die Scheidung von ihrem Mann zu verlangen. Der Schwiegervater war vom Kommen seiner Schwiegertochter verständigt worden und wartete mit seiner Frau auf den angekündigten Besuch seiner Kinder. Sie traten in die Hütte ein.

Die Schwiegertochter sagte: *„Taliliu Nahoda"* (Grußformel, wörtlich:) „Was gibt es Neues älterer Mann?"

„Mbui soa rahoaba" „mir geht es noch gut", antwortete der Schwiegervater.

„Talili . . . erzähle, was Euch veranlaßt hat zu kommen."

Die Schwiegertochter erklärte ihrem Schwiegervater, daß ihr eigener Vater bei ihrer Eheschließung gesagt habe, wenn sie in der Ehe Schwierigkeiten hätte, solle sie zu ihrem Schwiegervater gehen, der nun auch ihr Vater sei.

(Bei der Heirat wird der Ehefrau gesagt: wenn Du Dich über Deinen Mann beklagen willst, geh nicht zu Deinen Eltern, sondern zu den Eltern Deines Mannes, die nun Deine Eltern sind, wie es die Sitte verlangt.)

Der Ehemann berichtete nun:
„Ich habe Ochsen in Tulear verkauft, die zu verkaufen waren. Als ich sie gut verkauft hatte, fuhr ich mit dem Auto zurück. Als ich in die Tasche greife, sehe ich, daß ich das Geld im Gedränge verloren habe. Mir wurden tiefe Wunden geschlagen, denn das Geld ist verloren und ich habe für nichts die Reise gemacht."

„Die Ochsen sind verloren", schrie die Ehefrau zurück. „Ich habe gehört, Du hast Dir in Tulear eine andere Frau genommen!"

„Wie hätte ich mich in Tulear verheiraten können", verteidigte sich der Ehemann, „wo ich doch nur im Dorf meines Vaters heiraten kann, wenn ich mich verheiraten möchte."

„Was Du sagst, ist nicht wahr", rief die Ehefrau, „Du beklagst Dich ständig darüber, daß Du das Geld für die Ochsen verloren hast, Du hast die Ochsen verschwendet. Verloren ist unser gemeinsamer Besitz. Ich habe mich nicht für nichts mit Dir verheiratet. Wenn Du nichts mehr hast, weil Du es aus eigener Schuld verloren hast, will ich nicht länger mit Dir verheiratet sein."

Der Schwiegervater: „Ich schäme mich für meinen Sohn, der so lügt, aber ich möchte Dir, Schwiegertochter, als Entschädigung für das schlechte Benehmen meines Sohnes einen dreijährigen Ochsen anbieten."

Die Ehefrau lehnte ab: „Was soll ich mit einem einzigen dreijährigen Ochsen, wenn Dein Sohn unseren gemeinsamen Besitz mit einer anderen Frau verloren hat?"

Viele Stunden dauerte die Verhandlung, bis sich die Ehefrau von den Schwiegereltern dazu überreden ließ, diese Angelegenheit auf sich beruhen zu lassen und die Ehe fortzusetzen. Der Ehemann mußte sich verpflichten, das verlorene Geld, das zur Hälfte der Frau gehörte, zu ersetzen, außerdem ein Geschenk als „Buße" zu geben.

Tod *(Fate)*

Der Tod ist für die Mahafaly wie für alle Madegassen die natürliche Folge einer sehr schweren Krankheit oder eines hohen Alters. Sie fürchten den Tod, *matahotse fate-raho*, aber *Inone ty hevetse atao fate?* „was soll man gegen den Tod machen?" Nur plötzliche Todesfälle lassen vermuten, daß ein *mpamosavy* (Schadenszauberer) diesen Tod verursacht haben könnte. Sonst ist es für die Mahafaly Gott, der das Leben nimmt, weil er es auch gibt. Man sieht im Tod auch keine Strafe Gottes. Alle Mahafaly hoffen aber, daß Gott ihnen ein langes Leben gibt und sie vor Krankheit bewahrt. Alle Segenswünsche haben dies zum Inhalt.

Der Selbstmord, *hamonotenga*, ist bei den Mahafaly im Gegensatz zu den benachbarten Antandroy selten, *mahamengatse-raho ty vonone tanga tike* (ich schäme mich, Selbstmord zu begehen). Denn ein Selbstmord ist eine Schande für die Familie: Unglückliche Liebe, verletztes Ehrgefühl oder Streitigkeiten unter Geschwistern, veranlassen jüngere Leute, die Blätter eines hochgiftigen Strauches, Lombiry genannt, in Wasser aufgelöst zu trinken. Der Mundgeruch und der schwankende Gang eines Lombiry-Vergifteten löst sofort Gegenmaßnahmen aus: Ein schmutziges Kleidungsstück wird in Seifenwasser ausgewaschen und diese ekelerregende Lauge dem Vergifteten eingeflößt, damit er sich übergibt.

Ein Selbstmörder wird aber nach seinem Tod behandelt wie ein Mensch, der eines natürlichen Todes gestorben ist. Man sagt, er war *agege* (dumm), nicht zurechnungsfähig. Die Mahafaly sagen: Nur bei den Antandroy stößt sich ein Mann nach einem Streit mit seiner Frau den Speer in die Brust. Die Mahafaly-Männer betrinken sich maßlos. Viele Antandroy haben sich, als im Jahr 1970 die Rinderpest ganze Herden über Nacht verenden ließ, aus Verzweiflung über den Verlust den Speer zwischen die Rippen gestoßen. Sie taten dies nicht, wie manche Europäer glaubten, weil sie im Tod mit ihren Herden vereint sein wollten, sondern weil sie es nicht ertragen konnten, über Nacht verarmt zu sein.

Verletztes Ehrgefühl als Motiv für den Selbstmord spielt für die Mahafaly eine viel größere Rolle als eine unglückliche Liebe. Denn nur wirklich schwerwiegende Gründe, wie Inzest hindern Menschen, die sich sehr lieben an der Heirat.

Wenn Geschwister miteinander streiten und sich der jüngere vom älteren gekränkt fühlt, kann es vorkommen, daß er sich im Wald mit Lombiry vergiftet.

Einen ähnlichen Fall habe ich 1970 in Ampanihy selbst erlebt. Ein junges Mädchen, sie war damals achtzehn Jahre alt, wohnte in Ampanihy bei ihrer älteren Schwester, um hier am Ort die Schule zu besuchen. Ihre Eltern lebten in Androka an der Küste. Als sich eines Abends das Mädchen beim Wasserholen verspätete, schickte die ältere Schwester ihre Kinder zum Sakatovo-Fluß, um nachzusehen. Die Kinder berichteten, daß ihre Tante mit ihren Mitschülern, jungen Männern, plauderte. Als das Mädchen nach Hause kam, empfing sie die ältere Schwester mit Vorwürfen und sagte in ihrem Zorn: „Die Eltern scheuen keine Mühe und keine Kosten, damit Du etwas lernen kannst und was Du wahrscheinlich nach Hause bringen wirst, wird ein uneheliches Kind sein." Die jüngere Schwester gab darauf keine Antwort und ging in ihr Zimmer. Ein oder zwei Stunden später hörte man das Mädchen stöhnen und würgen. Sie hatte ein ganzes Röhrchen mit Nivaquintabletten, dem Antimalariamittel, geschluckt. Sie wolle nicht mehr länger leben, sagte sie, denn die Vorwürfe ihrer Schwester hätten sie tief gekränkt. Man führte sie sofort ins nahe gelegene Krankenhaus, aber sie starb noch im Laufe der Nacht. Am frühen Morgen brachte man den Sarg mit der Leiche in einem gemieteten Auto nach Androka. Die Mutter ließ den Sarg öffnen, schüttelte die Leiche ihrer jüngeren Tochter und verfluchte die ältere als Mörderin, so wurde mir von Augenzeugen berichtet.

Wenn ein Mahafaly im Sterben liegt, dann versammeln sich alle Verwandten und Freunde vor seinem Haus, um ihm in der Todesstunde beizustehen. Ist der Sterbende noch bei Bewußtsein und fühlt seinen Tod kommen, sagt er: *„Omeo ranoraho ho-re"* (Gebt mir Wasser). In einer Schale reicht man ihm Wasser, das er mit seiner Hand über seine Angehörigen versprengt: *„Tahio Andrianahary velo anako amin ny saiko"* (Gott segne Euch meine Kinder und meine jüngeren Geschwister, möge es Euch wohlergehen). Wenn sie noch die Kraft dazu haben, sagen sie, wie sie ihre Totenzeremonien wünschen und daß die Familie sich deshalb nicht zerstreiten soll.

Die Mahafaly erzählten von den benachbarten Antandroy, daß der Sterbende in eine verfallene Hütte gebracht wird, weil jedes Haus, in dem ein Mensch stirbt, nach der Bestattung des Toten zerstört werden muß. Die Mahafaly sehen zwar ein, daß es schade ist, ein gut erhaltenes Haus zu zerstören, meinen aber es sei eine *fomba ratsy* (schlechte Sitte) und lieblos, einen Sterbenden, auch wenn er nicht mehr bei Bewußtsein ist, aus seiner eigenen Hütte zu tragen.

Wird der Atem des Sterbenden schwächer, so wird schnell ein Ochse oder ein Stier geschlachtet, damit der letzte Atemzug des Rindes sich mit dem letzten Atemzug des Sterbenden „vermischt", *fampindrarofo*. Es kommt auch vor, daß Verwandte, um den Todeskampf abzukürzen, Mund und Nase des Sterbenden zuhalten, damit er erstickt. Von den sterbenden Königen der Merina wird dies überliefert, auch die Schwestern im staatlichen Krankenhaus in der Provinzhauptstadt berichteten davon. Viele Mahafaly lehnen das als schlechte Sitte ab, so könne man den Tod nicht erwarten, einige meinten, es sei ein Liebesdienst, die Todesqualen zu verkürzen. Nach dem letzten Atemzug werden dem Toten die Augen zugedrückt, *aroboke*, der Mund geschlossen, *atatoke*, Arme und Beine ausgestreckt und an den Körper gelegt. Der Leichnam wird vom Kopf bis zu den Füßen gewaschen und wieder bekleidet. Die Freunde des Toten dürfen ihn noch einmal sehen, wenn sie das möchten. Die Leiche wird nun auf eine Matte gelegt und mit einem weißen Tuch bedeckt. Ein anderes weißes Tuch wird vor die Leiche gehängt. Der Tod eines Menschen wird nicht gleich bekanntgemacht. Ist der Todestag vom *mpimasy* (Wahrsager und Sterndeuter) als ungünstig bezeichnet worden, so wartet man auf den Tag, der vom Orakel *(sikily)* dazu bestimmt wird, den Tod zu verkünden. Erkundigt sich in dieser Zeit jemand nach dem Befinden des in der Zwischenzeit bereits Verstorbenen, so sagt man nur, er ist noch immer krank. Ist der Todestag vom *mpimasy* nicht als „ungünstig" bezeichnet worden, so wird der Tod sofort verkündet. Früher hatte man die *antsiva* (das Muschelhorn) geblasen. Heute wird der Tod durch *basy* (Gewehrschüsse) bekanntgegeben. Man sagt *misy fate* (es gibt einen Toten), jemand ist gestorben. *Misy lolo* sagt man, wenn man von einem Todesfall in einem entfernten Dorf spricht. (Lolo nennt man die Totengeister oder auch die Toten, die nicht zur eigenen Familie gehören. Lolo heißen auch die Schmetterlinge; sie werden aber nicht mit den Totengeistern identifiziert.)

In den ersten vierundzwanzig Stunden, nachdem der Tod verkündet worden ist, dürfen nur nahe Verwandte sich dem Leichnam nähern. Klageweiber mit verhülltem Gesicht und schmutziger Kleidung brechen in herzzerreißendes Geschrei aus. Sänger mit weittragender Stimme singen die ganze Nacht von Trommeln begleitete Totengesänge. Die Leiche bleibt im Sterbehaus, wenn sie an dem dem Sterbetag folgenden Tag beerdigt wird, was gesetzlich vorgeschrieben ist, sonst muß sie mit Phenol behandelt oder in eine abgelegene Hütte transportiert werden. Meistens wird außerhalb des Dorfes eine eigene Hütte errichtet und der Tote auf einer Bahre dorthin getragen. Der Körper zerfällt in der Tropenhitze sehr schnell, *mondy ny nofotse*. Batatenblätter auf das ständig brennende Kohlenfeuer gelegt, sollen den Leichengeruch überdecken und die Hunde fernhalten.

Die Bestattung *(Levendolo)*

Ist der Verstorbene ohne Familie und ohne Rinderherden, so übernimmt die Dorfgemeinschaft die Bestattung *(Levendolo)*. Ist auch sie sehr arm, wird der Tote nur in eine Matte gewickelt, statt in einen Sarg gelegt und auf den Begräbnisplätzen im Wald in einer flachen Grube bestattet. Darüber werden Steine geschichtet, damit die wilden Hunde die Leiche nicht ausgraben und auffressen können. Immer findet sich auch noch jemand, der aus seiner Herde den Opferochsen spendet. Trotzdem ist die Furcht groß, beerdigt zu werden „wie ein Hund" und deshalb sorgt sogar der ärmste Bettler mit Geld und Ochsen für seine Beerdigung.

In Ampanihy gab es einen alten körperbehinderten Mann, der sich jahrelang auf dem Markt seine Nahrung zusammenbettelte. Nach seinem Tode stellte sich heraus, daß er nicht nur fünf Ochsen für seine Beerdigung, sondern ein Vermögen für ein großes Grab mit schönen *aloalo* gespart hatte. Ich kannte auch eine alte blinde Frau, die wegen einer Rückgratverkrümmung nur gebückt gehen konnte. Jeden Tag ging sie eine Strecke von mehr als 20 km, um in Ampanihy auf dem Markt zu betteln. Sie führte eine Eisenstange mit sich, die sie als Waffe benutzte, um sich

Hunde fernzuhalten und als Stab, mit dem sie sich von jedem der ihren Weg kreuzte bis zu ihrem nächsten Ziel bringen ließ. Keiner hätte gewagt, ihrer Bitte, die schon ein Befehl war, nicht zu entsprechen. Von jedem, den sie anbettelte, bekam sie ein 5 Franc-Stück. Die Münzen wechselte sie bei einer Person ihres Vertrauens gegen Geldscheine, die sie dann in ihrer Kleidung versteckt, mit nach Hause nahm. Sie wußte genau, wieviel Geld sie eingenommen hatte und daß sie damit ein bequemes Leben in ihrem Dorf gehabt hätte. Sie zog es aber vor, jeden Tag die große Strecke zurückzulegen, trotz ihres Alters und ihrer Behinderung, um für eine schöne Beerdigung zu sparen, und nicht wie ein Bettler begraben zu werden.

Wohlhabende Familien lassen für ihre verstorbenen Verwandten ein Grab errichten, dessen Bau zwei bis drei Jahre dauern kann. Der Tote liegt in den ersten 6–8 Monaten in einer Hütte, in der ein Holzkohlenfeuer brennt. Er wird bewacht von den *miambe fate* (Totenwächtern), die fast immer Familienangehörige sind. Die *tsimahaivelo* (die die Lebenden nicht kennen), sind Grab- oder Totenwächter, die nicht der Familie angehören. Bei den Mahafaly-Königen wurde der *tsimahaivelo* unter den Dienern des Königs ausgewählt. Bei den benachbarten Antandroy übernehmen Männer gegen Bezahlung diese Aufgabe. Bei den Mahafaly sind es bis jetzt nur Freunde oder Verwandte des Toten. Die Totenwächter, es können eine oder mehrere Personen sein, bleiben in der Nähe des Leichnams, schlafen und essen auch dort, während die Angehörigen abseits vom Leichnam in provisorischen Hütten leben. Nur die Witwe darf neben der Leiche ihres Mannes bleiben. Die Totenwächter müssen auch das Feuer am Eingang der Hütte unterhalten, in der der Tote liegt, um den starken Verwesungsgeruch nicht nach draußen dringen zu lassen. Statt der Batatenblätter wird auch Ochsenfett verbrannt. Es gibt keine fertigen Särge zu verkaufen; es ist *fady*, einen Sarg vorzubereiten. Verwandte holen das Holz aus dem Wald, um den Sarg zu machen. Früher, als es noch viele Wälder mit großen Bäumen gab, fällte man zwei Bäume. Jeder Baum ergab die Hälfte eines Sarges, er hieß *hazo* (Holz). Die größere Baumhälfte *lahinkazo* (männlicher Baum) war der Deckel, der auf den *vavinkazo* (weiblichen Baum), in dem die Leiche lag, aufgesetzt wurde. Heute können sich nur noch *mpangarivo* (sehr reiche Leute) oder Mitglieder einer Königsfamilie solche Baumsärge leisten, die mit Schnitzereien verziert sind. Hazomalanga Rotra und Mendorave heißen die Bäume, aus denen diese Särge gemacht werden. Es sind duftende Harthölzer. Ein solcher Sarg kostete 1970 50.000 Franc, damals ungefähr 800 DM oder fünf Ochsen. Der Sarg aus Brettern, wie er heute üblich ist, kostete nur einen Ochsen. Man nennt ihn *Sandoke*, wie die längliche Schachtel aus Holz mit Deckel zum Aufbewahren von Schmuck und Tabak. Vor dem Fällen der Bäume für den Sarg, wird ein Ochse aus der Herde des Verstorbenen getötet. Sein Blut wird über die für den Sarg bestimmten Bäume gestrichen.

Der Sarg wird innen mit bunten und neuen Flanelltüchern ausgelegt, früher gab es nur die teuren *lamba mena* (Totentücher aus Wildseide). Der Tote wird hineingelegt, der Sarg geschlossen und mit den übrigen Tüchern bedeckt. Früher, so wurde mir erzählt, hat man den Toten, wenn der Bau des Grabes längere Zeit in Anspruch nahm, in den Wald gebracht und ihn dort auf eine Plattform gelegt, die mit einer Matte bedeckt war. Die Leichenflüssigkeit tropfte auf den Boden, sie wurde nicht in einem Gefäß aufgefangen, wie im Westen bei einigen Gruppen der Sakalava. Dort, wo die Leichenflüssigkeit in den Boden drang, pflanzte man Raketa (Kakteen). Da die Herstellung eines Sarges früher einige Wochen dauerte, war der Leichnam schon so weit zerfallen, daß der *tsimahaivelo* die Überreste einzeln in den Sarg legen mußte. Heute wird fast überall auf dem Lande und auch in größeren Orten ein Krankenpfleger aus dem nächsten Krankenhaus geholt, der die Leiche unmittelbar nach dem Tod durch Einspritzen von Phenol mumifiziert. Diese neue Sitte hat sich schnell eingebürgert, auch bei der Bevölkerung der entlegenen Dörfer, die sonst jede Neuerung als ein Vergehen gegen die Sitten der Ahnen ablehnen. Auch das Abfeuern von Gewehrsalven hat trotz des Verbotes durch die Verwaltung sehr überhand genommen. Durch unsachgemäßes Hantieren mit den selbstgemachten Patronen, die von darauf spezialisierten Frauen aus Zündholzköpfen und verbotenerweise auch aus Dynamit hergestellt werden, sind schon viele Unglücksfälle passiert. Wenn viele *basy* (Gewehrschüsse) bei einer Bestattungszeremonie abgefeuert werden, verleiht das mancher Familie ein gewisses Prestige. Für einen 17 Jahre alten Jungen, der beim heimlichen Haschischrauchen starb, wurden 200 *basy* abgefeuert, obwohl seine Familie arm war, bis die Polizei dem ein Ende setzte. (Für einen *basy* bezahlte man damals 100 FMG.)

Für das eigentliche Steingrab, dessen Größe und Höhe vom Rang und Reichtum der Familie abhängt, muß das Material aus den Steinbrüchen herbeigeschafft werden. Die Länge und Breite eines Grabes wird in Schritt gemessen. Als Maß dient der Schritt des größten Mannes in der Umgebung. Das Oberhaupt einer Familie hat gewöhnlich ein Grab von 40 Schrittlängen an einer Seite. Das Steingrab ist rechteckig, meistens sind die Seiten fast gleich lang. Im Steinbruch werden die Steine gesprengt: Trockener Kuhdung wird auf die Felsen gelegt und angezündet. Beim Abkühlen im Morgentau zerspringt der Stein. Mit dem Brecheisen werden dann die einzelnen Steine herausgeholt und zugeschlagen. Die beiden am Kopf- und Fußende des Grabes aufrechtstehenden Steine wie *vato lahy* (männlicher Stein) und *vato vavy* (weiblicher Stein) werden auf Rollen zum Grab transportiert. Die Grabmauern werden mit zugeschlagenen Steinen errichtet, heute auch schon zementiert. Die Steine zum Auffüllen im Innern des Grabes sammelt die Familie auf den Feldern ein oder sie werden gekauft. Ein solcher Steinhaufen in ungefähr zwei Meter Höhe kostet einen Ochsen. Heute gibt es in dem benachbarten Antandroyland große Gräber, die aus Zement von speziellen Grabbauunternehmern hergestellt werden, auch im nördlichen Mahafaly-Land im Onilahygebiet, kann man vereinzelt solche Gräber sehen. Alle, die mit dem Bau des Grabes beschäftigt sind, müssen ernährt werden. Die Ochsen aus der Herde des Verstorbenen werden der Reihe nach geschlachtet (nicht geopfert). Das Fleisch wird verzehrt, die Hörner der getöteten Ochsen auf ein Gestell in der Nähe des Grabes gelegt. Manchmal wird beim Schlachter in Ampanihy ein besonders schönes Ochsengehörn erworben, um es gegen ein weniger schönes einzutauschen. Diese Hörner werden später auf das Grab gesteckt. Von dem Fleisch dürfen die Angehörigen nichts essen. Sie ernähren sich nur von Mais oder Bohnen oder kaufen das Fleisch auf dem Markt, wenn er nicht zu weit entfernt liegt. Auch von dem Fleisch des Ochsen oder Stieres, der in der Sterbestunde getötet worden war, es heißt *hena ratsy*, darf die Familie nichts essen. Man verkauft es auf dem Markt ohne zu sagen, woher es stammt, denn es wird nicht gerne gekauft, besonders wenn es das Fleisch eines *fandevo* (Lieblingstieres) ist, das die Seele seines Besitzers begleitet. Man glaubt auch, daß die Lieblingstiere eines Mannes, die bei seiner Beerdigung geopfert werden, eine Seele haben, *omby fiay* (Rinderseele), und mit der Seele des Verstorbenen in der Nähe von Andrianahary (Gott) bleiben. So gibt man auch das *hena ratsy* den Dorf- und Hirtenhunden.

Die *aloalo* (Grabstelen), die in der Zwischenzeit in Auftrag gegeben wurden, müssen nun von den Schnitzern hergestellt werden, was auch viel Zeit in Anspruch nimmt.

Nicht jede *foko* oder *fotorane* hat das Recht, *aloalo* auf die Gräber zu stellen. Früher gab ausschließlich der König die Erlaubnis dazu und diese Erlaubnis mußte erkauft werden. An jedem Königshof gab es spezielle Aloaloschnitzer, die ihre Kunst vom Vater auf den Sohn, vom Onkel auf den Neffen vererbten. Ihre Nachkommen leben noch in den Dörfern Behavandra und Evazy.

Nur Adelige hatten früher das Recht auf *aloalo*. Früher bekamen nur ein Mann oder eine Frau, die *roapolo tao mahere* (älter als zwanzig Jahre) waren, vier *aloalo* und die Hörner von vier bis sechs Ochsen auf die Gräber. Hatte der Verstorbene bereits weiße Haare, *misy volo foty*, hatte er das Recht auf sechs *aloalo* und zehn Ochsen. Eine Frau bekam auch nur dann *aloalo* auf ihr Grab, wenn bereits ihr Vater *aloalo* haben durfte. Von den bekannten Mitgliedern der Königsfamilie weiß ich, daß zum Beispiel Aferaza, Sohn des Tsiampondry, sechs *aloalo* und einen Ochsen, Rahanaganone und Volanhange, Töchter von Tsiampondry, sechs *aloalo* auf ihre Gräber bekamen. Diese *lilisoa* (gute Sitte) hat sich gewandelt. Manche Mahafaly, besonders die „Anciens Combattants" haben heute zwölf bis sechzehn und noch mehr *aloalos*. Diese „Neureichen", die mit ihrem Reichtum auch prahlen wollen, lassen auf die zementierten Grabmauern schreiben, wieviel Ochsen beim Grabbau geschlachtet wurden und wieviel Geld das Grab gekostet hat. Man sieht Summen von einer Million FMG angegeben wie z. B. auf einem Grab bei Amborompotsy, das 1966 für damals 15.000 DM gebaut wurde. Für die meisten Mahafaly ist diese Prahlerei jedoch eine schlechte neue Sitte, die sie nicht annehmen wollen.

Wenn nun die Grabmauern fertig und alle Steine zum Ausfüllen herbeigeschafft sind, wird in der Mitte eine flache Grube für den Sarg ausgehoben. Diese Stelle bleibt frei von Steinen.

Der *mpisikidy* (Wahrsager) bestimmt den Tag des *levendolo* (Totenbestattung), meistens ist es ein Sonntag. Die Botschaft wird in die einzelnen Dörfer gebracht, Verwandte und Freunde werden eingeladen. Bereits am frühen Morgen des Beerdigungstages kommen alle Gäste aus den umliegenden Dörfern und versammeln sich auf dem Begräbnisplatz oder im nächstgelegenen Dorf. Man verteilt Rum, Wein, Fleisch und Reis unter den Gästen. Eine Tanz- und Singgruppe sorgt für die Unterhaltung. Es darf keine traurige Stimmung unter den Eingeladenen aufkommen, damit das Herz nicht davon krank wird. Deshalb dürfen auch werdende und stillende Mütter nicht an einer Totenbestattung teilnehmen. Man bringt als Gast mindestens ein Stück Stoff von ungefähr 2 m Länge, das man im indischen Laden gekauft hat oder eine *lamba mena* aus Seide, wenn man mehr Geld hat, für den Toten als letzte Gabe mit. Alle Tücher werden an einer Schnur aufgehängt, die in ungefähr 2 m Höhe vom Leichenhaus bis zu einem in den Boden gerammten Pfahl gespannt ist. Viele bringen auch noch Ziegen, wenn sie nicht *fady* sind, Ochsen oder Geld für die Trauergäste, um die hohen Kosten, die entstanden sind, etwas zu verringern. Gegen den späten Nachmittag tragen vier Männer durch die Südwand des Hauses, die mit einer Axt durchbrochen wurde, den Sarg auf einer Bahre im Laufschritt aus dem Haus, im Zickzack durchs Dorf, dabei wird der Sarg durch die Sprünge der Sargträger heftig geschüttelt und erst außerhalb des Dorfes unter einem Tamarindenbaum niedergestellt. Die Seele des Toten, die noch immer in der Nähe des toten Körpers ist, soll durch den schnellen Zickzacklauf und die vielen Sprünge die Orientierung verlieren und den Weg ins Dorf zurück nicht mehr wiederfinden. Man will verhindern, daß die Seele den übrigen Familienmitgliedern nachts im Traum erscheint und sie beunruhigt. Unter dem Tamarindenbaum hocken sich die Frauen der Familie und die Klageweiber um den Sarg, verhüllen ihr Gesicht und brechen in herzzerreißendes Weinen und Klagen aus. Sie brechen Zweige vom Tamarindenbaum ab und werfen sie auf den Sarg.

Dann folgt der *rorombola* (Ochsengalopp): Die Herde des Toten oder die des Dorfes wird im Galopp am Sarg vorbeigetrieben, die Muschelhörner werden geblasen, mit den Gewehren Salven in die Luft geschossen und alle Frauen und Kinder stoßen schrille Schreie aus, um die Rinderherde anzutreiben. Dies soll ein letzter Gruß an den Toten sein.

Die engsten Familienangehörigen des Toten sitzen unter dem Tamarindenbaum neben dem Sarg. Nur die Mutter, die Witwen und die Töchter dürfen jetzt nochmals laut schluchzen und auch ihre Tränen fließen lassen, wenn ihnen danach zumute ist. Männer und weit entfernte Verwandte, aber auch Freunde, dürfen keine Trauer zeigen, sie müssen fröhlich erscheinen. Deshalb verteilt man auch Rum, um für eine scheinbar fröhliche Stimmung zu sorgen. Denn eine Totenbestattung ist auch bei den Mahafaly kein Freudenfest, wie so viele Europäer glauben. Man darf keine Trauer zeigen und deshalb dürfen auch kranke Menschen nicht an einer Beerdigung teilnehmen. Aufregung und Trauer könnten ihnen schaden. Die Trauergäste haben ihre beste Kleidung angezogen, um den Toten zu ehren, die Frauen und Mädchen sind geschminkt und parfümiert. Sie tragen ihren kostbarsten Silberschmuck. Den ganzen Nachmittag kondolieren die Trauergäste der Familie. Wenn die Sonne tief im Westen steht, gegen 5 Uhr, wird der Sarg wieder auf Umwegen und im Zickzacklauf zum Grab getragen (der Tote liegt mit den Füßen voran). Die vier Männer, die den Sarg tragen, werden im Laufen von vier anderen Männern abgelöst. Manchmal halten die beiden vorderen Männer im Laufen inne, ohne die beiden hinteren zu warnen, so daß der Sarg beinahe herunterfällt. Damit soll die Seele verwirrt werden und den Weg vom Grab ins Dorf nicht mehr zurückfinden. Zwei Männer tragen die persönliche Habe des Toten, wie Kochtöpfe, Eßgeschirr, Messer, Thermosflaschen und Petroleumlampen hinter dem Sarg her. Kurz bevor die Sonne am Horizont versinkt, wird der Sarg in die Grube hinuntergelassen mit dem Kopf nach Osten. Nun werden alle Kleider und Hüte, die dem Toten gehörten auf den Sarg gelegt und mit Steinen bedeckt. Nur die *miambefate* oder *tsimahaivelo* (Totenwächter) dürfen auf das Grab steigen.

Die Frauen klatschen und singen und alle Gäste werfen Steine auf das Grab. An der Ostseite wird noch ein Ochse oder eine sterile Kuh geschlachtet, die vorher einmal um das Grab getrieben wurde. Dies ist der *holitenga* (Abschied) für die Gäste. Jeder bekommt noch ein Stück Fleisch mit auf den Heimweg. Die Hörner dieses Tieres werden zerschlagen und in den Wald geworfen. Dann werden die Ochsenhörner und die *aloalo* auf das Grab gesteckt. An der Ostseite des Grabes sind in der vordersten Reihe die Hörner und die *aloalo* plaziert, die der älteste Bruder des Verstorbenen gespendet hat, dann kommen der Reihe nach die der jüngeren Brüder und die der Söhne.

Im Westen stehen die *aloalo* und Hörner, die die Schwestern und Töchter gespendet haben.

War der Verstorbene ein Familien- oder Dorfvorstand, so pflanzt man an allen vier Ecken des Grabes einen grünen Fantsiholitse (Alloaudia procera, Stangenbaum) ein und befestigt daran rote und weiße schmale Stoffbänder. Wächst ein solcher Stangenbaum an, ist das ein gutes Zeichen. Alle Werkzeuge, auch die Rollen, die beim Steintransport verwendet wurden, bleiben in der Nähe des Grabes liegen, sie sind *fady* geworden. Die Eßgeschirre, Kochtöpfe, Schüsseln und Krüge werden durchlöchert und auf das Grab gelegt.

Wie schon erwähnt, gab einst der König die Erlaubnis *aloalo* (Totenstele) auf das Grab zu stellen. Für jeden *aloalo* bekam der Schnitzer einen gutgenährten Ochsen als Lohn, der König bekam auch einen Ochsen und ein Ochse wurde geopfert, so daß ein *aloalo* drei Ochsen „kostete". Früher bekamen weder *ndevo* (Sklaven), noch *vohitse* (gewöhnliche Bauern) die Erlaubnis *aloalo* auf die Gräber zu stellen.

Es gibt keine bestimmten Regeln für die Anzahl von *aloalo*, die auf ein Grab gestellt werden dürfen: Mahafaly, die sterben, bevor sie erwachsen sind, bekommen selten *aloalo* auf ihre Gräber. Auf den Gräbern von Frauen sieht man meist 4 *aloalo* und die Hörner von 4 Ochsen. Ein alter Mann mit weißen Haaren könnte dagegen 8 *aloalo* und die Hörner von 8–10 Ochsen auf sein Grab setzen lassen. Heute gibt es Gräber mit 22 *aloalo* und den Hörnern von 12–16 Ochsen.

War der Verstorbene ein König oder Prinz, so wird die Mitte des Grabes, in der der Sarg liegt, statt mit Steinen nur mit Erde bedeckt. Später wachsen an dieser Stelle fast immer üppige Bäume. Früher hat man das Grab nur mit Wasser besprengt. Heute nimmt man das Blut des zuletzt geschlachteten Ochsen und versprengt es an der Kopfseite des Grabes. Nicht alle Totenbestattungen werden in der beschriebenen Form durchgeführt.

Arme Familien, die keine Gäste bewirten können, laden nur zur eigentlichen Grablegung ein. Sie verzichten deshalb auch auf die Tänzer und Sänger und die Bewirtung der Gäste. Die Opferung einer sterilen Kuh oder eines Ochsen als Abschied vom Toten findet aber immer statt. Auch der Ochsengalopp *(rorombola)* vorbei am Sarg und auch der Zickzacklauf zum Grab sind Bestandteil jeder Beerdigung. Zum Ochsengalopp wird die Herde an die Trauerfamilie verliehen. Bei den kostspieligen Totenbestatttungsfeiern, die in dem ersten Jahrzehnt nach der Unabhängigkeit Madagaskars (1960) von einzelnen reichen Mahafaly und Antandroy durchgeführt wurden, entstanden durch den ungewohnten Alkoholgenuß oft laute Streitereien unter den Gästen. Deshalb bieten viele Mahafaly weder Rum noch Wein an, „denn man soll nicht vergessen, daß man bei einer Beerdigung ist", sagen sie.

Die Trauer *(Mandala)*

Alle Verwandten des Toten müssen sich als Zeichen der Trauer die Kopfhaare mit dem Messer von der Kopfhaut abscheren lassen. Wenn ein

Ehemann seiner Frau, die ihren Vater verloren hat, das Abscheren der Kopfhaare verbietet, löst sie ihr Haar und kämmt es nach hinten als Zeichen der Trauer.

Beim Tode eines Ehegatten trauerte, *niotse*, man früher mindestens zwei Jahre. Die Trauerzeit für eine *mandalavaly* (Witwe) beträgt heute nur noch ein Jahr und für den Witwer drei Monate. Viele trauern aber länger. Beim Tode eines Vaters dauert die Trauerzeit, *mandalaray*, ebenso lange wie die Trauer um die Mutter, *mandalareny*, mindestens 4—5 Monate. Stirbt ein Kleinkind, das noch keine vier Wochen alt ist, darf man keine Trauer zeigen. Nur der Mutter und den Tanten ist es gestattet, am Tage der Beerdigung des Kindes zu weinen. Auch die Haare dürfen nicht geschnitten werden zum Zeichen der Trauer. Ist das Kind älter, so beträgt die Trauerzeit bei einem Jungen 4 Monate, bei einem Mädchen 3 Monate. Erst wenn das verstorbene Kind älter als zwei Jahre war, dürfen die Kopfhaare der Verwandten zum Zeichen der Trauer geschoren werden. Während der Trauerzeit kleiden sich die Verwandten in Tücher, die in schmutzig-graublaues Schlamm- oder Lehmwasser getaucht und getrocknet worden sind. Die Kleidung muß zerrissen und schäbig aussehen.

Vor einigen Jahrzehnten durfte man sich auch nicht waschen und weder die Finger- noch die Zehennägel schneiden. Die Männer ließen ihre Bärte wachsen. Heute trägt man nur den *satrobory*, einen Hut ohne Rand, der tief in die Stirn gesetzt wird.

Die Mahafaly erzählten:
Früher durfte sich eine Witwe während der Trauerzeit nicht baden und mußte morgens und abends in den Wald gehen, um dort zu weinen. Viele Frauen hielten sich jedoch nicht an diese strenge Sitte. Sie mußten zwar alles tun, um häßlich und abstoßend zu wirken, damit sie kein Mann in diesem Zustand begehrenswert findet. Eine Witwe konnte jedoch die Trauerzeit vorzeitig mit Erlaubnis ihres Vaters beenden, wenn ein Mann bei ihrem Vater sie zur Ehefrau erbat. Sie nahm dann ein Bad, salbte ihren Körper, zupfte sich die in der Zwischenzeit gewachsenen Körperhaare mit Hilfe der Milch des Sengatobaumes aus (mit Ausnahme der Haare auf den Schienbeinen; sie dürfen zu Lebzeiten des Vaters nicht entfernt werden) und kleidete sich in neue Gewänder. Wenn eine Witwe keine echte Trauer für ihren Ehemann empfand, hinderte sie niemand daran, wenn sie die Trauerzeit bereits vierzehn Tage nach der Beerdigung ihres Ehemannes beendete. Ihre nachwachsenden Haare ließ sie nicht mehr, wie das sonst üblich ist, nachschneiden, sondern versteckte sie unter dem Witwenhut. Damit wurde sie aber keine begehrenswerte Ehefrau, denn die Männer sagten: „Auch bei meinem Tode wird sie nicht lange trauern". Heute sind nur noch der kahlgeschorene Kopf, der Witwenhut und eine bescheidene Kleidung Zeichen der Trauer.

In manchen Gegenden gibt es noch folgende Zeremonien für die Beendigung der Trauerzeit:

Die Schwestern der Witwe salben sich die Hände mit Ochsenfett ein, holen saubere Kleidung und versuchen sie der Witwe anzulegen. Die Witwe sitzt zusammengekrümmt auf dem Boden und wehrt sich zum Schein. Während die Schwestern mit Gewalt ihr die Kleider vom Leib reißen, muß die Witwe laut und heftig weinen. Dann wird der nackte Körper mit Fett eingerieben und die neuen Kleider darübergezogen. Die Schwestern schneiden ihr nun die Fuß- und Fingernägel mit einem Messer ab.

Wenn sich jemand nicht wäscht und sich die Haare nicht kämmt, muß das nicht immer Trauer um einen Toten bedeuten. Es kann auch sein, daß er nur traurig ist und in Ruhe gelassen werden möchte.

Das Erbrecht *(Saray)*

Ehepartner sind gegenseitig nicht erbberechtigt. Nur die erste Frau oder Hauptfrau kann den verstorbenen Ehemann beerben, wenn sie keine Kinder hat. Das Erbe der Eltern wird unter den Kindern folgendermaßen aufgeteilt: Hat jemand z. B. eine Herde von 50 Stück Vieh, so bekommt der älteste Sohn 20, 10 der Vater des Verstorbenen, 10 der jüngste Sohn. Die verbliebenen 10 werden an die Söhne verteilt, die altersmäßig zwischen dem ältesten und dem jüngsten Sohn sind. Verheiratete Mädchen bekommen beim Tode des Vaters von den Brüdern 1—2 Ochsen, sind sie noch nicht verheiratet, eine milchgebende Kuh. Hat eine Ehefrau keine Rinderherde und ist so alt und gebrechlich, daß sie sich keinesfalls wieder verheiraten möchte, dann bekommt sie von ihren Kindern ein oder zwei milchgebende Kühe aus der Herde. Kultivierbares Land wird nicht vererbt, denn es bleibt im Besitz der Großfamilie. Der persönliche Besitz, Kleider, Schmuck, Hausrat und Geschirr werden ins Grab mitgegeben oder auf das Grab gelegt oder es bleibt im Haus des Verstorbenen, wenn er unverheiratet oder Witwer war und wird nach der Bestattung des Leichnams mit dem Haus verbrannt. Manchmal verbrennt man auch das Haus einer verstorbenen Ehefrau, die mit ihrem Mann darin lebte und der Witwer baut sich dann ein neues Haus. Alles, was zum Zeitpunkt des Todes im Besitz des Verstorbenen war, muß *rutsahe* (zerstört) und unbrauchbar gemacht werden. Will jemand verhindern, daß wertvolle Gegenstände nach seinem Tode zerstört werden, muß er sie noch zu seinen Lebzeiten verschenken, z. B. besonders schön gearbeiteter Hausrat, Kleidung und Schmuck.

IX. Religion

Gottesvorstellungen

Die Mahafaly bezeichnen wie alle übrigen Madegassen *Zanahary* als den Erschaffer der Erde, des Himmels und des Meeres. „Es ist auch" sagen sie „*Zanahary*, der Menschen, Tiere und Pflanzen geschaffen hat. Er gibt das Leben, er schickt die Kinder, und er nimmt auch das Leben, wenn es ihm gefällt. Alles, was nicht der Mensch angepflanzt hat, wie z. B. die Bäume im Wald, gehören ebenfalls *Zanahary*." Wenn man von ihm spricht, sagt man *Zanahary*. Wenn man ihn anruft oder Segenswünsche ausspricht, nennt man ihn *Andrianahary*. Man sagt z. B. „*Tahia raho andrianahary mivavake izahay*", „Segne uns o Gott, wir wollen Dich anbeten" (*mivavake* = beten, verehren, im Gegensatz zu *misorongo* = opfern). Es gab früher, bevor die Maroseranana-Könige das Land eroberten, nur heilige Tamarindenbäume, unter denen Gott geopfert wurde, aber keine heiligen Seen und Flüsse. Es gab keine blutigen Tieropferungen. Heute wird unter dem *Hazomanga* (Opferpfahl) geopfert.

Ahnengeister

Die Toten der eigenen Familie heißen *razana* (Ahnen), die der toten Könige *zanahary kely* (kleine Götter). Die Maroseranana leiten ihre Abkunft von Gott ab und sagen, ihnen müsse die gleiche Ehrerbietung zuteil werden wie *Andrianahary* (Gott). Deshalb bekommen alle verstorbenen Könige nach ihrem Tode einen anderen Namen mit der Vorsilbe „Andrian", was übersetzt werden kann mit „Edler, Erhabener". Die Totengeister heißen *lolo* und auch die Toten, die nicht der eigenen Familie angehören, werden so genannt. Sie sind gefürchtet und deshalb macht man einen weiten Bogen um die Gräber. Es ist auch nicht üblich bei den Mahafaly, daß man die Gräber aufsucht, um dort zu beten oder bei den Ahnen etwas zu erbitten. Beten und opfern darf man nur am *hazomanga*. Auch wenn ein Verstorbener einem Mahafaly im Traum erscheint, darf man nicht sein Grab aufsuchen. Man geht meistens zum *mpisoro* (Opferpriester), der einen Tag bestimmt, an dem ein Opfer, eine Ziege oder ein Ochse, am *hazomanga* (Opferpfahl) dargebracht wird, um die Seele des Toten zufrieden zu stellen. Die Seelen der Verstorbenen heißen auch *fiay* (Atem), weil sie beim letzten Atemzug aus dem Körper *(vata)* herausgehen. Sie bleiben in der

Nähe der Gräber. Manche Mahafaly antworten auf die Frage, wo die Seelen der Verstorbenen wohnen: sie sind oben in der Nähe von Andrianamanitra, der im *lanitre* (Himmel) wohnt. Das dürfte aber schon christliches Gedankengut sein. Die meisten Mahafaly haben keine genauen Vorstellungen vom Wesen Gottes. Sie sind so oft von Missionaren danach gefragt worden, daß sie sagen, sie wüßten nicht ob er männlich oder weiblich, ob er verheiratet sei oder Kinder habe. Meistens sagen sie, sie hätten über Gott noch nie nachgedacht. Für sie ist Gott überall, er hat kein Gesicht und keinen Körper, er hat auch keine Sprache, er ist nicht böse und kann deshalb auch nicht zornig werden. Die Madegassen vom Hochland sehen im Blitz und Donner Ausdruck eines Gotteszornes. Für die Mahafaly ist es die Ehrfurcht vor Zanahary oder Andrianahary, die sie alle fady, Gebote oder Verbote einhalten läßt. Gott straft auch nicht, wenn man durch ein Opfer um Vergebung bittet. Viele Mahafaly meinen, daß es einfacher sei, an den christlichen Gott zu glauben. Denn wenn man am Sonntag in die Kirche geht und einem die Sünden wie Diebstahl und Ehebruch verziehen werden, ist das am Montag schon ausgelöscht und man kann einen neuen Diebstahl begehen, der am nächsten Sonntag verziehen wird. In den Augen der nichtchristlichen Mahafaly hat der Christ deshalb ein leichteres Leben.

Der Opferpriester *(mpisoro)*

Jeder *fotorane* (Clan) bei den Mahafaly hat einen Opferpriester, der in der Nähe des Opferpfahls sein Haus hat. Ein *fotorane* kann mehrere Opferpriester haben, aber nur einer ist der *mpisorobe* (großer Priester). Das Amt des Opferpriesters ist erblich. Es hat heute keine politische Bedeutung mehr. Das Amt des Opferpriesters, der am Opferpfahl die Opferungen durchführt, soll erst durch die Könige der Maroseranana in das Mahafaly-Land gebracht worden sein. Vorher wurden nur vom Familienältesten unter einem Tamarindenbaum, der als heilig galt, Opfer dargebracht, wie ich es auch noch bei einer kleinen Gruppe von Vazimba bei Belobaka im Westen 1963 beobachtet habe.

Der Opferpriester wurde während der Regierungszeit der Maroseranana-Könige vom König selbst eingesetzt. Fast immer war es der jüngere Bruder oder ein Vetter des Königs. Der König selbst durfte nicht gleichzeitig Opferpriester sein.

Der Opferpriester hütet auch die sakralen Gegenstände.

Beim Tode eines *mpisoro* wird der Opferpfahl und das Haus, in dem er gelebt hat, zerstört. Nach Ablauf eines bestimmten Zeitraumes wird der neue mpisoro in sein Amt eingeführt, ein neuer Opferpfahl errichtet und die sakralen Gegenstände dem neuen Opferpriester übergeben.

Der Opferpfahl *(hazomanga)*

Diese Informationen stammen von Angehörigen der Königsfamilie. Ihre Erklärungen zu den Zeremonien, an denen ich teilnahm, habe ich möglichst unverändert aus der Mahafaly-Sprache in das Deutsche übersetzt.

Der *hazomangalava* (großer Opferpfahl) ist ein 2 m langer, runder, oben zugespitzter Pfahl aus dem harten Holz des Katrafaybaumes. Ungefähr 50 cm unterhalb der Spitze ist eine Einkerbung für ein flaches Brett von 50 cm Länge und 20 cm Breite, das mit einem Loch in der Mitte auf den Pfahl aufgesetzt wird. Auf dieses Brett legt man die Opfergaben. Der Opferpfahl steht immer 5 bis 6 Meter nordöstlich vom Haus des *mpisoro*. Davor ist die Feuerstelle mit drei Steinen, auf der in einem großen Kochtopf, Marmit, das Fleisch des geopferten Ochsen, gekocht wird. In einer Entfernung von drei Metern ist nordöstlich davon der *fotora* oder *fisoronga* (Pfahl) eingerammt, an dem die Opfertiere angebunden werden.

Die Kultgeräte eines Opferpriesters bestehen aus der *sakazo* (hölzernen Schale), die das Blut des Opfertieres auffängt und in die Leber und Herz gelegt werden, der *hanomboana*, einer größeren verzierten Schale aus Ton und aus dem *Vy-lava* (langes Messer), das fast immer 40 bis 50 cm lang, spitz und zweischneidig ist. Es wurde früher aus einheimischen Eisen von den Schmieden von Faloanombe hergestellt, die die ersten Schmiede der Mahafaly gewesen sein sollen. Ein solches Messer hat nur noch der König von Ankiliabo aus der Dynastie der Manintsarivo. Das Messer darf niemals zu etwas anderem als zur Opferung von Tieren benutzt werden. Es darf nie gereinigt, nur von Zeit zu Zeit geschliffen werden. Diese drei Kultgegenstände dürfen nur erneuert werden, wenn sie vollkommen unbrauchbar geworden sind. Waren sie einst bei einem Kriegszug von feindlichen Kriegern geraubt worden, so durften erst neue hergestellt werden, wenn alle Versuche, die alten Kultgeräte zurückzuholen vergeblich waren.

Außer den Kultgeräten gibt es noch die *shiny tany*, die heiligen Reliquien der Ahnen der Könige. Sie bestehen aus dem Nagel des kleinen Fingers und einigen Haaren, manchmal auch aus dem Unterkiefer der verstorbenen Mahafaly-Könige. Diese Reliquien werden in einem verzierten Ochsenhorn zusammen mit Ochsenfett *(mohara)* und der Erde aus dem Haus des ältesten Ahnen und Gründer der Dynastie aufbewahrt. Bei den Opferungen werden die Ahnen angerufen, aber nicht mit dem Namen, den sie zu Lebzeiten hatten, weil dieser Name *fady* wurde.

Die *shiny tany* befinden sich entweder am Kopfende des Bettes in dem der Opferpriester schläft oder sie sind in den Kaktushecken versteckt. Da die französischen Kolonialbehörden Wahrsager, Opferpriester und Medizinmänner als Zauberer streng verfolgten und alles, was sie bei sich hatten, als „Zaubermittel" beschlagnahmten, mußte der Opferpriester die Kultgeräte und Reliquien verstecken. Manchmal wurden sie auch in einem Holzkoffer am Fuß des *hazomanga* vergraben.

Alle Angelegenheiten, die den ganzen Familienverband betrafen, wurden mit einer Opferung am *hazomanga* beschlossen.

Der *hazomanga* hat auch für die Krankenbehandlung noch Bedeutung. Ein Schwerkranker wird zuerst vom Medizinmann *(hombiasa)* befragt. Gesteht der Kranke, daß er ein *fady* verletzt hat, muß er ein Sühneopfer am Opferpfahl darbringen lassen. Eine Bitte um Regen ist mit der Opferung einer Ziege, eines Schafes oder eines Ochsen am Opferpfahl verbunden.

Vor einer Opferung muß der Platz vor dem *hazomanga* mit einem Besen gesäubert werden. Der Opferochse wird am Pfahl festgebunden. Der *mpisoro* setzt sich auf eine Matte gegenüber dem *hazomanga* und blickt gegen Osten. Ein Mann bringt das *Vy lava* (große Messer) und hockt sich neben den *mpisoro*, der Gott und die Ahnen anruft: *„Omeo Orane, aminny mate izahay mbui omeo ora Inge te-n-ombe. Andesse-nay mangateke aze."* (Gib uns Regen, wir werden sonst sterben. Hier wollen wir Dir einen Ochsen opfern. Wir bitten Dich.) Wenn der Priester das Gebet beendet hat, geht er zum Opfertier, das junge kräftige Männer losgebunden und zu Boden geworfen haben. Mit einem Schnitt in die Halsschlagader wird das Tier getötet. Es ist ein schlechtes Zeichen, wenn zweimal geschnitten werden muß und der Ochse sich aufbäumt. Während ein Familienmitglied Blut in die Opferschale *(sakazo)* fließen läßt, schneidet ein anderer Mann von den Schwanzhaaren des Opferochsen ein Büschel ab und läßt es auf der Glut eines Weihrauchgefäßes verbrennen, das am Fuße des Opferpfahles aufgestellt ist. Nun beginnt der Opferpriester ein weiteres Gebet an Gott und an die Ahnen. Dann wird die Haut des Opferochsen abgezogen und das Fleisch des Ochsen zerteilt. Noch zu Beginn dieses Jahrhunderts wurde die Haut nicht abgezogen, sondern mit Fleischstücken gebraten und gegessen. Ein Teil der Leber und das ganze Herz legt man auf das *lakara* (Querbrett) des Opferpfahles und bestreicht dieses Brett mit Blut. Der Opferpriester oder ein männliches Mitglied aus der Familie nimmt das blutbefleckte *Vy-lava* (Opfermesser) in die linke Hand mit der Spitze nach oben gerichtet, nimmt mit dem Zeigefinger der rechten Hand Blut von dem Opfermesser und berührt allen Anwesenden der Reihe nach die Stirn mit diesem Finger. Diese Handlung heißt *mitendry*, mit dem Finger berühren.

Leber, Gehirn, Nieren, ein Teil des Höckers und die Lungen kommen in einen großen eisernen Kochtopf, der nur bei diesen Opferungen verwendet wird, und werden in Wasser gekocht. Dieses Gericht wird unter allen Anwesenden verteilt. Von dem Fleisch des geopferten Ochsen bekommt der Opferpriester das ganze Hinterteil und den Höcker, sie gelten als die besten Stücke. Auch der Medizinmann bekommt einen großen Anteil.

Bei einer Krankenbehandlung wird die gleiche Opferung durchgeführt. Ist der Kranke durch eine solche Zeremonie nicht geheilt worden, müssen weitere Opferungen stattfinden. Manche Familien berichten: „Unser Verwandter brauchte 1, 3 oder gar 8 Ochsen, um wieder gesund zu werden." Lebt eine Familie zu weit von dem Opferpfahl entfernt, zu dem sie gehören, so können sie auch an ihrem Wohnort Opferungen veranlassen. Immer aber müssen sie dem Opferpriester, in dessen Besitz der Opferpfahl ist, das Hinterteil des Ochsen zukommen lassen. Ist das nicht möglich, weil die Entfernung zu groß ist, kann dieser Anteil durch Geld oder Stoffe *(lamba)* ersetzt werden. Die Opferpriester *(mpisoro)* waren früher nicht nur Leiter einer Zeremonie, sondern auch Friedensrichter. Gab es Streitigkeiten, so wurde den Ahnen ein Opfer dargebracht, *mifanitiky amin-ny hazomanga*. Früher hat man oft die Beschneidungen am *hazomangalava*, am großen Opferpfahl durchgeführt.

Die Beschneidungsfeierlichkeiten *(misavatse* oder *shambiama)* dauerten manchmal drei bis vier Wochen während der kühlen Jahreszeit und es waren immer 5—10 Kinder aus der Familie, die gleichzeitig beschnitten wurden. Nicht nur die Mitglieder der väterlichen Großfamilien waren anwesend, sondern auch alle der mütterlichen Familien. Es soll Zeiten bei den Mahafaly gegeben haben, wo man einen unbeschnittenen Mann und seinen Vater nicht geachtet hat, weil sie zu arm waren, um die Kosten für eine Beschneidung zu übernehmen.

Das Amt des Opferpriesters ist erblich. Stirbt ein Opferpriester, so übernimmt ein jüngerer Bruder sein Amt, ist kein jüngerer Bruder vorhanden, so übernimmt der Sohn seines Vaterbruders (Vetter) sein Amt. Lebt auch dieser nicht mehr, übernimmt der älteste Sohn des Opferpriesters dieses Amt. Kultgeräte und Reliquien werden dem Erben sofort nach der Bestattung des toten Opferpriesters ausgehändigt. Die Amtseinsetzung eines Opferpriesters und die damit verbundene Einrichtung eines *hazomanga, manorina hazomanga,* ist von großer Bedeutung. Bei einer solchen Gelegenheit werden viele Ochsen geschlachtet. Viele Tage, manchmal auch Wochen oder Monate vorher werden die Wahrsager, *mpisikidy*, und Medizinmänner, *hombiasa*, konsultiert. Die günstigste Mondphase und die Tage müssen erfragt werden. Hat man den richtigen Zeitpunkt herausgefunden, so wird die ganze Gruppe durch Boten verständigt. Einige Tage vor Beginn des Festes treffen alle Gäste im Dorf des zukünftigen Opferpriesters ein und bringen zahlreiche Ochsen mit, die für die Opferung am Opferpfahl bestimmt sind. Diese Ochsen bleiben in der Umgebung des Dorfes bewacht. Zwei Tage vor dem Fest fällen einige junge Männer einen Katrafaybaum, der noch im Wald abgeholzt wird. Dieser Stamm heißt nun *lovan-zafy*, wörtlich Erbe für die Enkel, weil dieses Holz so dauerhaft und termitensicher ist, daß noch die Enkel an einem solchen *hazomanga* opfern können. (So war, wie man mir erzählte, ein vom Großenkel des Königs Tsiampondry, der gegen 1842 gestorben sein soll, errichteter Opferpfahl noch im Jahre 1904 in gutem Zustand. Er wurde erst zerschlagen, als 1927 eine große Hungersnot ausbrach und die Cochenillelaus alle Kaktuspflanzungen zerstörte.)

Der Katrafaystamm wird ins Dorf transportiert (er kann zwischen 1,50 und 2,50 m hoch sein), ein zweiter kleinerer Stamm für das Querbrett *(lakara)* wird ebenfalls gefällt und abgeholt. Im Dorf wird getanzt und die Rinder werden um das Dorf gejagt *(kurahe-mikorake an ombe)*. Damit die Rinder auch wirklich so schnell wie möglich laufen, werden schrille Schreie ausgestoßen und mit Gewehren Salven in die Luft geschossen, um die Rinder zu hetzen. Die Gäste sind mit neuen und bunten Flanelltüchern bekleidet. Am Morgen des Tages, an dem der *hazomanga* errichtet wird, bringt man alle zur Opferung bestimmten Ochsen auf den Festplatz, wirft sie zu Boden, fesselt ihre Beine und schleift sie in die Nähe der Grube, in die der Opferfahl eingelassen wird. Die Reliquien werden herbeigebracht. Mit dem Messer, *vy lava*, schneidet, *mandeta*, der Opferpriester die Kehle des ersten Ochsen durch und fängt das Blut in der Opferschale auf. Der Opferpriester spricht: „*masy masy mikora zanahary mangatake havelo*" (Heilig, heilig wir bitten Dich, schütze uns). Mit dem Blut aus der Opferschale wird der neue *hazomanga* bestrichen und die Nordostecke des Wohnhauses des Opferpriesters. Er betet: „*masy masy hianareo zanahary*" (Heilig, heilig seid auch ihr Ahnen). Nachdem alle Ochsen geopfert sind, ist das Fest zu Ende.

Dankopferfeste *(Bilo* oder *Sandratse)*

Die Mahafaly kennen seit alters her Dankopferfeste *(Sandratse)*. Jeder, der von einer schweren Krankheit genesen ist, kann ein solches Fest veranstalten. Sänger und Tänzer werden engagiert. Auch Männer, die Gewehre besitzen werden eingeladen, damit sie Salven während des Festes abgeben können. Reis, Rum und Fleisch muß reichlich für die Festgäste bereitgestellt werden. Die Gäste kommen nicht mit leeren Händen, sie bringen Ochsen, Ziegen, Schafe und Rum dem Gastgeber als Geschenk mit, die von ihm mit ausführlichen Dankesworten entgegengenommen werden. Früher hat man auch bei einer sehr guten Ernte ein *Sandratse* (Dankopferfest) abgehalten. Die Opferung am Opferpfahl oder an der Nordostecke des Hauses ist Höhepunkt des Festes.

Das *Fady*

In ganz Madagaskar existiert das *fady*, bei den Mahafaly *faly* genannt. Es sind Verbote, die das gesellschaftliche und religiöse Leben der Madegassen bestimmen. In der Literatur wird das madegassische *fady* dem polynesischen *tabu* gleichgestellt.

So berichteten meine Informanten übereinstimmend über die *fady* im Mahafaly-Land folgendes:

Wenn ein *fady* verletzt wird, hat dies eine Strafe Gottes oder eine Rache der Ahnen zur Folge. Die *fady* sind sehr zahlreich. Es gibt *fady* für ein ganzes Volk, eine kleinere Gruppe, eine Familie oder auch nur für ein Individuum. Wenn für eine Familie der Genuß von Bananen verboten ist und man ihnen Bananen anbieten will, so sagen sie: „*faly kida*". Mit diesen Worten kann jedes angebotene Geschenk abgelehnt werden.

Die Verbote sind so zahlreich, daß selbst ein Mahafaly von einem Nachbardorf sagen kann: „*Faly!*" wenn man ihm etwas anbietet, das er nicht essen möchte, weil es ihm nicht schmeckt oder daß er eine Gefälligkeit verweigert, um die man ihn bittet, nur weil er keine Lust dazu hat. Niemand kann ihm aber beweisen, daß für ihn dieses *fady* nicht immer existiert. Ein *fady* kann auch von einem Medizinmann über einen Kranken verhängt werden.

Einige *fady* will ich hier aufzählen:

Bei allen Mahafaly, ebenso bei den Antandroy, ist die Landschildkröte *fady*, der Aal und die Lemuren, für die Gruppe der Zafindravoay auch das Krokodil. Bei den Tesonanga ist auch das Huhn *fady*, denn ein Huhn soll diese Gruppe, die sich bei einem feindlichen Überfall auf ihr Dorf im Wald versteckt hielt, durch sein Gackern an die Feinde verraten haben. Bei den Betsiraraka ist auch der Hund *fady*. Hunde dürfen nicht getötet werden. Wenn sie verenden, werden sie in der Erde begraben.

Es ist *fady* für Frauen, eine Kuh zu melken, es ist für die meisten Mahafaly *fady* Milch zu trinken und dabei den Hut auf dem Kopf zu behalten. Es ist *fady*, Salz mit Milch zu vermischen, weil die Kühe sonst keine Milch mehr geben. Für viele Mahafaly war früher der Genuß von Salz und Tabak verboten. Möglicherweise stammt dieses Verbot von den Königen der Maroseranana, um Salz und Tabak, die sehr kostbar waren, für ihren eigenen Bedarf zu reservieren. Es ist *fady*, eine Kuh mit einem Stock zu berühren, der mit Rinderkot bedeckt ist *(tsi-fafan-ditay)*.

Es ist *fady*, in der Nähe von Gräbern Holz zu sammeln, auf ein Grab zu steigen oder in der Nähe eines Grabes seine Bedürfnisse zu verrichten. Auch die Plätze, die als Wohnstätten der *Kokolampy* (Kobolde und Geister) gelten, dürfen nicht verunreinigt werden. Es ist *fady*, einen Stein in Richtung eines Grabes zu schleudern oder mit dem Finger dorthin zu zeigen.

Es ist *fady* sich an Plätzen, die als *masy* (heilig) gelten, hinzusetzen, besonders an Stellen, wo ein Mensch tödlich verunglückte oder ermordet wurde. So sind bestimmte Tamarindenbäume heilig und niemand darf darunter Platz nehmen. Eine schwangere Frau, die sich auf einen solchen Platz hinsetzt, wird eine Totgeburt haben. Alle diese Plätze werden durch dicht gepflanzte Kakteen oder einen Stock, der in die Erde gesteckt ist, besonders gekennzeichnet.

Es ist auch *fady*, mit seinen Sandalen auf ein Bett zu steigen, in manchen Gegenden darf man nicht einmal das Haus mit Sandalen betreten. Es ist *fady*, das Beil hochzuheben, das man gerade in der Hand hat, wenn jemand vorübergeht. Wenn man gerade im Begriff ist, Holz zu hacken, läßt man das Beil sinken, bis der andere vorübergegangen ist. Es ist *fady* für einen Mann, zwei Hüte übereinander auf dem Kopf zu tragen. Tut er es dennoch, dann stirbt seine Frau. Es ist *fady*, hinter dem Rücken eines Gastes vorbeizugehen. Es ist *fady*, die Nester der Mauerwespen zu zerstören, sonst stirbt die Mutter. Es ist *fady*, die Haare von den Schienbeinen zu entfernen, sonst stirbt der Vater. Es ist *fady*, das Fleisch des geopferten Ochsen am Opferpfahl zu konsumieren, bevor der Opferpriester seinen Teil bekommen hat. Wenn ein solches *fady* verletzt wird, können Krankheit und Tod die Folge sein. Bei Schlaganfällen oder langwierigen Krankheiten wird daher auch immer der Medizinmann gerufen, damit er mit Hilfe des *siliky* (Orakels) eine eventuelle Verletzung eines *fady* feststellen und Mittel für die Beseitigung des Übels herausfinden kann. Der Medizinmann hilft so dem Kranken, das Gewissen zu erforschen. Die Mahafaly nennen die Verantwortung gegenüber Gott und den Ahnen *hakeo*. *Bèhakeo* sind Menschen, die nicht den Vater fürchten, sagen die Mahafaly. Sie sind daher bei den Ahnen in schlechtem Ansehen. Wenn der Betreffende Opferungen Gott und den Ahnen dargebracht und sie damit um Verzeihung für seine Vergehen gebeten hat, wird alles Übel von ihm und seiner Familie genommen. Er wird dadurch *maliuhakeo* (reines Gewissen) oder *masoto* (klar, rein). Um Unheil abzuwenden, kann man vorsichtshalber einen *foly velo* oder *taly sitake* (glückbringenden Faden) um das Handgelenk binden oder als Band um den Hals tragen. Es gibt gute und schlechte Tage, *andro soa sy andro raty*.

Als gute Tage *(andro soa)* gelten Montag (*Alatinainy*)
Mittwoch (*Alarobia*)
Sonntag (*Alahaly*).

Montag ist für Schmiedearbeit *fady*.

Als schlechte Tage *(andro raty)* gelten Dienstag (*Talata*)
Donnerstag (*Alakamisy*)
Samstag (*Sabotsy*)

Mittwoch und Donnerstag galten früher als „schlechte Tage" für Kinder, die an einem solchen Wochentag geboren wurden. In manchen Gegenden mußte das Neugeborene lebendig vergraben oder an den Eingang eines Rinderparkes gelegt werden. Erst als der letzte König der Mahafaly, Tovundray (1935) starb, wurde dieser Brauch endgültig abgeschafft. Früher waren Freitag und Samstag die Tage, an denen die Toten bestattet wurden. Heute wählt man den Sonntag, weil viele Leute an diesem Tage nicht mehr arbeiten, geben die Mahafaly als Erklärung dafür an.

Der Medizinmann und seine Heilmethoden

Heute gibt es im Mahafaly-Land ebenso wie in anderen Gebieten Madagaskars kaum noch Medizinmänner. Mit der Einführung des staatlichen Gesundheitsdienstes durch die französische Kolonialverwaltung wurde allen Medizinmännern die Ausübung ihrer Tätigkeit streng verboten. Jeden Medizinmann, den man bei einer Krankenbehandlung oder bei der Herstellung von Heilmitteln überraschte, hat man mit Freiheitsentzug in einem madegassischen Gefängnis bestraft und seine Utensilien wurden von der Gendarmerie beschlagnahmt. Diese seit Jahrzehnten bestehende Verfolgung hat dazu geführt, daß es heute kaum noch Medizinmänner gibt, die ein umfassendes Wissen über die Heilpflanzen Madagaskars und ihre Anwendungsweise haben.

Erst in den letzten Jahren hat man mehrmals versucht, Medizinmänner in ein Forschungsinstitut der Hauptstadt Tananarive einzuladen, damit sie ihr Wissen der modernen madegassischen Heilmittelforschung zur Verfügung stellen. Leider hatte diese Einladung nicht den gewünschten Erfolg. So muß man heute schon mit dem größten Bedauern feststellen, daß sehr viel wertvolles Wissen wohl unwiederbringlich verloren gegangen ist.

Die wenigen Medizinmänner – sie heißen in ganz Madagskar *ombiasy*, *hombiasa* oder *ombiasa* – die es heute noch in entlegenen Gebieten gibt, arbeiten nur im Geheimen. Die auf den öffentlichen Märkten angebotenen Heilmittel wie Pflanzen, Heilerde, Wurzeln, Samen sind alle vom staatlichen Gesundheitsdienst geprüft und zum Verkauf zugelassen. Da in ganz Madagaskar die medizinische Versorgung durch den staatlichen Gesundheitsdienst kostenlos ist und auch die Medikamente in den Medikamentendepots auf dem Lande von jedem Madegassen gekauft werden können, geht ein Kranker begleitet von seinen Familienangehörigen lieber in ein Krankenhaus oder in eine Ambulanz als zu einem Medizinmann. Auf dem Lande in abgelegenen Gebieten, wo die nächste Ambulanzstation 20 – 50 km entfernt ist, sucht ein Kranker oder seine Familienangehörigen einen Heilkundigen auf, der nicht immer ein echter *ombiasy* sein muß. Auch wenn ein Kranker als unheilbar oder als hoffnungsloser Fall zum Sterben in sein Dorf entlassen wird, sucht die Familie noch Zuflucht bei einem *ombiasy*. Heute gibt es auch unter diesen *ombiasy* solche, die ihre Kenntnisse nur benutzen, um sich zu bereichern, wie mir oft erzählt wurde. In manchen Fällen hat die Familie eines Kranken für die Heilung ihre ganze Rinderherde verkauft. Mein erster Forschungsaufenthalt in Madagaskar galt der Erforschung des Medizinmannwesens und ich sammelte im Auftrag des Forschungslaboratoriums der CIBA in Summit New Jersey Heilpflanzen, die von Medizinmännern verwendet wurden. Damals begann ich mit meinen Erkundigungen im Süden Madagaskars im Mahafaly-Land. Es war äußerst schwierig, Kontakt mit einem Medizinmann aufzunehmen. Ich sammelte zuerst Heilpflanzen, die der Bevölkerung allgemein bekannt waren. Einige Wochen später lernte ich einen Medizinmann kennen, der sich erst einige Tage danach als solcher zu erkennen gab. Er gab mir wertvolle Hinweise und nannte mir Namen und Wohnorte von Medizinmännern in anderen Gebieten, die er kannte und an die ich mich wenden sollte. Einige von ihnen konnte ich auch antreffen. Meinen Erfolg bei diesen Studien habe ich nur dem Umstand zu verdanken, daß ich die „These" eines madegassischen Arztes namens Gershon Ramisiray[33] „Pratiques et croyances medicales des Malgaches", Paris 1901, bei der Abfassung meiner eigenen Dissertation berücksichtigt hatte und daher madegassische Krankheitsbezeichnungen, Heilpflanzen und auch Heilmethoden kannte. Als ich mich auf madegassisch mit den Medizinmännern unterhielt, erfuhr ich, daß die von mir verwendeten Ausdrücke nur den eingeweihten Medizinmännern bekannt seien und noch nie einer Frau mitgeteilt wurden. Ich wurde deshalb wie ein gleichberechtigter *ombiasy* behandelt, der aber noch lernen möchte. Nur so war es mir schließlich bei meinem letzten Aufenthalt noch möglich, das *siliky* zu erlernen. Unter *siliky* versteht man das Orakel mit Körnern, das nur ein echter Medizinmann nach einer langen Lehrzeit und durch eine Initiationszeremonie zum Meister geworden wirklich beherrschen kann.

Das Orakel *(siliky* bei den Mahafaly, *sikidy* auf dem Hochland)

Der *mpisikily* (Orakelmann) ist fast immer auch ein Medizinmann, der mit Hilfe des *sikily* die Ursache der Krankheit, die Methoden ihrer Behandlung und ihre Prognose voraussagen kann. Es gibt jedoch auch Männer, die nur das Orakel befragen, wenn es darum geht, einen günstigen Termin für eine Verheiratung, eine Beschneidung, eine Totenbestattung oder eine Reise vorherzubestimmen. Früher soll es auch Wahrsager gegeben haben, die das *sikily* mit Sand durchführen konnten: Eine handvoll Sand wird auf ein Holzbrett geworfen und der *mpisikily* macht mit seinem Finger Zeichen in den Sand, die von ihm anschließend gedeutet werden. Dieses Sandorakel sollen die Antaimoro, Antaisaka und Antanosy (Nachfahren der Araber) von der Ostküste Madagskars in die verschiedenen Gebiete der Insel gebracht haben. Die Medizinmänner kennen heute nur ein *sikily* mit Hilfe von Samen des Fany-Baumes *(voa-fany)*. Manche Medizinmänner haben sich aus dem Ostküstengebiet Früchte des Rehiaki-Baumes mitgebracht. Diese flachen, fast kreisrunden, glatten Samen von dunkelbrauner Farbe werden in einer großen Anzahl und niemals gezählt in einen Stoffbeutel oder in einem Körbchen aufbewahrt. Der Medizinmann schüttet aus dem Säckchen eine größere Anzahl von Samen vor sich auf eine Matte, fährt leicht mit der flachen Hand darüber und spricht halblaut: „*masy, masy tompon zanahary hatao bevily, hatao betakalo*" (Heilig, heilig Herr,

Gott ...) und umschließt mit seiner Hand eine Anzahl Körner, die er nun beiseite legt. Dann nimmt er von dem Rest solange je zwei Samen weg, bis schließlich entweder ein oder zwei Körner übrigbleiben. Dreimal wird die gleiche Handlung wiederholt und damit die erste Figur gelegt, die aus einer senkrechten Kolonne von je einem oder zwei Samen besteht. Neben die erste Kolonne werden rechts davon auf die gleiche Weise noch vier weitere Kolonnen gebildet. Sie heißen *Zoro trano efatse* (... vier Häuser). Jede dieser Figuren hat einen Namen und eine Bedeutung. (Siehe Skizze S. 207).

Wenn schon in der ersten Kombination ein östliches Haus *(trano atingana)* erscheint, so ist mit der Heilung des Patienten zu rechnen. Die Kombination „südliches Haus" *trano atimo)* besteht aus vier Figuren:

Asimbola	=	ein sehr schlechtes Vorzeichen. Das Haus des Patienten kann in Flammen aufgehen.
Karehe	=	bedeutet, daß eine Frau die Liebe des Mannes erwidert (der das Orakel befragt)
Alahasade	=	bedeutet Glück bei der Jagd oder einem bevorstehenden Unternehmen.
Alikasatse	=	bedeutet Krieg und Versklavung.

Die Kombination „nördliches Haus" *(trano avaratse)* besteht aus vier Figuren:

Adalo	=	bedeutet Ruhm und Ehre.
Alikisy	=	bedeutet Ruhm und Ehre durch den König oder die Regierung. Viele Kinder und Reichtum.
Alohotsy	=	jeder Wunsch wird erfüllt, auch der nach Gesundheit und langem Leben.
Alibe	=	bedeutet, daß man vor bösen Geistern geschützt ist.

Die Kombination „westliches Haus" *(trano handrefa)* besteht aus fünf Figuren:

Alahotsy	=	ist immer günstig, bedeutet gute Gesundheit. Dieses Zeichen heißt auch „*sikily manintsy*" (kühles Orakel)
Alikos	=	bedeutet Tod oder großes Unglück. Es ist das einzig wirklich schlechte Zeichen. Wenn ein Medizinmann, der das Orakel nach der Prognose für die Heilung eines Kranken befragt, ein solches Zeichen gelegt hat, bedeutet es den nahen Tod des Patienten. Wenn diese Figur im Verlauf der Orakelbefragung nur einmal erscheint, gilt diese Prognose nicht als absolut sicher. Erst wenn diese Figur mehrmals erscheint, muß man mit dem baldigen Ableben des Patienten rechnen.

Alokoa = bedeutet Krankheit durch Vergiftung.
Anakarabo = bedeutet Freude, aber auch Krankheit, die Tränen verursacht (kommt auf die näheren Umstände an)
Alikisy = bedeutet gute Nachrichten. Ein Feind wird besiegt, eine Liebe erwidert.

Trano atingana (östliches Haus)

```
O O          O O          O O
O            O O          O
O            O            O O
O O          O            O O
Aly tsimahay Dabara        Alahamora
```

***

Trano handrefa (westliches Haus)

```
O O   O     O     O     O O
O O   O     O     O     O O
O O   O     O O   O O   O O
O O   O     O O   O     O
Alahotsy Alikos Alokola Anakarabo Alikisy
```

***

Trano atimo (südliches Haus)

```
O O       O O       O         O
O         O         O O       O O
O O       O         O O       O
O         O         O         O
Asimbola  Karehe    Alahasade Alikasatse
```

***

Trano avaratse (nördliches Haus)

```
O         O         O         O O
O O       O O       O         O O
O         O O       O         O
O O       O O       O O       O O
Adalo     Alikisy   Alohotsy  Alibe
```

Die oben angegebenen Erläuterungen wurden von mir wortwörtlich aus dem Mahafaly-Dialekt übersetzt. Die sinngemäße Deutung der einzelnen Figuren wird vom Orakelbefrager vorgenommen. Die Zeichen, die sich beim Legen ergeben, sind nach Ansicht der Orakelbefrager von Gott so gefügt. Es bleibt nun dem Medizinmann oder Wahrsager überlassen, wie er sie den jeweiligen Umständen entsprechend auslegt und deutet. Die Madegassen haben mir erzählt, daß die Medizinmänner *(hombiasa)* und die Wahrsager *(mpisikily)* alle von der Ostküste der Insel gekommen und Nachfahren der eingewanderten Araber seien. Vorher hätten die Madegassen nur heilkundige Männer und Frauen gehabt, die z. B. Kinderkrankheiten, Hautausschläge, Brüche und Verrenkungen behandeln konnten und auch Massagen durchführten. Heilkundige dieser Art findet man auch heute noch.

Der Medizinmann unterscheidet sich von ihnen dadurch, daß er Kenntnisse auf allen Gebieten der Medizin hat und daß ihm übernatürliche Kräfte von Gott und den Ahnen verliehen worden sind.

Das Amt eines Medizinmannes wird meist vom Vater auf den Sohn oder vom Onkel auf den Neffen übertragen, doch kann jeder junge Mann, der klug und von rascher Auffassungsgabe ist, zu einem Medizinmann in die Lehre gehen. Die Lehrzeit beträgt mindestens 5 Jahre, meist jedoch 15 Jahre. Solange begleitet der kleine *ombiasy* seinen Meister, den großen *ombiasy* zu den Kranken, in die Wälder und in den Busch, damit er die Symptome einer Krankheit, die Behandlungsmethoden und die dazu notwendigen Heilpflanzen und ihre Standorte kennenlernt. Früher trugen alle Medizinmänner eine Kette, die aus aneinander aufgereihten Holzstückchen bestand, *ravake-kitay* und eine Stirnscheibe, *felam-bakakeke*. Ein Ochsenhorn mit wirksamer Substanz, *mohara*, gefüllt und umflochten mit einem Perlenkleid, *akanjo*, gab dem Medizinmann die für sein Amt notwendige Kraft. Dieses Ochsenhorn heißt wie alle Amulette *aoly*. Die roten Perlen gelten als besonders *mahere* (stark) und sind sehr „gefährlich". Weiße, blaue und schwarze Perlen gelten als ungefährlich. Der Medizinmann hat sich in den vorkolonialen Zeiten, als er noch nicht wegen seiner Tätigkeiten verfolgt wurde, sondern als angesehener Mann galt, nur mit Krankenbehandlung, mit Heilpflanzen und Experimenten befaßt. Alle Medizinmänner wanderten viel im Land umher und legten oft mehrere hundert Kilometer zurück, um bestimmte Pflanzen zu holen.

Heute führen die wenigen Medizinmänner, die es im Mahafaly-Land gibt, das Leben von Bauern. Nur wenn sie zu einem Kranken gerufen werden, verlassen sie ihr Dorf für mehrere Tage oder Wochen.

Einer der wenigen Medizinmänner, die es im Mahafaly-Land gibt, ist Josef Tsifahange. Er hat es mir gestattet, daß ich ihn namentlich erwähne.

Josef Tsifahange stammte aus der Gegend nördlich von Fort Dauphin und war Antanosy. Ich kannte ihn schon seit längerer Zeit, weil wir uns oft begegneten. Daß er jedoch Medizinmann ist, habe ich nur durch einen Zufall erfahren. Eine Mahafaly-Frau erzählte mir, daß der Vetter ihres Mannes schwer krank sei und wahrscheinlich sterben müsse. Sie bat mich, sie als ihre Verwandte auf diesem Weg zu begleiten. Als wir im Dorf ankamen und das Haus des Kranken betraten, war die ganze Familie versammelt. Der Kranke hatte mehr als 40 Grad Fieber, wie ich feststellte und eine große Beule hinter dem rechten Ohr. Ich vermutete, daß sie mit Eiter gefüllt war und die Folge einer Mittelohrentzündung. Ich versuchte die Familie zu überzeugen, daß der Kranke sofort in das Krankenhaus nach Ampanihy gebracht werden müsse. Ich erbot mich, so nahe wie möglich mit einem Auto an das Dorf heranzufahren und ihn selbst in das Krankenhaus zu transportieren. Doch alle meine Überredungskünste waren umsonst.

„Dort (im Krankenhaus) wird nur geschnitten und für unseren Verwandten (der Kranke war ein Mitglied der Königsfamilie) ist es verboten, daß der Kopf berührt wird oder daß Blut fließt". entgegnete man mir. „Ein *hombiasa* hat schon eine Salbe aufgelegt und das *sikily* (Orakel) hat gesagt, daß noch heute die Beule verschwinden wird, wenn die Sonne untergegangen sei". Ich versuchte immer wieder zu erklären, daß diese Art von „Beule" nicht durch die aufgelegte Salbe aufbrechen könne, weil sie kein Furunkel sei wie der Medizinmann glaubt (und wie ich aus der Art der Behandlung schließen mußte). Ich sagte auch, daß das Verbot der Ahnen, am Kopf zu schneiden, eine Bedeutung gehabt hätte, weil man das Messer im Gegensatz zu heute nicht desinfizieren konnte. Ich sagte dies mit Absicht. Alle Frauen wiederholten, was ich gesagt hatte und gaben mir Recht, meinten aber, sie könnten das Wagnis nicht eingehen, eine Operation mit dem Messer im Krankenhaus zu erlauben. So gab ich Antibiotica. Am nächsten Tag hatte sich der Zustand des Kranken weiter verschlechtert. Ich fragte den Arzt im Krankenhaus in Ampanihy um Rat und er meinte, ich soll mit einer desinfizierten Nadel ein Loch stechen und den Eiter abfließen lassen. Mir würden sie das eher gestatten als ihm. Die Familie war mit meinem Vorschlag einverstanden. Ich hatte bereits eine Stunde lang mit Geduld und Fingerspitzengefühl eine Schüssel voll Eiter aus dem kleinen Loch, das ich mit einer ausgeglühten Nadel in die Beule geritzt hatte, herausgedrückt, als der *ombiasy* in der Tür stand. Alle waren erstarrt vor Schreck, auch ich. Bald hatte ich mich gefaßt und sagte laut: „Sehr gut hat das *fanafody* gewirkt, das Ihr dem Kranken gegeben habt. Der ganze Eiter ist, wie Ihr vorausgesagt habt, herausgekommen. Ich habe Eiter und Blut, das herausfloß mit Zellstoff aufgefangen, weil den Frauen hier von dem üblen Geruch schlecht wurde." „Ja, so war es", sagten alle Anwesenden, obwohl jeder wußte, daß nur der Nadelstich den Eiter zum

Abfließen gebracht hatte, auch der *Ombiasy*, aber alle taten so, als wäre es nur die Salbe gewesen und lobten den Medizinmann.

Ich fügte noch hinzu: „Das *sikily* hat die Wahrheit gesagt, kaum war die Sonne untergegangen, war auch die Beule verschwunden." Der *Ombiasy* war zufrieden. Er begleitete mich zu meinem Haus und da der Weg sehr weit war, blieb uns genügend Zeit für ein Gespräch über die Heilkunst der Medizinmänner. Er sagte, daß er sehr genau wüßte, daß ich viele *fanafody vazaha* (europäische Heilmittel) und *fanafody gasy* (madegassische Heilmittel) kenne und er möchte mir noch mehr Heilpflanzen zeigen, die im Mahafaly-Land wachsen. So war ich in den folgenden Wochen viel unterwegs im Trockenbusch und lernte neue Heilpflanzen und ihre Zubereitung kennen.

Einige Krankheiten, die heute noch im Mahafaly-Land von Medizinmännern erkannt und behandelt werden können, habe ich nach den Informationen von Josef Tsifahange und anderen Medizinmännern fast wörtlich aus der madegassischen Sprache in das Deutsche übersetzt.

Toporaza

Krämpfe bei Kindern, die durch Würmer oder Darminfektionen verursacht werden. Diese Krämpfe sind nicht zu verwechseln mit der Epilepsie und nicht mit einer neuen Form von Besessenheit *(Doany* oder *Tromba).*

Tazo *(Malaria)*

Sie ist allgemein bekannt. Die Mahafaly nennen sie „Krankheit mit Frösteln" *(shilluke).* Jeder Medizinmann kennt die Symptome der Malaria. Er untersucht auch die Milz, um zu sehen, wie stark sie geschwollen ist und gibt Vofotsy-Tee zu trinken (Vofotsy ist ein stark chininhaltiger Strauch, dessen Stengel und Blätter gekocht werden). Die Mahafaly holen heute keinen Medizinmann, wenn sie einen Malariaanfall haben. Sie kennen die Symptome und kaufen Nivaquintabletten, wenn sie keine im Hause haben. Jeder Mahafaly hat einen kleinen Vorrat Nivaquintabletten und Asprotabletten gegen Kopfschmerzen für einen Krankheitsfall in der Familie. Durch die intensive Bekämpfung der Anophelesmücken mit Hilfe von DDT wurde die Malaria auf Madagaskar fast ausgerottet. Im letzten Jahrzehnt trat sie wieder in verstärktem Maß auf. Es gab auch mehrfach Todesfälle als Folge von Malaria.

Mandoaliu *(Blutbrechen)*

Diese Krankheit ist die Tuberkulose und erst seit einigen Jahrzehnten im Mahafaly-Land bekannt. Die Mahafaly sagen, diese Krankheit hätte es früher nicht gegeben. Sie ist sehr gefürchtet, weil sie bei den Betroffenen in kurzer Zeit zum Tode führt. Die Medizinmänner erkennen diese Krankheit sofort, sie geben nur Kräftigungsmittel in Form von Kräuterauszügen.

M a r a r e f e o *(Angina)*

Jeder Mahafaly kennt diese Krankheit. Sie ist relativ häufig und von starken Schmerzen und Fieber begleitet. Es gibt verschiedene Kräuter, die als Aufguß getrunken werden. Die Mahafaly gurgeln nicht.

B a y *(Furunkel)*

Sie werden mit Heilerde und Kräuterauszügen behandelt.

B a i - B e h a r k a *(Beulenpest)*

Sie war eine sehr gefürchtete Krankheit. Kommt heute nur noch ganz selten und isoliert vor. Heute wird jeder Krankheitsfall sofort den Behörden gemeldet. Die Pestkrankheiten werden isoliert und behandelt. Die Medizinmänner kennen diese Krankheit, haben aber kein Mittel sie zu behandeln, denn der Tod tritt ein, wenige Stunden nachdem die ersten Beulen auftreten, wurde mir erzählt. (Ich habe selbst keine Beulenpest gesehen. Die Fälle von Lungenpest in Bealanana in Nordmadagaskar während meines Aufenthaltes im Sommer 1964, traten bei zwei ungeimpften Kindern auf. Die Gesundheitsbehörden haben sofort alle notwendigen Maßnahmen ergriffen und eine Epidemie verhindert.) Die Medizinmänner erkennen auch die Rinderpest, die ich selbst im Mahafaly-Land erlebt habe. Auch dafür haben die Medizinmänner kein Heilmittel. Viele Mahafaly haben ihren Rindern selbst Antibiotica-Injektionen verabreicht, als die ersten Symptome auftraten. Wenn bereits Beulen aufgetreten waren, so war nicht mehr zu erwarten, daß das Tier am Leben blieb und die Bauern haben die teuren Injektionen diesen Rindern nicht mehr gegeben.

Sehr gefürchtet sind Krankheiten, wenn folgende Symptome auftreten:

S i l u p s i a *(blutiger Harn)*

verursacht vom Schwarzwasserfieber. Es gibt Kräuterauszüge, die nur der Medizinmann kennt.

V o a n t s i n t s i n i k y *(Nierenentzündung oder Nierenbeckenentzündung)*

Sie kann vom Medizinmann diagnostiziert werden. Der Harn ist blutigrot, *manani-liu* der Kranke hat *tsintsi* (Schüttelfrost).

Aretibania *(Blasenentzündung)*

Kräuterauszüge werden getrunken und im Feuer erhitzte Kaktusblätter auf den Bauch gelegt.

Latabè *(geschwollener Hoden)*

Soll relativ häufig vorkommen. Es gibt dagegen einen Tee, der aus den Blättern eines an der Küste wachsenden Baumes gekocht wird. Die Mahafaly-Männer, die an einer Hodenentzündung erkranken, gehen lieber zu einem Medizinmann, um sich von ihm behandeln zu lassen, als zu einem Arzt ins Krankenhaus, weil sie sich dort zu sehr, wie sie sagen „schämen", wenn sie alle mit dieser Krankheit verbundenen Untersuchungen über sich ergehen lassen müssen.

Milaeaitse *(blutiger Eiter)*

Ist immer ein Symptom für eine schwere Erkrankung mit Fieber und Schüttelfrost.

Farasisa *(Geschlechtskrankheiten)*

Die Krankheiten wurden früher vom Medizinmann, heute nur noch vom Arzt des staatlichen Gesundheitsdienstes behandelt.

Matindahy *(Eierstockentzündung)*

Auch diese Symptome kennt der Medizinmann. Diese Krankheit wird sehr ernst genommen, weil sie Unfruchtbarkeit zur Folge haben kann. Daher auch der Name: matindahy = tot ist der Mann.

Mevontone *(wörtlich: geschwollen)*

Die Brustdrüsenentzündung wird so genannt. Viele Mahafaly-Frauen kennen diese Krankheit. Sie wissen, daß stillende Frauen diese Krankheit bekommen können, wenn das Kind die Brust nicht leertrinkt. Es ist streng verboten, die Brust leerzudrücken, denn kein Tropfen Muttermilch darf verlorengehen. Deshalb läßt man andere Kinder, auch wenn sie schon einige Jahre alt sind, die Brust leertrinken. Die Brustdrüsenentzündung ist sehr gefürchtet, weil der Säugling stirbt, wenn sich keine andere Frau findet, die das Kind nähren kann. Heilmittel werden vom Medizinmann gegeben, weil eine Frau mit ihrem Baby nicht das Dorf verlassen darf, bevor das Kind das erste Lebensjahr vollendet hat, auch wenn sie wegen Krankheit den Arzt oder das Spital aufsuchen müßte.

Manifatsey-tru *(Bauchkrämpfe)*

Man lindert die Schmerzen mit Kompressen von in Feuer gerösteten Kaktusblättern und heißem Kräutertee.

Marare vavafo *(Magenschmerzen)*

Sie sind mit Aufstoßen von Magensäure *(pusakifi)* verbunden und gelten als Folge von übermäßigem Genuß von Früchten des Tamarindenbaumes oder unreifer Mango.

Shere *(Schnupfen)*

Er ist während der kalten Jahreszeit weit verbreitet. Man stopft sich zerstoßene Blätter von starkriechenden Pflanzen in die Nase und bindet ein Band fest um Stirn und Hinterkopf.

Mararehendry *(Stirnhöhlenentzündung)* und Mararefify *(Kieferhöhlenentzündung)*

sind auch im Mahafaly-Land häufige Folgen einer Erkältung während der kühlen Jahreszeit. Es gibt verschiedene Behandlungsmethoden.

Fatake sofy *(Ohrenentzündung)*

Sie wird mit Heilerdenauflagen behandelt. Mumps bei Kindern ist ebenfalls bekannt. Man unternimmt nichts, weil diese Krankheit ohne Behandlung vorübergeht.

Maratse *(Schnittwunden)*

sind sehr häufig, sie werden mit dem Saft von Aloeblättern behandelt.

Osatse *(Krampfadern)*

Sie können zu Beingeschwüren führen. Die Krampfadern werden nicht behandelt. Bei offenen Geschwüren behandelt der Medizinmann nur die Wunde.

Mararefo *(Herzkrank)*

Nur der Druck auf der Brust, *semputse*, kann vom Medizinmann mit Kräutertees erleichtert werden.

Die Mahafaly kennen wenig Fälle von Geisteskrankheiten. Menschen, die sich sonderbar verhalten, nennt man *adala* (verrückt). Man geht auf sie ein und läßt sie umherwandern, wenn sie keinen Schaden anrichten. Es gibt keine Medikamente für sie.

Viele ältere Mahafaly sagten mir, die *tromba* (Besessenheit durch Geister verursacht) sei erst seit wenigen Jahren im Mahafaly-Land zu sehen. Sie sei aus dem Westen von den Sakalava und Vezo gekommen. Man betrachtet die *tromba* nicht als Krankheit, sondern als „Modeerscheinung" und meint, daß die Frau, die *tromba* hat, besonders begabt sei, die Symptome darzustellen. Eine andere Form von Besessenheit ist die *doany*. In diesem Fall sind Geister oder Kobolde *(kokolampy)* in dem Kranken. Die Behandlung ist sehr langwierig und kostspielig für die Familie.

Jeder Medizinmann kennt die Symptome der Vergiftungen, die von einem *mpamosavy* (Schadenszauberer) verursacht worden sind. Ein Schadenszauberer arbeitet immer im Geheimen. Man weiß, wer in dem Ruf steht, ein Schadenszauberer zu sein. Selten aber kann er überführt werden. In Ampanihy gab es eine Familie, deren Oberhaupt ein Schadenszauberer gewesen sein soll. Die ganze Dorfgemeinschaft hatte Angst vor der Familie und verlangte mehrmals, daß sie Ampanihy verläßt. Alle Vergiftungen mit unklarer Herkunft wurden dieser Familie zugeschrieben. Angeblich konnte man durch sie Gifte bestellen, die in das Essen oder in Nahrungsmittel gegeben, den langsamen oder schnellen Tod verursachten. Ich selbst habe Fälle von Krankheiten gesehen, die als Vergiftungen durch Schadenszauberer bezeichnet wurden. Ein sehr wirksames Gift sind die Voamena, das sind kleine, rote Früchte mit einem schwarzen Punkt in Schoten. Zerstoßen und zerquetscht werden sie in die Essensschüssel gegeben oder einer Banane, möglichst nicht sichtbar von außen, mit Hilfe eines hohlen Grashalmes eingeblasen. Diese Gifte verursachen Angstzustände, Schüttelfrost und Herzjagen. Der Kranke hört hohe Stimmen wie von Geistern. Nach den Aussagen des Medizinmannes Tsifahange stirbt man nicht daran, sondern bekommt nur eine Muskellähmung *(rokakeke)*, von der man sich nur langsam erholt. Diese Voamena-Gifte werden nicht als Fischgifte verwendet.

Herstellung von Amuletten *(aoly)*

Es gibt einige Männer im Mahafaly-Land, die von Gott die Kraft und die Fähigkeit bekommen haben, wirksame *aoly* (Amulette) herzustellen. Fast immer sind es Ochsenhörner, die ausgehöhlt und mit einem *akanjo* (Überzug) aus Perlen versehen sind. Das Muster eines solchen *akanjo* heißt *vahutse tue desa*. Heute sagt man auch *vahutse karè* oder *wanda*. Ist das Ochsenhorn gereinigt und mit dem „Perlenkleid" umhüllt, wird es gefüllt. Das dauert fast einen Tag. Denn immer wieder muß der Amulettenmacher das Orakel befragen, Gebete an Gott und die Ahnen richten und den Segen auf das *aoly* und seinen künftigen Besitzer herabflehen, während er das Horn mit den wirksamen Substanzen behandelt.

Es war auch für mich nicht leicht, bei der Herstellung von *aoly* zuzusehen und einige zu erwerben und es ist auch nur deshalb möglich geworden,

Bezeichnungen der einzelnen Teile eines Aloalo [41]

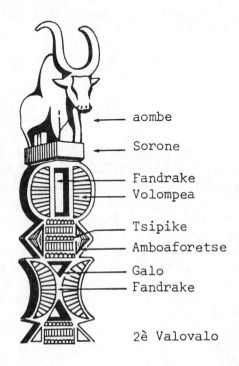

- aombe
- Sorone
- Fandrake
- Volompea
- Tsipike
- Amboaforetse
- Galo
- Fandrake
- 2è Valovalo

weil ich lange im Mahafaly-Land gelebt habe und alle wußten, daß ich nie zur Gendarmerie gegangen war wie so viele Europäer, um von dort einige der beschlagnahmten Amulette zu bekommen. Ich habe die Amulette zu den gleichen Bedingungen wie jeder Mahafaly gekauft. Fast immer kosteten sie ein bis zwei Ochsen, wie für die Mahafaly. Handeln ist in diesem Fall unmöglich. Ich hatte einige schon in Verwendung befindliche Ochsenhörner *(aoly)* von einem Medizinmann aus dem Küstengebiet erworben. Unsere Dienstboten wußten nichts davon, behaupteten aber, daß wir in unserem Haus *aoly* hätten, die Böses auf uns alle herabziehen. Sie hätten immer wieder geträumt, daß Körperfett von einem toten Menschen in diesen Ochsenhörnern sei. Der Geist des Verstorbenen, von dem das Fett stammen soll, wird sich an uns rächen wollen und Elend, Feuer, Krankheit, ja sogar Tod über alle bringen, die in Haus und Hof wohnen. Mir blieb nichts anderes übrig, als alle Amulette von diesem Medizinmann an das Archeologische Museum in Tananarive zu schicken. Damit war das Unheil von uns abgewendet. Ich habe die restlichen Amulette von einem speziell dafür ausgebildeten Medizinmann überprüfen lassen und er hat uns dann versichert, daß sie keinen Schaden anrichten werden.

Ein spezielles Amulett wurde dann für uns angefertigt. Es schützt vor Krankheit, Hungernöten und Armut. Es soll Zufriedenheit verleihen und bescheidenen Wohlstand. Damit es seine Wirksamkeit behält, muß es mit Rizinus- oder Erdnußöl befeuchtet werden.

Lebenslauf einer Mahafaly-Frau

Taliane, eine alte Mahafaly-Frau, hat mir 1971 ihre Lebensgeschichte erzählt, die ich in der Mahafaly-Sprache aufgeschrieben und ins Deutsche übersetzt habe:

Meine Ahnen stammen aus dem Dorf Tevondrone nahe dem Fluß Onilahy, von dort sind sie nach Kilibory gegangen. Als sie in Ankilibory ankamen, haben sich meine Großväter, die Brüder waren, zerstritten. Der jüngere zeigte sich seinem älteren Bruder überlegen, weil er Rinder hatte und der ältere Bruder keine. So machte sich der jüngere Bruder lustig über den älteren Bruder: Wenn er eine Opferung machte, hat der jüngere Bruder dem älteren kein Fleisch von dem geopferten Ochsen gegeben, wenn der Ochse fett war, er hat ihm aber Fleisch gegeben, wenn der Ochse mager war. Der ältere Bruder hatte einen einzigen Sohn. Der Sohn sagte zu seinem Vater: „Laß uns von hier weggehen, verlassen wir die Leute, die sich nur über uns lustig machen", aber der Vater wollte nicht: „Ich verlasse meinen Bruder nicht". Da wurde der Sohn ärgerlich und verließ das Dorf. Auf dem Kalkplateau fand er etwas fruchtbaren Boden. Dort baute er sich eine Hütte. Zuerst lebte er nur von fangitse und roko (Wurzeln), die er aus dem Boden ausgrub. Es waren viele Wurzeln, die er fand. Deshalb stieg er wieder ins Tal hinunter, um seinen Vater zu holen. Er drehte einen Strick, um seinen Vater in einem Korb über den steilen und felsiben Hang hochzuziehen.

Er brachte sich auch einen Hazomanga (Opferpfahl) mit, den er sich auf seine Schulter legte. Daran band er den Korb fest, in dem er seinen Vater trug.

Als der jüngere Bruder des Vaters am Morgen aufwachte, sah er, daß sein älterer Bruder und auch der Opferpfahl nicht mehr da waren. Er folgte den Fußspuren bis hinauf zum Kalkplateau. Er kam in einen kleinen Wald, wo er seinen Bruder antraf. Er fragte ihn, warum er weggegangen sei, warum er geflohen sei. Sein Bruder antwortete nicht, es war sein Neffe, der Sohn seines Bruders, der antwortete: „Ich liebe es nicht, daß Du Dich über meinen Vater lustig machst, nun bleiben wir hier. Wir werden tandrek

(Igel) essen, Honig und fangitse (Erdknollen). Wir werden in der Erde nach Wasser graben."

So ist der jüngste Bruder wieder in die Ebene hinuntergestiegen und sagte zu seiner Familie: „ Er (sein älterer Bruder) hat den Opferpfahl, obwohl er keine Rinder hat. Wir haben Rinder, also laßt uns im Wald einen großen Baum fällen, um einen neuen Opferpfahl zu errichten, laßt ihm (dem älteren Bruder) seinen Opferpfahl, aber achte darauf", sagte er zu seinem eigenen Sohn, „daß Du niemals die Stirne mit dem Blut des geopferten Ochsen bestreichst, weil es kein alter Opferpfahl ist, bei dem wir opfern, sondern ein neuer." So entstand auf dem Kalkplateau eine neue raza (Familie). Unser Großvater starb auf dem Kalkplateau. Damals hat man die Toten nur in den Boden gelegt und keine Steine darüber geschichtet wie heute. Man hat das Grab nur mit fantsiholitre (Stangenbäumen) umgeben. Der Name unseres Großvaters war Bebarora und der jüngere Bruder unseres Großvaters, der sich über seinen älteren Bruder lustig machte, war Taribelo.

Ich heiße Taliane. Ich weiß das Jahr nicht, in dem ich geboren bin. Ich bin damals nicht in die Schule gegangen, weil es damals keine Schule gab. Ich war schon ein junges Mädchen und war ohne mich deshalb zu schämen, nur mit einem Stück Tuch bekleidet. Ich habe vom ersten Hahnenschrei am frühen Morgen bis zum Sonnenuntergang Ziegen und Rinder auf der Weide gehütet. Vor Sonnenaufgang habe ich die Ziegen in einer Kalebasse gemolken. Die Hälfte der Milch haben wir getrunken, die andere Hälfte mit Maiskleie zusammengekocht. Hirsekleie haben wir roh gegessen. Unsere Mutter hat die Maiskolben für die Aussaat über der Feuerstelle in der Hütte aufgehängt. Als unsere Mutter einmal für längere Zeit aus dem Dorf abwesend war, haben wir einige Körner von den Maiskolben gestohlen und sie in der heißen Asche eingegraben. Als sie gar waren, haben wir sie mit der Asche gegessen und unser Mund war weiß von der Asche. Als unsere Mutter nach Haus kam und die entkernten Maiskolben sah, sagte sie: „Die Ratten haben unser Saatgut aufgefressen, obwohl man nicht ein Korn auf der Erde sieht, das die Ratten fallengelassen haben."

Wenn wir Rinder hüteten, hat jeder von uns etwas Mais aus dem Feld seiner Eltern gestohlen, dann haben wir im Schatten der Bäume alles Gestohlene verteilt. Mit getrocknetem Holz, das wir aufeinander gerieben haben, machten wir Feuer. Als es rauchte, legten wir ein Stück altes, vermodertes Holz darüber und ließen den Wind das Feuer anfachen. Als es gut brannte, haben wir im Feuer die Maiskolben geröstet. Damals wußten wir nicht, was ein Streichholz ist, weil es damals noch keine Vazaha (Fremde) im Land gab.

Als ich erwachsen war, habe ich keine Rinder mehr gehütet. Da gab es einen Mann, der kam und mich heiraten wollte. Er glaubte, daß ich Kinder bekommen werde und nur deshalb liebte er mich. Man hat mich gezwungen, mit ihm zu gehen, obwohl ich ihn nicht liebte. Ich bin vom Dorf weggegangen unter Tränen. Man hat meine Haare in kleine Zöpfchen geflochten und zu dicken Kugeln mit viel Rinderfett gedreht. Als ich nachts schlief, wurden diese Kugeln platt gedrückt wie ein Fünf-Franc-Stück. Früher schlief man mit einem Stück Holz als Kopfkissen unter dem Nacken, denn damals kannte man noch nicht die Kopfkissen aus Stoff, wie man sie heute hat.

Damals aber wußte ich nicht, daß man bei der Fettkugelfrisur auf einem Stück Holz unter dem Nacken schlafen muß: Ich habe mich auf meiner Matte ohne Nackenstütze zum Schlafen ausgestreckt und die Matte war am Morgen voll Fett. Als ich bei meinem zukünftigen Ehemann ankam, hat mir meine Schwiegermutter eine Lamba (Tuch) gegeben, die sie in viel Fett getaucht hat. Dann nahm sie einen Korb, legte einen großen Stein hinein, auf den sie Holzkohlenglut gab und darauf legte sie rame (duftendes Harz). Über den Korb legte sie die Stoffe, damit sie gut duften sollten. So trug ich zum Fest (Hochzeit) eine Lamba, die parfümiert war. Denn es waren reiche Leute bei denen ich nun lebte und die Kinder dieser reichen Leute, die alle parfümierte Kleider trugen, gaben mir dicke Armreifen, vongevonge, die man an den Handgelenken tragen mußte. Ich konnte sie nicht tragen, weil sie schwer waren und ich war das nicht gewohnt. Ich trug sie nur in der Hand. Später habe ich sie in meiner Hütte aufbewahrt, wo ich wohnte. Wenn ich Wasser holen ging, weinte ich immer. Wenn man mich fragte, warum ich weine, sagte ich nur, „weil ich Kopfschmerzen habe".

Eines Tages ist mein Mann zur Küste gegangen, um dort zu fischen. Als mein Mann weggegangen war, sagte meine Schwiegermutter: „Lasse das Kalb zum Trinken gehen". Ich sagte, ich möchte nicht, weil ich krank bin. Meine Schwägerin, die ein Baby hatte, bat ich das kleine Kalb zum Trinken zur Mutterkuh zu führen. Sie sagte „ja, ist gut" und ich nahm ihr das Baby ab, das schon auf allen Vieren kriechen konnte. Als meine Schwiegermutter weggegangen war, trug ich das Baby zu meiner Schwiegermutter, die auf dem Feld arbeitete und sagte: „Ich habe Kopfschmerzen" und übergab ihr das Kind. Dann machte ich mir eine Gesichtsmaske, nahm die Armreifen, die Halskette und die Kleider, die man mir gegeben hatte, brachte sie einer unverheirateten Frau, die in unserer Nähe wohnte und sagte: „Hier ist alles, was man mir gegeben hat, gib es meinen Schwiegereltern zurück, weil ich zu meinen Eltern zurückgehe." Die Frau fragte: „Warum gehst Du, obwohl Du verheiratet bist?" Und ich sagte: „Die acht Tage, die ich hier war, sind schon zu viel gewesen. Jetzt gehe ich nach Hause zurück." Ich hatte nur Angst vor meinem Vater. Ich fürchtete, er würde mich wieder zurückschicken. Dann würde ich sehr weit weggehen, ich würde zu den Fremden, den Europäern gehen und dort Arbeit suchen. Als ich bei meinem Vater ankam, es war gegen Abend, sagte er, ich solle zu meinem Ehemann zurückgehen, weil es schon spät sei. Ich sagte, ich möchte nicht und er fragte: „warum"? Ich antwortete: „Ich habe getan, was Du mir gesagt hast, daß ich tun soll, weil ich Dir keine Schande machen wollte. Du hast mich jemandem gegeben, mit dem ich weggegangen bin, nur um Dir keine Schande zu machen. Das ist nun bereits acht Tage her. Jetzt komme ich wieder zurück."

„Gib gut acht" sagte mein Vater, „daß Du nicht bleibst, ich liebe es nicht, wenn ein Kind nicht gehorchen kann."

Da sagte meine Mutter: „Sie wird hierbleiben, weil sie unser Kind ist. Wenn man auch andere Kinder für besser hält, so ist sie doch unser Kind. Ich werde keinen Schwiegersohn haben, wenn meine Tochter stirbt, deshalb schicke ich mein Kind nicht weg."

Aber mein Vater wollte mich nicht dabehalten und wurde zornig: „Ist es nicht besser keine Kinder zu haben, keine Töchter wie unsere?" Meine Mutter sagte: „Ist er der einzige Mann? Gibt es keinen anderen Mann? Wenn sie diesen Mann nicht liebt, willst Du sie zum Äußersten zwingen?" Darauf antwortete mein Vater nicht.

So habe ich auf den Feldern die übriggebliebenen Halme der Hirse aufgelesen, um sie in Beloha zu verkaufen. Ich bekam für einen Korb 20 Franc. Als ich aus Beloha zurückkam, ging ich nach Androka, um die Kopfsteuer für meinen Vater zu bezahlen. Von dem Geld, das übrigblieb und ich meinem Vater zurückgab, kaufte er Tücher für meine große Schwester, die nichts machte und ich blieb nackt mit einer alten zerrissenen Lamba, obwohl ich hart arbeitete. Mein Vater sagte: „Du bekommst keine Lamba, weil Du nicht bei Deinem Mann geblieben bist." Ich weinte, weil man mir keine Lamba gekauft hatte. Ich brachte Bageda (Süßkartoffeln) zum Verkauf nach Ampotaka und Beloha, ich verkaufte Antake (Hirse) dorthin und nur ich bezahlte die Steuern für meinen Vater – und ich bekam keine Lamba. Ich hatte eine Freundin, die sagte zu mir: „Laß uns nach Ampanihy gehen, um dort zu arbeiten". Ich sagte: „Ich kenne dort niemanden". „Wir sind doch beide erwachsen", sagte sie, „muß man denn immer jemanden kennen, um nicht zu verhungern? Wenn wir einen Mann finden, der für uns sorgt, geht es uns gut. Eine Frau kommt nicht um, du wirst sehen".

So gingen wir los. Als wir nach Ampotake kamen, wollte ein Fleischer mir den Hof machen, aber ich hatte Angst, ich wollte nicht, er gab mir einen Meter Stoff, aber ich wollte nicht. Er sagte zu meiner Freundin, sie soll mich überreden und gab uns Reis, Honig und Fleisch zum Essen. Meine Freundin sagte zu ihm: „Habe Vertrauen, morgen kannst Du sie haben." Doch am nächsten Tag sind wir schon ganz früh am Morgen losmarschiert in

Begleitung des Königs Manahake, der eine Ziegenherde nach Ampanihy brachte. So habe ich für nichts einen Meter Stoff bekommen.

Als wir in Ampanihy ankamen, besuchten wir die Verwandte meiner Freundin, die bei einer Ambaniandro-Frau (vom Hochland stammende Hova-Frau) arbeitete.

Hier zerstritten wir uns. Denn meine Freundin wollte den Stoff haben. Sie sagte: „Du hättest ihn nicht, wenn ich nicht gewesen wäre" und ich sagte: „Nimm ihn, was kümmert mich das, ich habe ihn für etwas bekommen, das ich nicht gegeben habe, wenn Du ihn nun nimmst, bist Du es, die gestohlen hat" und die Ambaniandro-Frau: „Laß ihr den Stoff, Du wirst Geld verdienen und Dir viele Kleider kaufen können, wenn Du bei mir bleibst, um Wildseide zu zupfen und zu spinnen."

So begann ich in Ampanihy bei der Ambaniandro-Frau die Seide zu verarbeiten. Mittags lieh sie mir eine Lamba, damit ich zum Sakatovo-Fluß gehen konnte, um dort ein Bad zu nehmen, denn ich hatte nichts anderes, um meinen nackten Körper zu bedecken, als ein Stück Stoff, so zerrissen, daß es nicht einmal meine Brust bedeckte. Dann schickte mich die Ambaniandro-Frau in die protestantische Kirche, damit ich dort lesen und schreiben lerne.

Jeden Mittag ging ich dorthin, um zu lernen.

In Ampanihy hatte ich eine Tante. Eine Schwester meiner Mutter, die sich mit einem Franzosen verheiratet hatte. Als sie mich bei der Ambaniandro-Frau arbeiten sah, sagte sie: „Wenn Du arbeiten willst, um Geld zu verdienen, komm zu mir, hier kannst Du auch Geld verdienen." Sie zeigte mir, wie man Socken stopft. Und ich mußte viele Socken stopfen, nur manchmal machte ich kleine Besorgungen. Ihr Mann hieß Monsieur Vincent. Eines Tages holte mich die Ambaniandro-Frau, bei der ich vorher gearbeitet hatte, damit ich wieder zur Schule ginge, aber meine Tante wollte das nicht und sperrte mich im Haus ein und sagte: „Ich, die ich nicht in der Schule war, habe mich mit einem Franzosen verheiratet", ich aber antwortete: „Nicht jeder hat das gleiche Schicksal. Dein Schicksal war es, Dich mit einem Fremden zu verheiraten, selbst ohne daß Du eine Schule besucht hast. Ich möchte etwas lernen, ich möchte sein wie meine Kameraden."

Meine Tante sagte: „Du kannst nicht zur Schule gehen, Du bist schon zu groß" und ich sagte: „ja, ich bin schon groß, aber sie (die Ambaniandro-Frau) möchte, daß ich etwas lerne". Seit dieser Zeit verachte ich diese Frau (die Tante). Ich verachte sie bis heute, weil sie nicht gewollt hat, daß ich zur Schule gehe. Ich war sehr unglücklich, weil ich nicht zur Schule gehen konnte.

Als sie sich mittags zum Schlafen hinlegte, bin ich aus dem Haus geflüchtet, um zur Schule zu gehen. Als ich nach Hause kam, hat sie mich schon erwartet, um mich zu schlagen. Ich aber hatte schon das Alphabet und das Evangelium gelernt, als sie mir verboten hat, das Haus noch einmal zu verlassen, um in die Schule zu gehen. Seitdem bin ich nur im Hof des Hauses geblieben, ich konnte nicht mehr das Haus verlassen. Ich hatte auch Angst vor einem Mann namens Velompantso, der mich verfolgte, das kam so:

Seit der Mann meiner Tante, der Franzose, nicht mehr wollte, daß ich zum Sakatovo-Fluß gehe, um mich dort zu baden, mußte der Wasserträger mir jedes Mal Wasser in den Hof bringen, wenn ich mich baden wollte. Der Wasserträger war darüber sehr wütend und wollte nicht, daß ich mit dem Wasser, das er holen mußte, ein Bad nehme. Jedes Mal, wenn meine Tante und ihr Mann das Haus verließen, beschimpfte und beleidigte er mich. Da sagte ich zur Tante: „ich sage nicht, daß Ihr Euren Wasserträger wegschicken sollt, aber ich möchte selbst gehen, weil er mich beschimpft, wenn ihr nicht da seid." Da wurde die Frau (meine Tante) zornig und sagte: „Du lügst". Jedes Mal, wenn nun das Mittagessen fertig war, denn sie hatten auch einen Koch und ein Dienstmädchen, nahm der Wasserträger mein Essen und tat Schweinefleisch hinein, weil für mich Schweinefleisch fady (verboten) ist. Meine Tante darf Schweinefleisch essen, weil sie das Wasser getrunken hat, das sie von dem Verbot befreit. Alles was ich bei ihnen machen konnte, war Sockenstopfen, nichts anderes als Sockenstopfen. Sie wollte nicht, daß ich etwas anderes mache als Sockenstopfen.

Eines Tages sind sie spazieren gegangen, sie und ihr Mann. Ich hatte das Kohlebügeleisen angemacht, weil ich lernen sollte, wie man bügelt. Sie hat mir eines ihrer Kleider gegeben, damit ich das Bügeln lerne. Ich war dabei das Kleid zu bügeln, da kam der Kerl, um mich zu beschimpfen. Ich warf ihm das glühende Bügeleisen nach, das ihm Brandwunden beibrachte. Ich hatte einen großen Streit mit der Frau des Franzosen.

Eines Tages hatte ich eine Idee. Ich sagte: „Ich muß heimkehren, denn ich habe geträumt, daß etwas mir gesagt hat, ich soll nach Hause zu meinen Eltern zurückkehren."

Ich bin weggegangen und als ich bei uns zu Hause ankam, bin ich von dort nach Tulear gegangen. Als ich dort ankam, habe ich mich verheiratet nach madegassischer Sitte. Mein Vater gab ihm (dem Ehemann) Rinder. Als dieser Ehemann mich dem Elend überließ, sagte ich zu meinem Vater, „lasse ihm die Rinder, ich liebe ihn nicht länger". Dann habe ich mich mit einem anderen Mann verheiratet, einem Polizisten.

Wir mußten von einem Polizeiposten zum nächsten ziehen: Sakaraha, Ihosy, Fianarantsoa, Ambositra, Tananarive, Moramanga. Es war die Zeit der Rebellion (1947), der M.D.R.M. (Mouvement Democratique ...) Wir haben von weitem den Rauch gesehen. Es war die M.D.R.M., die alle Dörfer niedergebrannt hatte. Wir kamen in Tamatave an, um drei Uhr morgens.

Damals bekam man keine Erlaubnis, Stoff zu kaufen, alles war geschlossen. Der Meter Stoff kostete damals 20 Franc. Das war sehr teuer. Wir blieben in einem kleinen Dorf namens Berizano. Dann kamen wir nach Tanambao, weil mein Mann dorthin versetzt wurde. Er wurde befördert zum Commissaire de Police de Sureté und mein Mann wollte nicht mehr, daß ich weiterarbeite. Als wir in Tamatave ankamen, fand mein Mann eine Frau, die ein französischer Soldat arabischer Herkunft dort in Tamatave zurückgelassen hat. Er zog zu ihr und ließ mich im Elend zurück. Drei Monate lang bekam ich nichts von seinem Geld, alles was er mir zurückließ, war das Carnet de bon (Schuldbuch), mit dem ich Fleisch, Kaffee, Zucker und Reis kaufen konnte. Bargeld hatte ich keines. Deshalb bat ich ihn eines Tages, mich nach Hause in meine Heimat zurückzuschicken, in das Land, in dem ich geboren bin.

Aber er wollte nicht. Da bat ich eine Freundin, für mich einen Brief zu schreiben und einen nach Ampanihy und einen nach Tulear zu schicken. Und als ich dabei war, einen nach Antsirabe zu schicken, hat er mich überrascht und gesagt:

„Du bringst mich um mit Deiner Familie". Denn ich habe geschrieben, daß es seine (meines Mannes) Schuld ist, wenn mir etwas zustößt. Es ist allein seine Schuld, weil er mich ins Elend gebracht hat. Schickt mir Geld, damit ich von hier wegkam, denn er gibt mir kein Geld". Das machte ihm Angst und er zeigte diesen Brief seinem Vorgesetzten und der sagte: „Sie hat Recht, dieses Menschenkind, sie ist im Elend, schicke sie nach Hause, wenn Du sie nicht mehr liebst, sonst wird sie ganz plötzlich vor Kummer sterben." Er (der Ehemann) sagte, daß er kein Geld habe, um es seiner Frau zu geben. „Wenn Du keines hast", sagte der Vorgesetzte, „werden wir unter uns eine Sammlung machen und mit diesem Geld soll sie sich eine Fahrkarte kaufen."

Er kaufte eine Fahrkarte bis nach Antsirabe und schickte ein Telegramm an meine Familie in Antsirabe, daß sie mich dort abholen sollten. Ich mußte dann selbst die Fahrkarte von Antsirabe nach Tulear bezahlen, die mich 2000 Franc kostete.

Als wir in Fianarantsoa ankamen, sind wir alle ausgestiegen. Die jungen Banditen wollten unbedingt mein Gepäck tragen, ich wollte nicht und machte ihnen mit meinem Messer Angst. Glücklicherweise kam ein Polizist auf uns zu, der mir dann ein Hotel gesucht hat und eine Fahrgelegenheit nach Tulear. Dieser Polizist war ein Mahafaly aus Betioky. In Tulear angekommen, arbeitete ich als Wäscherin für drei französische Soldaten. Ich bekam 1000 Franc pro Person. Dann schickte mir mein Ehemann noch 3000 Franc nach Tulear. Aber ich habe das Geld nicht angenommen, ich habe ihm das Geld wieder zurückgeschickt.

Dann hat er demissioniert und war gekommen, um wieder mit mir zu leben. Aber ich wollte nicht mehr. Denn es hat mich entsetzt, daß er die Frau seines verstorbenen Onkels zur Ehefrau genommen hat. Eine Frau, die eine Frau seines Onkels war. Für mich war das kein Mensch mehr, für mich war er wie ein Hund. (Die Tante ist wie eine Mutter, daher Inzest). So habe ich mich endgültig von meinem Mann getrennt. Ich habe mich mit einem Senegalesen wiederverheiratet, aber ich habe mich auch mit ihm nicht verstanden. Ich wollte ihn verlassen. Bevor ich mich von ihm trennte, hat er alles genommen, was ich besaß und es verkauft, alles, sogar das Bett. Das hat mich abgestoßen und ich habe, bevor ich ihn endgültig verließ, die Runde durch das Dorf gemacht und bin in jedes Haus eingetreten, um meine Sachen zu holen, die er verkauft hat. Was ich fand habe ich mitgenommen und der Besitzerin des jeweiligen Hauses gesagt, sie soll sich an den wenden, der es ihr verkauft hat, wenn sie ihr Geld wiederhaben will. Ich habe weniger als die Hälfte meiner Sachen wiederbekommen, denn alles andere hatte er gegen Ochsen eingetauscht, die angeblich ihm gehören sollten. Ich habe nichts gesagt, aber die Sachen gehörten doch mir persönlich. Der Chef des Quartiers hat mir gesagt, ich soll Klage gegen meinen früheren Mann erheben, aber das wollte ich nicht. Ich habe mich von ihm getrennt und mich wieder mit einem Senegalesen verheiratet. Aber auch der hat mir Schwierigkeiten gemacht. Er fing an Karten zu spielen. Um 5 Uhr nachmittags verließ er das Haus und kehrte am nächsten Morgen erst nach Hause zurück. Ich sagte zuerst nichts. Als aber mein Mann nach einiger Zeit sich eine zweite Ehefrau nehmen wollte und mir 1000 Franc geben wollte, um mich zu trösten, habe ich das Geld genommen und am nächsten Tag bin ich nach Tulear gefahren. Dort hat er mich gesucht und wollte mich zurückholen. Ich wollte nicht und sagte zu ihm: „Ich komme nicht mit, selbst wenn Du mir sehr viel Geld gibst." Da hat er gesagt, daß er auf die zweite Frau verzichtet und es sei nur ein kleines Mißverständnis, so bin ich mit ihm zurückgegangen. Trotzdem aber habe ich mich von ihm getrennt. Wieder bin ich nach Tulear gegangen, dort traf ich einen anderen Mann, der war Koch bei einem Vazaha, Franzosen. Ich wurde Dienstmädchen in diesem Haushalt, dann Kindermädchen. In dem Haushalt gab es auch einen Boy, der stahl: Um den Geldschrank öffnen zu können, hat er alle Schlüssel ausprobiert, bis er den gefunden hat, der zur Tür des Geldschrankes paßte. Von Zeit zu Zeit nahm er 1000 Franc heraus. Als unser Patron nicht mehr wollte, daß der Boy sein Büro betrat, um dort sauber zu machen, mußte ich dort das Büro mit dem Besen kehren. Es gab ein Mißverständnis zwischen der Frau des Patrons und mir, deshalb bin ich gegangen. Einige Zeit danach fehlten 50.000 Franc und der Vazaha ließ eine Enquete (Verhör) machen. Selbst ich, die dort nicht mehr arbeitete, wurde verhört. Obwohl es der Boy war, der gestohlen hat. Der Polizeikommissar hat ihn zum Geständnis gebracht und er hat gestanden. Er hat das Geld zurückgegeben, das er in einem Kanal versteckt hatte, dann war er im Gefängnis, 18 Monate lang. Mein Mann hat bald darauf seine Arbeit aufgegeben und ist nach Ampanihy gegangen. Als er hier ankam, begann sein älterer Bruder, der um vieles älter war als mein Mann, mir den Hof zu machen. Ich lehnte das ab, denn für ihn war ich doch wie eine Schwiegertochter, und er für mich wie ein Schwiegervater. Denn er hat meinen Mann, als er noch ein kleines Kind war, aufgezogen, wie ein Vater seinen Sohn. Doch der so viel ältere Bruder meines Mannes wurde wütend als ich das sagte. Er sagte zu meinem Mann: „Suche Dir ein junges Mädchen als Ehefrau, damit Du Kinder haben kannst. Diese Frau ist alt, sie wird keine Kinder mehr bekommen." Da sagte mein Mann zu seinem Bruder: „Ich liebe meine Frau, auch wenn sie schon alt ist. Aber wenn Du sie als Frau haben willst, werde ich mich von ihr trennen. Du kannst sie haben." So habe ich mich auch von diesem Mann getrennt und ich ging zu Monsieur Bara, um dort zu arbeiten. Dort traf ich einen Antandroy-Mischling. Seine Mutter war Antandroy und sein Vater Betsileo. Dieser Mann wollte, daß ich aufhöre bei Monsieur Bara zu arbeiten und seine Frau werde, obwohl er bereits sieben Frauen hatte und ich die achte sein sollte. Aber ich wollte nicht. Ich sagte: „Es ist besser arbeiten zu müssen, als die achte Frau eines Mannes zu sein" und seither habe ich mich nicht mehr verheiratet. Ich muß arbeiten, damit ich mich ernähren kann, denn ich habe keine Kinder, die für mich sorgen, ich habe keine Familie, kein Land und keine Rinder."

LITERATURVERZEICHNIS (Anmerkungen)

1. Bastard: Mission chez les Mahafaly, p. 480 Notes, Reconn. et Expl. 30. Sept. 1899, 5e Vol. 3 Année Tananarive.
2. Battistini, R.: L'Extrème-Sud de Madagascar. Etude géomorphologique. Tananarive 1963, Toulouse 1964.
3. Battistini, R.: Géographie Humaine de la Plaine Cotière Mahafaly Etudes malgaches 12, Toulouse 1964.
4. Bésairie H.: Documents pour la Géographie de Madagascar, 1954, Trav. Bur. Nr. 54.
5. Bloch, Maurice: Placing the Dead. Seminar Studies in Anthropologoy 1971, London.
6. Boudry, Robert: L'Art décoratif Malgache, in Nr. 2, April 1933 der Publication trimestrielle „La Revue de Madegascar", S. 23–82
7. Brandstetter, Renward: Die Beziehungen des Malagasy zum Malaiischen Lucernel 1893, Traduction Anglaise dans l'Antananarivo Annual Nr. 18, Tananarive 1894–95, S. 155.
8. Chamla, M. C.: Recherches anthropologiques sur l'origine des Malgaches. Mémoires du Musée, Paris 1958.
9. Condominas, G.: Fokon'olona et Collectivités Rurales en Imerina Paris 1960.
10. Dahl, Otto Chr.: Malgache et Maanjan, Egede Instituttet Oslo 1951.
11. David, Robert: Le problème anthropobiologique malgache, Bulletin Académie Malgache Tome XXIII 1940, P. 1–29.
12. Decary, R.: Lexique Français-Antandroy, Mem. Acad, Malgache Fasc. VIII, Tananarive 1928.
13. Decary, R.: L'Androy, Essái de Monographie régionale, Paris 1930–1933.
14. Decary, Raymond: L'Androy, Essai de Monographie régionale, Paris, Societé d'Edition géographiques maritimes et coloniales 2 vol, 1930–1933, p. 160.
15. Decary, R.: La faune malgache, Paris 1950.
16. Dez, J.: Aperçus pour une Dialectologie de la Langue malgache, Bulletin de Madagascar, Nr. 206 Juillet 1963.
17. Drury, Robert: Madagascar or Robert Drurys Journal during fifteen years captivity on that island and further description of Madagascar by Abbé Rochon. ed. S.P. Oliver, London 1896
18. Dubois, H. M.: Monographie des Betsiléo, p. 957, Université de Paris 1938
19. Fagereng, E.: Histoire des Maroseranana du Menabe. Bulletin de l'Academie Malgache, 1947–48.
20. Flacourt, Etienne: Histoire de la Grande Isle de Madagascar, 1642–1660. In: Coll. d'Ouvrages anciennes concernant Madagascar Bd. 8/9, ed. A. Grandidier, H. Froideveaux und G. Grandidier, Paris 1913, 1920.
21. Gernböck, Lotte: Die Krankheiten bei den Eingeborenen Madagaskars ethnologisch und ethnomedizinisch betrachtet. Universität Wien, phil. Fakultät. Diss. 1958. 110 S.

Gernböck, Lotte: Bericht über eine Studienreise nach Madagaskar von März bis Oktober 1961. Wiener Völkerkundl. Mitteil. Wien, 9 (1961) 1–4, S. 69–71.

Gernböck, Lotte: Zur Frage der Kleinwüchsigen in Madagaskar. Archiv für Völkerkunde, Wien, 16 (1961), S. 23–28.

Gernböck, Lotte: Mohair aus Madagaskar. Confrontation. Afrika-Asien-Europa. Zeitschrift d. Afro-Asiatischen Institutes in Wien, 2 (1962) 2. S. 16–18.

Gernböck, Lotte: Dringende Forschungsaufgaben in Madagaskar. Bulletin of the Internat, Committee on Urgent Anthropological and Ethnological Research, Wien, 5 (1962), S. 45–47.

Gernböck, Lotte: Die Vazimbafrage. Ein Vorbericht über einige Ergebnisse von Forschungen 1963/64, Anzeiger der phil. hist. Klasse d. Österr. Akademie der Wissenschaften, Wien (1965) 5. S. 86–92.

Gernböck, Lotte: Beiträge zur Kenntnis von Ehe- und Familiensitten in Madagaskar. Mitteil. d. Anthropologischen Gesellschaft, Wien, XCV (1965), S. 49–54.

Gernböck Lotte: Im unerforschten Madagaskar. Wien-München: Jugend und Volk, 1966, 156 S. Russich: Russische Akademie der Wissenschaften: Moskau 1970.

Gernböck, Lotte: Quelques observations dans un village Mahafaly-Karimbola. Bulletin de l'Academie Malgache, Nouvelle Série, Tananarive (1966), S. 25–28.

Gernböck, Lotte: Vorläufiger Bericht über eine völkerkundliche Forschungsreise nach Madagaskar. Anzeiger der phil. hist. Klasse der Österr. Akademie der Wissenschaften, Wien (9167), S. 8–12.

Gernböck, Lotte: Die Vazimba. Eine dringende Forschungsaufgabe in Madagaskar. Bull. of the International Committee on Urgend Anthropological and Ethnological Research, Wien (1967) S. 27–30.

22 Grandidier, Alfred: Souvenirs de Voyages (d'après son manuscrit inédit de 1916). Document anciens sur Madagascar. Tananarive 1958.

23 Grandidier, Guillaume: Moeurs des Mahafaly, Revue de Madagascar. 1e Annee Nr. 3, 10. Sept. 1899, P. 175–185.

24 Grandidier, G. et Petit, G.: Zoologie de Madagascar. Paris 1932. Societé d'Editions Géographiques Maritimes et Coloniales.

25 Histoire des Mahafaly. S. 179–179. Aus: Histoire Physique Naturelle et Politique de Madagascar. publiée par A. et G. Grandidier, Vol. V.

26 Histoire Politique et Coloniale per G. Grandidier et Raymond Decary, Tananarive, Imprimerie officielle 1958.

27 Guerin Michel: Les Transformations socio-economiques de l'Androy, Université de Madagascar 1969, S. 69.

28 Kurokawa, Hiroshi: A Report of Field linguistic Research in Madagascar, Bulletin of Reitaku Vol. 13 March 1972.

29 Lavondes, H.: Bekororopoka. Quelques aspects de la vie familiale d'un village malgache. Cahier de l'Homme, Nouv. Ser. 6 Paris 1967.

30 Linton, Ralph: The Tanala, a Hill Tribe of Madagascar, Field Museum of Natural History, Anthropological Series Vol XII Chicago, USA 1933.

31 Poirier, Charles: Généalogie des Rois Maroseranana du Sud de l'Onilahy, Bulletin de l'Academie Malgache Nouvelle Série, Tome XXVIII 1953 Tananarive 1947–1948.

32 Poirier, J. – Dez. J.: Les Groupes ethniques de Madagascar. Tananarive 1963.

33 Ramisiray, Gershon: Pratiques et croyances médicales des Malgaches, Paris 1901.

34 Ratsimamanga, Rakoto: La Tâche pigmentaire et origine des Malgaches, Tananarive, 1940.

35 Rauh, Werner: Morphologische, entwicklungsgeschichtliche, histogenetische und anatomische Untersuchungen an den Sprossen der Didieraceen. Abhdl. d. math. naturwiss. Kl. Jg. 1956, 6, Akad. d. Wiss. u.d. Literatur, Mainz, S. 342–444.

Rauh Werner: Über die Zonierung und Differenzierung der Vegetation Madagaskars. Akademie der Wiss. u.d. Literatur, Mainz, S. 1–142.

Rauh, Werner: Weitere Untersuchungen an Didieraceen, 2. Sitzungsberichte d. Heidelberger Akad. d. Wiss. Math.-naturwissenschaftl. Klasse, Jhg. 1965, 3. Heidelberg: Springer (1965). S. 218–443.

36 Razafintsalama, R. L.: La Langue malgaches et les origines malgaches, 1 er Volume p. 161, Tananarive 1928.

37 Schomerus-Gernböck, Lotte: Rapport sur mes Recherches à Madagascar. Civilisation Malgache, Serie Sciences Humaines 2, Université de Madagascar. Tananarive (1968), S. 317–321.

38 Schomerus-Gernböck, Lotte: Quelques observations sur le Mariage Mahafaly-Karimbola. Civilisation Malgache. Série Sciences Humaines 2, Université de Madagascar, Tananrive (1968). S. 295–300.

39 Schomerus-Gernböck, Lotte: Sprachaufnahmen bei den Mahafaly. Eine dringende Forschungsaufgabe in Madagaskar. Bulletin of the International Committee on Urgent Anthropological and Ethnological Research, 12, Wien (1970), S. 95–115.

40 Schomerus-Gernböck, Lotte: Quelques observations sur les fiancailles, le mariage et le divorce chez les Mahafaly. Bulletin de Madagascar, 20, Tananarive (1970), 293–294. S. 859–866.

41 Schomerus-Gernböck, Lotte: Les Mahafaly. Introduction à leur culture materielle. Taloha 4, Revue du Musée d'Art et d'Archaeologie. Université de Madagascar, (1971) 4. S. 81–86.

42 Schomerus-Gernböck, Lotte: Enquête socio-economique en Pays Mahafaly. Tananarive: Mission d'Aide et de Cooperation, 1971, 56 S.

43 Schomerus-Gernböck, Lotte: Madagascar. In: Die Völker Afrikas und ihre traditionellen Kulturen. Allgemeiner Teil und südliches Afrika. Herausgeber: Hermann Baumann, Studien zur Kulturkund. 34, Wiesbaden: Franz Steiner 1975, S. 785–815.
44 Schomerus, Menko: Seychellen, Madagaskar, Reunion, Mauritius, Komoren. Herausgeber: Richard Mai: Mai's Weltführer, 23, Buchenhain vor München (1978) ISBN 3-87936–141–x
45 Sick, Wolf-Dieter: Madagaskar, Tropisches Entwicklungsland zwischen den Kontinenten. Wiss.
46 Straka, H.: Das Pflanzenkleid Madagaskars. Naturwiss. Rundschau H. 5, 1962, S. 178–185.
47 Thomas R. P.: Les origines des Noms des Mois a Madagascar, Bulletin de l'Academie Malgache, Tananarive 1905
48 Toquenne: Pourparlers avec Tsiamponde, Notes Reconn. Explorations 6 vol. 30 livraison, 30. Juin 1900.
49 Verin, Pierre et Suzanne Raharijaona: Le Système de Parente Merina Annales de l'Université de Madagascar 1964, Série Lettre et Sciences Humaines 2 pp 101–113, Tananarive.
50 Verin, P.: Les Recherches archaeologiques à Madagascar. Azania Vol. I, 1966, S. 119–137.
51 Woulkoff W.: La construction des habitations malgaches. Rev. d. Mad. N.S. 17. S. 35–48. 1962.

Haus der Autorin mit den Kindern aus Retanso

Ansarongana mit Hochzeitskorb und dem Silberschmuck einer Mahafaly-Frau

Alte Trachten der Mahafaly-Frauen

Honigsammler im Mahafalyland

Andrombake in Mahafalytracht und
mit Stirnscheib – Fela genannt

Mahafalyfrau beim Weben eines Schultertuches

Schönheitsmaske einer Mahafaly-Frau

Korony mit ihrem Urenkel

Opferpfahl (Hazomanga) der Mahafaly

Aloalo (Totenstelen)

Aloalo auf einem Königsgrab bei Rerakaly

BEITRÄGE ZUR KULTURANTHROPOLOGIE

Horst H. Figge
BEITRÄGE ZUR KULTURGESCHICHTE BRASILIENS
Unter besonderer Berücksichtigung der Umbanda-Religion und der westafrikanischen Ewe-Sprache

144 Seiten mit 28 Abbildungen. Broschiert DM 48,–
ISBN 3–496–00139–9

Nach zehnjähriger Beschäftigung mit der Besessenheitsreligion Umbanda legt der Autor hier neue Erkenntnisse zur Entstehung dieser brasilianischen Religion vor. Von besonderer Bedeutung ist die Entdeckung des Zusammenhanges der brasilianischen Verkehrssprache Tupi mit dem westafrikanischen Ewe.

Hans-Jürgen Greschat
MANA UND TAPU
Die Religion der Maori auf Neuseeland

268 Seiten mit 10 Abbildungen und 1 Karte. Broschiert DM 42,–
ISBN 3–496–00148–8

Die Religiosität zeitgenössischer Maori wurzelt im Christentum und in der Tradition ihrer Väter, in deren religiösen Vorstellungen und entsprechendem religiösem Handeln. Sie ist geprägt durch die Geschichte des Maori-Volkes vor und nach dem Kommen der Weißen. Sie fand ihren Ausdruck in religiösen Protestbewegungen, in den christlichen Maori-Kirchen Ringatū und Ratana, sowie in einer allgemeinen Wiederbelebung des Maoritums (Māoritanga).

Joan Leopold
CULTURE IN COMPARATIVE AND EVOLUTIONARY PERSPECTIVE: E. B. TYLOR AND THE MAKING OF ‚PRIMITIVE CULTURE'
181 Seiten mit 9 Abbildungen. Broschiert DM 80,–
ISBN 3–496–00108–9

Die Entwicklung der Anthropologie als Wissenschaft von der „Kultur" war in der englischsprachigen Welt die bedeutende Leistung Edward B. Tylors (1832-1917). Vor allem regte er sie durch seine zwei Hauptwerke „Researches into the early History of Mankind and the Development of Civilization" (1865) und „Primitive Culture" (1871) an. Beide Schriften werden hier in internationalem und interdisziplinärem Zusammenhang auf bestimmte Aspekte ihrer Wirkung untersucht.

F. Walser
LUGANDA PROVERBS AND PROBERBIAL EXPRESSIONS
Ca. 450 Seiten. Broschiert ca. DM 65,–
ISBN 3–496–00186–0

DIETRICH REIMER VERLAG BERLIN

ETHNOLOGISCHE PAPERBACKS

Wolfdietrich Schmied-Kowarzik und Justin Stagl (Hrsg.)
GRUNDFRAGEN DER ETHNOLOGIE
Beiträge zur gegenwärtigen Theorie-Diskussion

490 Seiten mit 70 Seiten Literatur-Verzeichnis und 20 Seiten Personen- und Sachreg. Broschiert DM 35,– ISBN 3–496–00124–0

Es gibt im deutschen Sprachraum bisher kein Buch über wissenschaftstheoretische Probleme der Ethnologie bzw. Kulturanthropologie. Der vorliegende Band will diese Lücke ausfüllen und auch bei uns eine breite theoretische Grundlagendiskussion anregen.
Die Autoren des Bandes: Karin R. Andriolo, Hans-Peter Duerr, Hans Fischer, Roland Girtler, Thomas Hauschild, Hans-Jürgen Heinrichs, Karin D. Knorr, Klaus-Peter Koepping, Peter Masson, Klaus E. Müller, Eberhard Rüddenklau, Wolfdietrich Schmied-Kowarzik, Rüdiger Schott, Friedrich W. Sixel, Justin Stagl, Miklos Szalay, Josef Franz Thiel, Karl R. Wernhart.

Justin Stagl
KULTURANTHROPOLOGIE UND GESELLSCHAFT
Eine wissenschaftssoziologische Darstellung der Kulturanthropologie und Ethnologie
Zweite, durchgesehene, verbesserte und um ein Nachwort vermehrte Auflage

200 Seiten. Broschiert DM 16,80 ISBN 3–496–00147–X

Wer sich für die Anfänge der soziologischen Theorie interessiert, wird auch immer wieder die Frage nach Struktur und Funktion von sozialen Tatsachen und Institutionen stellen müssen...
Dieses Buch gibt mit Hilfe der Begriffe und Methoden der Soziologie in gemeinverständlicher Weise eine Einführung in die Kulturanthropologie. Es behandelt diese Wissenschaft darum nicht als ein Lehrsystem, sondern als ein Stück sozialer Wirklichkeit.

Michel Panoff und Michel Perrin   Erweiterte Neuauflage!
TASCHENWÖRTERBUCH DER ETHNOLOGIE
Begriffe und Definitionen zur Einführung

Herausgegeben und aus dem Französischen übersetzt von **Justin Stagl** unter Mitarbeit von Stefanie und Gabriele Hohenwart

352 Seiten mit zahlreichen Abb. Broschiert ca. DM 28,– ISBN 3–496–00163–1

Dieses Buch stellt eine Einführung in die Fachsprache beziehungsweise eine Erläuterung der Grundbegriffe der Ethnologie dar. Es hält die Mitte zwischen einem Lehrbuch und einer Realenzyklopädie; vom einen hat es die systematische Verarbeitung des Wissensstoffes, von der anderen dessen Darstellung in Form von alphabetisch geordneten Stichwörtern. So wird dieses Werk vor allem denjenigen nützlich sein, die nicht nur Fachausdrücke der Ethnologie suchen, sondern in diese Wissenschaft selbst eindringen wollen.

DIETRICH REIMER VERLAG BERLIN

MAINZER AFRIKA-STUDIEN   Band 3

Elisabeth Grohs
KISAZI
Reiferiten der Mädchen bei den Zigua und Ngulu Ost-Tanzanias

230 Seiten mit 20 Abbildungen. Broschiert DM 48,–
ISBN 3–496–00122–4

In dieser Arbeit, die das Ergebnis ausgedehnter Feldstudien in Tanzania ist, wird ein afrikanischer Ritus als System symbolischer Handlungen dargestellt und interpretiert. Dabei macht das Nebeneinander von Anpassung und Auflehnung, Unterordnung und Gruppensolidarität der Frauen eine Reihe von Widersprüchen deutlich.

Mit dieser Untersuchung wird ein Beitrag zur Analyse der sozialen Rolle der Frau in der afrikanischen Tradition und zum Verständnis der Bedingtheiten der Frau in modernen Gesellschaften geleistet.

MAINZER AFRIKA-STUDIEN   Band 4

Ulla Schild (Ed.)
THE EAST AFRICAN EXPERIENCE
Essays on English and Swahili Literature
2nd Janheinz Jahn-Symposium

140 Seiten. Broschiert DM 36,–
ISBN 3–496–00125–9

Das in Erinnerung an den Erforscher und Übersetzer afrikanischer Literaturen benannte Janheinz Jahn-Symposium wird alle zwei Jahre vom Institut für Ethnologie und Afrika-Studien der Johannes Gutenberg-Universität in Mainz veranstaltet und ist jeweils einem Aspekt der afrikanischen Literatur gewidmet.

Das zweite Symposium fand 1977 statt und stand unter dem Thema „Die ostafrikanische Literatur und ihr Publikum".

MAINZER ETHNOLOGICA Band 2
Ernst Wilhelm Müller
DER BEGRIFF ‚VERWANDTSCHAFT'
IN DER MODERNEN ETHNOSOZIOLOGIE
275 Seiten. – Mit englischem Summary und Register –
Broschiert DM 66,–
ISBN 3–496–00142–9

Der Autor gibt in diesem Buch einen kritischen Überblick über jene ethnologischen Arbeiten zum Thema Verwandtschaft, die seiner Ansicht nach besonders dazu beigetragen haben, den Umfang des Begriffs ‚Verwandtschaft' zu ermitteln. Dabei erweist sich als Hauptproblem die Beziehung der sozialwissenschaftlichen Verwandtschaft zu der Abstammung im biologischen Sinn, für die im Anschluß an Leach der Begriff einer ‚topologischen Genealogie' entwickelt wird.

DIETRICH REIMER VERLAG BERLIN

In Vorbereitung:
KÖLNER BEITRÄGE ZUR AFRIKANISTIK Band 8
Karl-Heinz Jansen
LITERATUR UND GESCHICHTE IN AFRIKA
ca. 350 Seiten.
Broschiert ca. DM 45,– ISBN 3–496–00176–3
Leinen ca. DM 58,– ISBN 3–496–00502–5

Wie der Historiker erkennt auch der afrikanische Dichter der Gegenwart die Notwendigkeit, die Geschichte seines Kontinents „neuzuschreiben", wie es der ugandische Historiker Kiwanuka formuliert hat. Dabei stellt ein Teil der Autoren de europäischen These von der Geschichtslosigkeit Afrikas ein bewußt glorifizierend Bild einer glanzvollen Vergangenheit entgegen; in der jüngeren Literatur hingegen setzen sich realistische Tendenzen durch.

MAINZER ETHNOLOGISCHE ARBEITEN Band 1
Günter Trenz
DIE FUNKTION ENGLISCHSPRACHIGER WESTAFRIKANISCHER LITERATUR
Eine Studie zur gesellschaftlichen Bedeutung des Romans in Nigeria

590 Seiten. Broschiert DM 55,–
ISBN 3–496–00143–7

Mit der wachsenden Beachtung, die die Literatur Afrikas findet, stellt sich auch die Frage nach der Rolle, die sie in Afrika spielen kann, immer deutlicher. Die vorliegende Arbeit greift diese bisher hauptsächlich im englischsprachigen Raum geführte Diskussion auf und versucht, die gesellschaftliche Funktion des Romans in Nigeria als Beispiel für einen möglichen Stellenwert von Literatur in Afrika zu erarbeiten.

ETHNOLOGISCHE PAPERBACKS
Walter Hirschberg und Alfred Janata
ERGOLOGIE UND TECHNOLOGIE IN DER VÖLKERKUNDE
Unter Mitarbeit von Wilhelm P. Bauer und Christian Feest
Zweite und verbesserte Auflage

322 Seiten mit 264 Abbildungen, Namen- und Sachregister. Broschiert DM 19,80
ISBN 3–496–00123–2

Die beste und ausführlichste Einführung in Ergologie und Technologie der Naturvölker. Darin werden Einzelfragen eingehend behandelt und Fachausdrücke der englischen Literatur mit deutschen verständlich zusammengestellt. Für ein eingehenderes Studium sei nachdrücklich darauf verwiesen.
(Aus „Lehrbuch der Völkerkunde")

DIETRICH REIMER VERLAG BERLIN